保罗·利科的
意志哲学与恶的问题

王彦华 著

延边大學出版社
延吉

图书在版编目（CIP）数据

保罗·利科的意志哲学与恶的问题/王彦华著. --延吉：延边大学出版社，2023.4
　　ISBN 978-7-230-04557-5

Ⅰ. ①保… Ⅱ. ①王… Ⅲ. ①里克尔(Ricoeur, Paul 1913-2005) —哲学思想—研究 Ⅳ. ① B565.59

中国国家版本馆 CIP 数据核字 (2023) 第 072510 号

保罗·利科的意志哲学与恶的问题

著　　者：	王彦华
责任编辑：	张艳秋
封面设计：	文合文化
出版发行：	延边大学出版社
社　　址：	吉林省延吉市公园路 977 号　　邮　编：133002
网　　址：	http://www.ydcbs.com　　E-mail：ydcbs@ydcbs.com
电　　话：	0433-2732435　　传　真：0433-2732434
印　　刷：	天津市天玺印务有限公司
开　　本：	787 毫米 ×1092 毫米　1/16
印　　张：	13.5
字　　数：	200 千字
版　　次：	2023 年 4 月第 1 版
印　　次：	2024 年 3 月第 2 次印刷
书　　号：	ISBN 978-7-230-04557-5

定　　价：72.00 元

目 录

绪 论 1
    一、恶的研究的缘起 1
    二、恶的研究的背景 3
    三、利科相关研究文献 8
    四、整体思路与框架 10

第一章 恶的研究导入 13

第一节 恶作为一个问题 13
    一、恶的遗忘的现状 13
    二、利科的研究路径 15

第二节 恶的现象学起点 20
    一、现象学与诠释学的交互依存 20
    二、胡塞尔与意志现象学的可能性 23
    三、从"本质"到"意义" 25
    四、意志活动的意向性分析 29
    五、与海德格尔实存论分析的争辩 33
    六、身体在现象学中的出场 35
    七、"同意":自由与自然的和解之谜 37

第二章 恶的经验逼近 41

第一节 恶的现象学悬搁 41
    一、悬搁方法的合理性 41

  二、过错与激情：本质学的边界 …… 42

  三、不可混淆的否定性与虚无 …… 46

  四、超越性的悬搁问题 …… 48

  五、对实存哲学的继承与对存在主义的批评 …… 52

  六、对克尔凯郭尔的重新解读 …… 54

 第二节 恶的人类学恢复 …… 59

  一、方法论革命的复杂性 …… 59

  二、3M 时代的影响：怀疑的诠释学 …… 61

  三、人的易犯错性及其方法论问题 …… 63

  四、对柏拉图人性观的解读 …… 67

  五、对帕斯卡人性观的解读 …… 71

  六、克服有限性模式的人性观 …… 73

  七、易犯错性作为恶的可能性 …… 75

第三章 恶的哲学之旅 …… 77

 第一节 恶的反思型路线 …… 77

  一、"恶的哲学"：未完成的最终计划 …… 77

  二、恶的伦理观：反摩尼教的奥古斯丁与康德 …… 79

  三、恶的悲剧维度：对奥古斯丁的批判性诠释 …… 84

  四、"根本恶"：康德对于恶之伦理观的内在超越 …… 92

 第二节 恶的思辨型路线 …… 99

  一、恶的思辨哲学的成败 …… 99

  二、普罗提诺和斯宾诺莎的恶的难题 …… 101

  三、抵御黑格尔辩证法的诱惑 …… 104

四、被忽视的灵知主义和柏拉图主义视角 106

五、利科对柏拉图主义的解读及其缺陷 108

六、对灵知及恶的"思辨"的重新反思 112

第四章　恶的诠释背景 116

第一节　恶的诠释学方法 116

一、象征诠释学 116

二、诠释学史视野下的利科诠释学贡献 121

三、认识论和存在论之间的张力：重新评价狄尔泰 125

四、模糊多义的象征：利科诠释学的"秘密激情" 132

五、恶的现实性问题激发象征诠释学 136

第二节　恶的宗教学底蕴 141

一、在宗教信仰与哲学之间 141

二、恶的问题与宗教哲学 144

三、恶的宗教学和宗教史研究 146

四、恶的象征与伊利亚德的宗教现象学 148

第五章　恶的象征神话 154

第一节　恶的三阶段象征 154

一、不断内化、伦理化与主体化的三阶段 154

二、恶的象征的起点：玷污 155

三、从玷污的象征到罪的象征 158

四、犯罪象征：过错归罪于个人 161

五、三阶段所趋向的奴隶意志观念 164

第二节　恶的神话学系统···167
　　　　一、四种恶的起源与终结神话及动力学·······················167
　　　　二、类型一：神统纪神话···168
　　　　三、类型二：悲剧神话··172
　　　　四、类型三：亚当神话··176
　　　　五、类型四：灵魂放逐神话··180

结　　论··184

参考文献··194

绪　论

一、恶的研究的缘起

　　法国哲学家保罗·利科以现象学家、诠释学家著称，其研究遍及形而上学、认识论、语言学、符号学、叙事学、修辞学、伦理学、政治学、法学、文艺理论、史学、精神分析学、宗教学诸多领域。他在"意志哲学"框架内进行的关于恶的研究别具特色。然而，由于他主要作为诠释学家而备受关注，因此关于恶的这一项研究可谓受到了学界的冷落。究其根源，这一方面源于学界近年来较少关注利科前期思想的研究（包括恶的研究在内），另一方面也源于恶的研究这个主题本身的疑难性。在20世纪哲学的研究范围内，恶的专题研究堪称寥寥可数。恶的研究本身带有一定的争议性。如果我们不是在伦理学范围内，以分辨善与恶的方式谈论恶，那么我们似乎已经找不到对恶的专题研究。恶并不是我们熟悉的哲学论题，尤其是在当代的哲学领域。我们今天常常觉得，恶可能是一个偏于模糊、情感色彩太重的语词。人们虽然免不了使用它，却甚少对它进行专题性的哲学思考。无论如何，人们对哲学中恶的概念及其关涉到的恶的宗教象征相对冷淡，使得利科对恶的研究也处于近乎乏人问津的状态。

　　今天我们可能陷入一种悖论。当恶概念很大程度上被逐出哲学和理论的领域之后，我们似乎同时遭遇了文化生活中恶的遗忘与恶的喧嚣。遗忘与喧嚣之间也许并无真正的矛盾。恶像水蒸发那样失去了理论踪迹，它便开始四处弥散渗透得无处不在。它进入许多不同的领域，如文学的领域、艺术的领域、政治的领域等等。我们在哲学中不再全面系统地讨论什么是恶，这仿佛帮助恶，使其更加无所阻碍地融入世界，成为世界存在的一部分。可以毫不夸张地说，在我们这个时代，索伦·克尔凯郭尔式的焦虑与绝望显得更加泛滥，如同失却了防范洪水的堤坝。我们的处境使我们缺乏对恶的现象的全面透视和解释，却充满了谴责与放纵、恐惧与耽溺之间的极端对立。恶的现象愈加沉入黑暗。

　　利科对恶的研究的意义就在这种紧迫性与稀缺性之中凸显出来。他的研究不但承接了西方思想中关于恶的研究的不同传统，而且具有高度的原创性。他提供了对于恶的思想史的重构视角，梳理了包括普罗提诺、奥古斯丁、伊曼努尔·康德、贝内迪特·斯宾诺莎和格奥尔格·威廉·弗里德里希·黑格尔等哲学家在内的恶的思想史。通过对恶的反思哲学路线的研究，利科致力于揭示恶的研究在道德化或伦理化方面的动力、成就与局限性。通过对恶的思辨哲学路线的研究，他对哲学史上诸多宏大的包含恶的体系尤其是形形色色的神正论进行了批判性的思考，揭示了这种思辨哲学方法对恶现象的遮蔽，最终敦促哲学与宗教共同清醒地面对恶的挑战。通过清理恶的思想史的遗产，利科也发展出自己的恶论，不仅在恶的象征与神话系统方面做出开创性工作，而且为恶的研究探索了全新的现象学—诠释学方法。

如果我们着眼于利科思想的"迂回"历程，那么恶的问题实际上也具有高度的重要性。我们会发现，作为利科前期哲学中较少被研究的部分，恶的问题不但并不边缘，反而与其现象学和诠释学有着十分密切的关系。利科的恶论就诞生于他前期的意志现象学研究中，构成了其现象学的自然延伸，而且是理解其现象学的一个关键密码。与此同时，利科的恶论也是我们理解其诠释学的关键。这一诠释学的诞生固然有许多复杂的刺激因素，但是恶的问题作为"意志哲学"的最初规划时划分本质学和经验学的界标，为利科超出现象学的方法论拓展提供了极为重要的推动力。可以说，正是恶的问题打破了现象学的疆域，不仅促使利科超出现象学的范围进行对恶的可能性的哲学人类学探索，还推动他从恶的可能性向着晦暗的恶的现实性、偶然性进行跳跃，并且艰难地探索新的研究方法。

综上所述，我们认为有必要针对利科前期的意志哲学与恶的问题进行深入的研究。这项研究的目的主要包括：一方面，对利科前期的意志哲学体系进行研究，在把握其整体概貌的基础上，厘清利科的恶论的各个不同阶段；另一方面，将这一恶论放入恶的思想史的背景中，在其启发之下探索恶的问题。

二、恶的研究的背景

在当代世界的哲学和科学的版图中,恶的专题研究基本上处于沉寂状态。正因为关于恶的讨论相对边缘化,我们对恶概念的分析也就未达到如同其他重要哲学概念一般的精细程度。恶的研究在当代哲学中显示出明显的分散特征。其中,一部分学者试图强调恶概念在伦理和政治思考中的重要性,提倡"恶概念的复兴主义",这是在分析哲学传统中系统地思考恶的尝试之一。[①] 这些学者旗帜鲜明地不满于当代哲学对恶概念的冷淡与怀疑,一方面承认传统的恶概念在理性范围内存在缺陷,一方面又致力于提出适应世俗化、科学化世界的新的恶概念,致力于使恶概念甩掉宗教的包袱,展现它在纯粹伦理领域的深刻性。恶概念复兴主义因此表现出了当代哲学的鲜明特征,那就是世俗化的批判性追求。对于宗教持怀疑态度,充其量是敬而远之的态度。恶概念复兴主义者们的工作前提,就是对他们认为传统而陈旧的恶概念进行清算。传统的恶概念受到多种多样的批评,这些批评使很多人倾向于"恶概念的怀疑主义"。怀疑主义为抛弃恶概念提出过许多理由:恶总是与激愤而夸张的非理性意见纠缠在一起,恶总是与宗教信仰或超自然的存在纠缠在一起,恶又总是一个模糊而难以界定的概念……于是,怀疑主义就提出了驱逐恶概念的要求。似乎最好的办法就是使其让位于其他概念,如"坏""做错"等。对于这种怀疑主义,恶概念的复兴主义者既同意又反对。他们同意怀疑主义者的某些批评,即承认传统上的恶概念有着一些极端麻烦的缺陷。他们认为传统恶概念对当代哲学来说太过宽泛,大而无当。这是宽泛的恶概念,无所不包地囊括一切不好的事态、错误的行为和事物的缺陷等,以至于在哲学领域似乎是难以适用的。比如,他们认为,按照宽泛的恶概念,连鸡毛蒜皮的小事比如牙疼也要包含在恶的概念之中,这不但无用而且令人困惑。相对地,恶复兴主义者就提倡狭窄的恶概念,也即作为人的恶行的道德恶的概念,而且他们还希望将这种道德恶概念进一步缩小到道德恶之中最糟糕的、最令人难以接受的行为,以便和一般坏的行为进行区

---

① Calder, *The Concept of Evil*, http://plato.stanford.edu/archives/fall201/entries/concept-evil/, 2015.

分。在他们看来，这种狭窄的恶概念更清晰，更富哲学价值。

根据恶概念复兴主义者对历史的看法，20 世纪之前关于狭窄的恶概念的哲学文献并不多见，正是康德在《纯粹理性界限内的宗教》中首次提出了纯粹世俗的恶的理论，这种理论将狭义的恶与宽泛的恶区分开来，不含有神正论的意图，也摆脱了宗教和超自然存在的幽灵。在 20 世纪，狭义的恶的研究的开创者是德国思想家汉娜·阿伦特，她在《极权主义的起源》中借用并改造了康德"根本恶"的说法来分析纳粹的暴行，并在《艾希曼在耶路撒冷》中提出了"平庸之恶"的概念。有学者表示："受阿伦特的工作的激励，不满于哲学史上对恶的分析，过去的二十五年间，一些理论专家投身于给出恶的必要以及充分条件。"[1] 有学者以邪恶性格或邪恶人格为基础，来定义"恶行"：恶行就是一个邪恶的人所做的事。又有学者认为，恶行才是基础的概念，邪恶性格是以恶行来定义的派生概念。他们为恶行提出几个可能要素：第一个要素是做错。对定义恶行来说，做错是否必要，是否充分？恶行是否从性质上不同于做错？第二个要素是伤害。恶行是否必须造成伤害，直接还是间接，围观算不算，多大的伤害足以构成恶行？第三个要素是动机。恶行是否需要某种特别的动机？第四个要素是感觉。比如作恶时的快感。最后一个是责任。作恶是否可能包括不具备负责能力的情况？恶行的动机和感觉方面的要素，可能习惯性或经常性地出现，这与人的某种性格有关，因此成为邪恶人格理论的入口。恶人之所以为恶人，似乎不能被其行为概括，恶人应具有一些与常人颇不相同的变态心理，极端残忍或冷漠。邪恶人格理论则试图强调，这些变态心理、经常性的邪恶动机会产生衍生具体恶行的后果。除此之外，恶的制度是另一个研究方向。例如，有学者的研究列举出了非常易于导致恶行和伤害的风俗和制度，比如奴隶制、自杀以及婚姻和母亲抚养的风俗。相比于个体的恶行，风俗和制度的恶往往更难被发现和承认，也容易引起争议。恶概念复兴主义无疑为当代哲学贡献了富于价值的讨论。然而，这些思考所预设的狭义的恶概念，是否真的是唯一有哲学价值的恶概念呢？这本身就是恶的研究的错综复杂之处。恶概念复兴主义立足于

---

[1] Calder, *The Concept of Evil*, http://plato. Stanford.edu/ archives/ fall201/ entries/ concept-evil/, 2015.

消解传统的宽泛的恶概念,对恶概念进行简化,此种做法也许付出了错过重要的问题的代价。宽泛的恶与狭义的恶的区分,是值得我们重新审视的。

恶概念复兴主义者将宽泛的恶概念划入"恶的问题"的讨论范围,而恶的问题通常被认为属于神学语境,哲学应当在此止步。然而我们认为,这种使哲学与宗教、神学彻底割裂的态度,似乎包含着恶概念复兴主义者对宽泛的恶概念的误解。误解的标志就是相对简单化地通过贴上宗教标签来划分阵营。实际上,恶的问题的研究潮流与恶概念复兴主义同时存在于分析哲学中。恶概念复兴主义者们认为,"宽泛的恶概念只属于神学语境"这个说法是不准确的,并非关于宗教的研究及相关的一切话语都属于神学。恶的问题属于宗教哲学领域。根据美国宗教哲学家约翰·希克的看法,宗教哲学研究有两大问题,上帝存在的问题和恶的问题,但它们有着相反的立意,前者关于"相信上帝的根据",后者却关于"不信上帝的根据"。[1] 在恶的问题方面,宗教哲学并不以信仰为前提,也并不等同于任何一种神学。在经典著作《宗教哲学》中,希克倡导这种当代形态的宗教哲学,"无须从任何一种宗教立场出发,无神论者、不可知论者和有神论者都可以对宗教现象进行哲学思考。"[2] 恶的问题恰好是一个能够体现宗教哲学在何处与神学分道扬镳的问题。约翰·希克出版于1966年的《爱之上帝与恶》是为恶的问题奠定当代研究框架的重要著作[3]。恶的问题或者说神正论,面对来自保守的信仰和神学的争议,艰难地开辟出独立的哲学研究道路。恶的问题就是思考:"恶在这世界上的存在,能不能与一个全能、全善的上帝的存在相协调呢?不论对信徒还是非信徒来说,这都是一个问题。在后者的心中,它是阻挡在宗教信仰面前的主要障碍;在前者那里,它搅扰他的信仰,引发强烈的内在紧张,使他永不停息地背负怀疑的重担。"[4] 恶的问题是一个挑战,是对神或上帝的十分尖锐的挑战。这种挑战能否被严肃地回应,抑或只是

---

[1] 张志刚:《宗教哲学研究:当代观念、关键环节及其方法论批判(增订版)》,中国人民大学出版社,2009,第104页。
[2] 张志刚:《宗教哲学研究:当代观念、关键环节及其方法论批判(增订版)》,中国人民大学出版社,2009,第2页。
[3] John H. Hick, *Evil and the God of Love*(New York: Palgrave Macmillan, 2010), p. xv.
[4] John H. Hick, *Evil and the God of Love*(New York: Palgrave Macmillan, 2010), p. 3.

贬抑回避之，在神学中引起了争议。希克后来在《宗教哲学》中明确地表示使宗教哲学与神学互相独立，以便恶的问题能摆脱神学的桎梏。"宗教哲学不是神学的分支，而是哲学的分支（如果'神学'所指的是那种关于宗教信条的系统性阐述的话）。"①

当然，在恶的研究范围内，宗教哲学与神学的清晰区分并不绝对存在，而且似乎只是希克在紧张关系中所不得已的构想。回顾基督教支配西方文化的漫长历史，恶的问题或神正论常常包含在神学中，或者成为哲学化神学或神学化的哲学。不论主动还是被动，神学始终保持与哲学的交流共生关系，神学有着将宗教哲学对恶的问题的研究重新融合进来的需要。因此，恶的问题的宗教哲学研究潮流在 20 世纪 80 年代之后又被神学接受也就不难理解了。作为希克的弟子，肯尼斯·苏林的研究就实现了从分析传统的宗教哲学到欧陆哲学、马克思主义和神学的跨越，他将自己的研究称为"哲学的有神论"②，他所撰写的《神学与恶的问题》也成为了神学领域的重要著作。③ 对神学家来说，既然恶的问题可能对信仰构成尖锐的挑战，既然恶的问题是怀疑论者的利箭、无神论者的靠山④，那么如何解决恶的问题就成了神学难以回避的反击重任。《恶的读本》构成了《神学问题》系列读本之中对恶的研究的综述性教材，广泛地选编了从神正论到佛教、克尔凯郭尔、马克思主义等不同的对恶的回应。⑤ 苏林对神正论提出了新的建议："如果一个神正论者，不论有意或无意，提倡阉割了人类的恶的极端和冷酷的理论，那他其实就暗中实践着社会与政治方面的调停，从存在于这世界的残酷行为之上移开了目光。我们建议，神正论者不应在这冰冷无情的世界上继续制造些鼓吹冷静的理论……神正论因此必须去面对人类之恶最彻底的个别性与最极端的偶然性。"⑥ 实际上，苏林对神正论的批评就受到了

---

① John H. Hick, *Philosophy of Religion*（Upper Saddle River: Prentice-Hall, 1990）, p. 1.
② K. Surin, *The Turnings of Darkness and Light: Essays in philosophical and systematic theology*（Cambridge: Cambridge University Press, 1989）, p. xi.
③ K. Surin, *Theology and the Problem of Evil*,（Cambridge: Blackwell Publishing）, 1986.
④ 张志刚：《宗教哲学研究：当代观念、关键环节及其方法论批判（增订版）》，中国人民大学出版社，2009，第 105 页。
⑤ Astley &Brown &Loades, *Problems in Theology: Evil,a reader*（London: T&T Clark, 2003）, pp. 1-3.
⑥ Astley &Brown &Loades, *Problems in Theology: Evil,a reader*（London: T&T Clark, 2003）, p. 12.

利科的影响,他指出神正论应当避免后者所说的那种"神正论的坏的信仰"。

通过以上的梳理我们发现,伦理学视角下的狭义的恶概念与神正论视角下的宽泛的恶概念并不能互相取代,它们在西方思想中都有着悠久的历史,应当在恶的研究中获得同等重要的地位。在《近现代思想中的恶》[1] 中,有学者认为,当代关于宽泛恶与狭窄恶的区分,也是脱胎于里斯本地震,产生而由卢梭完善的道德恶与自然恶的区分。"对约伯来说,对那个最早也是最有力地向恶发出诘问的约伯来说,这一区分无济于事:死亡与苦难就是死亡与苦难,无论遭遇的是迦勒底人的烧杀掠夺,还是来自荒漠的暴虐狂风。"[2] 18 世纪的"里斯本",与 20 世纪的"奥斯维辛",使人在"恶"面前感到的震惊与迷惑,毕竟是共通的。一个区分不足以取消恶的问题。[3] 恶之所以能成为问题,不仅因为上帝,就算不谈论上帝,成问题的恶依然在那里,道德恶与自然恶之间以暴力、苦难、欠缺和匮乏为纽带的含混的缠结,依然要求更广阔的恶的研究视野。在这方面,《近现代思想中的恶》进行了对戈特弗里德·莱布尼茨、让-雅克·卢梭、伏尔泰、大卫·休谟、康德、亚瑟·叔本华等哲学家的恶论的详细讨论,堪称一部比较全面、打通恶概念的近代思想史,美中不足在于它是一部断代史。

美国哲学家理查德·J.伯恩斯坦的《根本恶》则是此类研究的另一种代表。作者虽然主要站在伦理学的立场,提倡狭窄的恶概念,以恶的责任的视角评判以往思想家们恶论的失败之处,但是本书对恶的思想史的讨论范围也比较宽广,包括康德、黑格尔、弗里德里希·谢林的德国古典传统,弗里德里希·尼采、西格蒙德·弗洛伊德的恶的道德心理学传统,以及伊曼纽尔·列维纳斯、汉斯·约纳斯、阿伦特等 20 世纪思想家。[4] 不过本书在融会贯通恶的研究的伦理学和神正论视角方面终究有所缺憾。吕迪格尔·萨弗兰斯基的《恶,或自由的戏剧》[5]

---

[1] S. Neiman, *Evil in Mordern Thought: An alternative history of philosophy*(Princeton: Princeton University Press, 2002),p.13.
[2] S. Neiman, *Evil in Mordern Thought: An Alternative History of Philosophy*(Princeton: Princeton University Press, 2002), p. 30.
[3] S. Neiman, *What's the Problem of Evil?, Lara(ed.) Rethinking Evil: Contemporary Perspectives*(Oakland: University of California Press, 2001), pp. 29-30.
[4] 理查德·J.伯恩斯坦:《根本恶》,王钦、朱康译,译林出版社,2015。
[5] 吕迪格尔·萨弗兰斯基:《恶,或自由的戏剧》,卫茂平译,生活·读书·新知三联书店,2018。

在涉及恶的思想史的时间范围方面比上述前两本著作更宽，覆盖了从古希腊—希伯来文化到近现代的庞杂恶论，但其论述方式偏于散文化和诗意化，并不旨在对恶的问题进行细致讨论。除此之外，针对恶的思想史或哲学史的综合性专著也就暂时付诸阙如，相关的恶的论文集还有几本值得一提，例如《重新思考恶》[1]和《恶的领域》[2]。这些论文集大多数是会议文集，一般围绕恶的问题松散地组织，每篇论文的讨论主题之间缺少系统安排。

三、利科相关研究文献

利科关于恶的研究正是在这一复杂的背景中展开的。国外学术界对利科思想的关注较早，利科有关著作与论文已经被译成十多种语言，关于其相关思想的研究也在世界范围内获得广泛展开，涉及诸多国家的学者。在文献搜集与整理方面比较全面的一本资料是《保罗·利科：1935年至2008年的一手与二手文献书目》[3]。除此之外，法国的利科档案馆保持着2006年之后有关他的二手研究文献书目的持续更新。国内方面，从20世纪80年代开始，利科思想受到了陆续的关注，尤其是在近些年关注其哲学的学者逐步增加。他的姓氏在大陆有"利科""利科儿"或"里克尔"等译法，在中国台湾地区则翻译为"吕格尔"。已经出版的利科著作中译本有：《解释学与人文科学》（1987）、《哲学主要趋向》（1988）、《法国史学对史学理论的贡献》（1992）、《虚构叙事中时间的塑形：时间与叙事》（2003）、《历史与真理》（2004）、《活的隐喻》（2004）、《恶的象征》（2005）、《论公正》（2007）、《解释的冲突》（2008）、《承认的过程》（2011）、《作为一个他者的自身》（2013）、《从文本到行动》（2015）、《爱与公正》（2016）、《弗洛伊德与哲学——论解释》（2017）、《记忆，历史，遗忘》（2017）等。这些译著对推动利科研究具有十分重要的作用。不无遗憾的是，他的重要代表性著作《意志哲学》和《时间与叙事》都还没有全译本。

---

[1] Lara María Pía, *Rethinking Evil: Contemporary Perspectives*（Oakland: University of California Press, 2001）.
[2] Billias, *Territories of Evil*（Amsterdam: Editions Rodopi, 2008）.
[3] Vansina, *Paul Ricœur: Bibliographie première et secondaire 1935-2008*（Cambridge: Peeters, 2008）.

在利科恶论的专题研究方面，国内外学界的研究都比较稀少。有一本法国出版的会议论文集以此为主题：《对恶的回应：保罗·利科著作中的符号与正义》。① 更重要的是柯志明的《恶的诠释学——吕格尔论恶与人的存有》②，这本书在恶的问题的背景中讨论利科的思想，不仅涉及《易犯错的人》《恶的象征》，还涉及弗洛伊德的研究著作。不过令人遗憾的是，作者主要站在基督教的角度理解利科的恶论，并没有从恶的思想史的视野深入恶的问题，因此难以充分把握利科的恶论的现象学—诠释学的独特方法，以及利科在信仰与理性之间小心保持的距离。

笔者能搜集到的可资借鉴的国外二手著作也不多。首先要提到的是卡尔·西姆斯的《保罗·利科》③，这本书以关键词为中心评述利科的思想，所涉及的关键词有善与恶、诠释、精神分析、隐喻、叙事、伦理、政治、公正。大卫·伍德的《论保罗·利科：密涅瓦的猫头鹰》④ 也比较重要，作者是利科的学生，很早就关注了利科思想，堪称研究利科思想的专家。这本书分为导言及两大部分。导言中对利科哲学之旅的概述为从整体上把握其思想提供了帮助。第一部分中，以六组关键的主题对利科思想进行了论述，六个主题中就包括"善与恶"。第二部分则收录了作者与利科本人针对一些重要主题所进行的讨论。还应该提到杰弗里诺的《保罗·利科：关于人的处境的诠释学》⑤，该书第一部分分为七个小节，综合回顾了利科学术发展的路线，第二部分着重讨论了记忆、历史与遗忘。《利科：人的行动的哲学》⑥ 也具有参考价值，这本书是研究利科行动哲学方面的重要专著，第三部分"伦理哲学的要素"讨论了利科后期的实践哲学。我们还注意到了唐·伊德的《诠释学现象学：利科哲学》⑦，他很早就研究利科哲学

---

① Porée & Vincent(directé.), *Répliquer au Mal: Symbole et justice dans l'œuvre de Paul Ricœur* (Rennes: Presses Universitaires de Rennes, 2006).
② 柯志明：《恶的诠释学——吕格尔论恶与人的存有》，五南图书出版有限公司，2008。
③ Simms, *Paul Ricoeur* (London: Routledge, 2003).
④ Wood(ed.), *On Paul Ricoeur: Narrative and interpretation* (London: Routledge, 1991).
⑤ Domenico Jervolino, *Paul Ricœur: Une herméneutique de la condition humaine*, (Paris: Édition Ellipses Marketing S. A, 2002).
⑥ Michel, *Paul Ricœur: Une philosophie de l'agirhumane*, (Paris: Édition du Cerf, 2006).
⑦ Don Ihde, *Hermeneutic Phenomenology: The philosophy of Paul Ricoeur* (Evanston: Northwestern University Press, 1971).

的著作，主要讨论利科的早期思想，但也注意到了利科的诠释学转向，其著作由利科本人作序。

四、整体思路与框架

本书以利科前期哲学中的恶论为论述主线，在梳理他关于西方恶的思想史的论述的基础上，有重点地选择与他的恶论密切相关的思想理论，加入解读范围。这个思路安排主要是为了平衡两方面的诉求：一方面，我们需要比较完整地介绍利科前期的恶论（从其现象学起点到诠释学的不同阶段的内容），这就要求总体上遵照其思想发展的顺序分阶段地展开讨论。另一方面，我们也需要比较充分地进入恶的研究领域，这就要求我们在他的观点之外拓宽讨论范围，起码做到尽可能从他已有的恶的思想史梳理出发，展开自己对这个问题的思考，并对他的观点进行必要的评析。

总的来说，本书的论述将不局限利科本人对恶的直接讨论的部分，最重要的原因在于，其思想本身就具有极强的对话性，也具有极强的方法论意识。首先，利科对于方法论的极端重视，导致他的恶论很难脱离他对恶的研究方法的思考，也就是说，我们讨论利科恶论的方法论层面将不可避免地涉入现象学、哲学人类学、宗教学、诠释学等领域，这也将反过来说明恶的问题对其思想的重要推动作用。其次，利科思想对于对话的积极态度，以及他在著作和论文中对其他思想家文本的细致诠释，导致其恶论也很难脱离哲学史的横向展开，否则不仅他建立在与他人论辩基础上的独特观点不能得到澄清，他在哲学史方面用力的深度、广度也将不能得到恰当反映，甚至不能免于被阉割的危险。对于这些问题，本书的主要策略是把握利科本人的思路进行发散，循着他本人的思路进行局部的、不全面的哲学史方面的比较，以期同时揭示其恶论的广阔视野和独创性。

因此，我们按照恶的研究导入、恶的经验逼近、恶的哲学之旅和恶的象征诠释这四个环节安排全文的基本结构。

第一，恶的研究导入：这部分一方面是将恶的问题引入视野，初步进行在开展恶的研究之前的准备工作。另一方面是介绍利科前期的意志现象学研究，这是他进入恶的研究的出发点，也是针对恶的研究进行现象学悬搁所划定的边界。

第二，恶的经验逼近：这部分首先详细讨论了利科的意志现象学的条件，即恶的现象学悬搁。虽然他主要是要将恶排除在现象学研究之外，但是这种排除的理由和考虑是非常复杂的，涉及他在这个阶段对恶的现象的初步理解，以及他在实存哲学方面的独特立场，还有他对其他代表性实存哲学家的批评。然后我们接着讨论利科通过什么样的方式兑现意志哲学计划中许诺的恶的经验学，以及这种恶的经验学面临何种困难，引进了何种新的方法。这就包括讨论利科最终实现的从哲学、人类学的角度对恶的问题的恢复。

第三，恶的哲学之旅：这部分在全文中所处的位置具有中介性的功能。这部分的内容循着利科本人的思路对西方恶的思想史的两条主要路线，即恶的反思哲学路线和恶的思辨哲学路线进行讨论。仅就利科的恶论本身来说，这部分的讨论本来应当位于恶的象征诠释学之后，因为它是利科经历过必要的象征诠释学迂回之后，试图从象征回到恶的哲学所做出的反思。我们将这部分提前的原因在于，考虑到恶的象征诠释学主要是在宗教学领域展开，而恶的思想史梳理与我们的哲学视角更加相关。与此同时，经过恶的思想史梳理之后，我们也更容易理解利科为什么不满意这些现有的恶论，进而提出新的现象学—诠释学的恶论。

第四，恶的象征诠释：这部分总的来说又分为两章。我们首先详细讨论象征诠释学及其在利科的整个诠释学中的重要地位，从诠释学方法论的角度为理解恶的象征与神话打下基础，并且还要仔细地理解他的恶的象征研究处于宗教领域的什么位置，它是如何平衡理性与信仰的关系的，这就包括将其研究放入宗教学尤其是宗教现象学的传统中厘清其独创性的思路。接下来我们才开始直接讨论利科的恶的象征与神话分析。恶的象征系统由三个重要阶段构成，而恶的神话系统由四种主要类型构成，这些神话类型之间还保持着错综复杂的交互影响。在这里我们也试图对利科的恶的象征的局限性与启发性进行探索反思。

最后，我们需要承认本书存在局限与不足。由于恶的研究是一个宏大而困难的主题，并且本书在恶的研究与利科的恶论的两个方面都比较缺乏可参照的前人成果，作为哲学的初学者来说，我们的工作框架还不够完善，涉及的有关恶的讨论也远没有达到问题领域本身所需要的深度。这无疑是令人沮丧和遗憾的，但是也可以说是开放的、未完成的，有待于日后继续深入研究。

第一章　恶的研究导入

第一节　恶作为一个问题

一、恶的遗忘的现状

"'世界存在于邪恶之中',这一怨诉之辞,其古老一如历史那样古老,甚至一如那更古老者,诗歌那样古老;实在说来,一如一切诗篇中之最古老之诗篇,僧侣行业之宗教那样古老。"[①] 恶是一个古老而深刻的主题,对恶的研究就像一处十字路口,在这里哲学、宗教、文学、科学等各色方阵摩肩接踵而过。如今,为学界所熟知的法国哲学家保罗·利科也恰似一位处在十字路口的哲学家,专擅打破不同领域的壁垒,处理交汇处的枢纽问题,疏导乱局,促进交通。他在处于十字路口的恶的研究上的运思耕作,尤其富有吸引力。德国哲学家奥特弗利德·赫费在《世界哲学简史》中对利科有高度赞誉:"《有限与犯罪》[②] 透彻地分析了恶的现象,这种透彻分析在 20 世纪是绝无仅有的。"[③]《有限与犯罪》是利科前期的重要著作《意志哲学》的第二卷,包含《易犯错的人》和《恶的象征》两册,内容丰富、运思独特。[④] 正如赫费所言,在 20 世纪哲学的范围内,恶的专题研究寥寥可数。在西方哲学的框架内,我们会产生怀疑:坦率而言,为什么要专门研究恶,它是否能在哲学范围内被研究呢?这问题的言外之意似乎就是,恶已经退出了哲学领域,尤其是现代哲学的领域。谈及恶似乎

---

① 康德之言,依照牟宗三先生翻译的《康德:论恶原则与善原则皆内处或论人性中之根恶(基本恶)》。牟宗三:《牟宗三先生全集 22:圆善论》,联经出版事业公司,2003,第 57 页。
② 在利科的这本著作名称翻译方面,法文原为"Finitude et culpabilité",笔者倾向于将"culpabilité"译作"犯罪"或"犯罪状态"。对利科来说,"culpabilité"是一个重要概念,与"péché"概念有所区别,这两个概念共同组成了《恶的象征》中的象征三阶段"souillure""péché""culpabilité"。"péché"通常译作"罪",这个概念主要来自宗教,在利科的使用中指先于自我意识的罪,也即先于"我犯罪"的意识,以与上帝的立约为基础,带有集体意义和存在论意义,尚未进入犯罪和审判的阶段。与此相对,"culpabilité"则是被个人意识到的罪,在这个阶段开始出现"我犯罪"的意识,同时在宗教和司法两个方向涉入审判阶段。"culpabilité"的译名较多,包括"有罪""罪行"等,莫衷一是,原因主要是"péché"与"culpabilité"区别微妙,汉语中缺乏直接对应的词汇。若译作"有罪",与"罪"相似度太高,行文中似有不便,笔者试译作更明确的"犯罪"。
③ 赫费:《世界哲学简史》,张严、唐玉屏译,社会科学文献出版社,2010。
④《易犯错的人》迄今为止未有任何汉语译本,《恶的象征》虽有公车先生译本却尚未受到充分的研究。

给人一种缺乏定义、缺乏规范的感觉，饱含激愤与谴责，聚讼纷纭的意见，难以被理论澄清。诚然，"恶"这个字可能出现在伦理学或者道德学说中，但是正如伯恩斯坦在《根本恶》中指出的那样："对于道德哲学家来说，讨论对与错、好与坏、公正与不公正要远比谈论恶更为轻松。'恶'似乎已经从大多数道德哲学家的词汇表中删除了，尽管在我们的日常经验和话语中，'恶'仍然显而易见。"[1] 我们需要注意，英语中的"恶"（evil）与意义更宽泛的"坏"（bad）有较大区别。这种区分在汉语中较为模糊，汉语经常笼统地用"恶"来翻译道德哲学中的 bad 以及某种意义上超出道德范围的 evil，使得 evil 与 bad 难以区分。实际上，英美学者在抱怨道德哲学不再谈论"恶"的时候，他们所说的是 evil。evil 在西方语境中是不能被 bad 代替的，它属于一个历史更久远的带有宗教色彩的话语领域。利科在《恶的象征》中所谈论的"恶（le Mal）"就处于这个话语领域。我们看到 evil 在汉语中有时也被翻译为"邪恶"，以强调这种特殊的含义。伦理学对 evil 的回避和淡化，似乎意在消除 evil 所带有强烈的情感冲击力，而代之以平实日常的 bad。国外理论界不再谈论"恶"或"邪恶"的趋势，意味着对其强烈负面情感内涵能否融入哲学理论中产生了怀疑。这种现象似乎同样存在于国内理论界。我们观察到，在学院范围之外，即便是伦理学本身也受到了诸多挑战，很多时候挑战来自放任自由、非议道德的潮流，道德规范的基础被怀疑。在这样的处境中，不但规范伦理学受到了边缘化，对恶或邪恶的耸人听闻的谴责、悲叹、恐惧等话语，更加缺乏理论层面的深入研究。

如果用"恶的遗忘"来指涉这种现代思想中对恶的边缘化，我们认为，这种现象还有比伦理学的困境更深远的原因。伯恩斯坦为了恢复恶的概念，努力在康德、黑格尔、尼采、弗洛伊德、阿伦特、列维纳斯等现代哲学家的思想中挖掘恶的哲学思考。然而我们必须承认，恶的哲学思考很快就吊诡地带我们离开哲学的边界，触碰到了宗教或者神学的疆界，走向了与西方的基督教传统不可回避的接触。这恰恰是"恶的遗忘"的重要原因之一。在现代世俗文化中，恶的宗教式谈论已经变得困难重重，明显受到了来自大众和学术的回避。那么，

---

[1] 理查德·J.伯恩斯坦：《根本恶》，王钦、朱康译，译林出版社，2015，第1页。

恶的研究是否一定要与宗教信抑或神学思辨联系在一起呢？我们当然确信，宗教信仰是值得予以尊敬的传统，但是哲学语境下的恶的研究并不立足于信仰，也不立足于某种特定的宗教之内。恶的研究需要对"恶的遗忘"做出回应，应当包含对伦理，尤其是对宗教的理解。这种理解始终立足于现代的诠释学处境。在涉及宗教的地方，我们可以用宗教学和宗教哲学的方式，而非信仰的方式来接近恶的话语。一般来说，世界上的宗教都大量地谈论恶，并不限于基督教。这种宗教维度的恶概念具有相当强的文化、体验的特殊性，对处于该宗教之外的人们来说显得陌生难解。按照利科的观点，与形形色色的宗教的诠释相比，相信自由意志能克服恶的伦理观在文明的历史中明显相对后起，甚至可以说有孤军奋战的令人肃然起敬的"伟大与局限"。[1] 利科关于恶的研究则试图证明，基督教的恶论与自由意志的伦理学之间的裂痕并非不可弥合，这两个领域并非不可对话。按照他的看法，正是基督教神学家奥古斯丁本人在某种程度上奠定了恶来自于自由意志的诠释路线。通过利科的研究，我们恰好能窥见西方恶论的脉络，重历恶的思想旅程，不再空泛地谈论恶，而是辨明西方文化之内诸多不同的恶的观念。

二、利科的研究路径

利科早年对德国现象学和实存哲学产生兴趣并翻译了奥地利哲学家埃德蒙德·胡塞尔的代表作，继而产生了从实践哲学也即意志角度推进胡塞尔现象学的哲学计划，"意志哲学"正是这个计划的产物。恶的研究在意志哲学中充当了重要的界标，对划分意志哲学各卷的不同研究层次起到了关键作用，标志了利科现象学方法的限度。可以说，正是恶的问题在很大程度上将利科现象学推向了诠释学的方向。利科的意志哲学的现象学与诠释学之间的整体性应该通过深入研究恶的问题来获得理解。《意志哲学》的第一卷《意志与非意志》是关于意志的本质学的研究，利科将其刻画为从胡塞尔出发向实践领域扩展现象学

---

[1] Paul Ricœur, *Philosophie de la Volonté: Finitude et culpabilité*（Paris: Éditions Points, 2009），p.32.

的尝试。第二卷《有限与犯罪》则是意志的经验学研究。美国现象学家赫伯特·施皮格伯格在《现象学运动》中讨论利科的现象学贡献时，表达了自己对于利科哲学的现象学忠诚度的怀疑[①]，并且认为利科从《意志哲学》的第二卷开始已经离开现象学[②]。实际上，施皮格伯格并未深入研究利科为现象学勘测边界的独创性探索，也未曾重视利科围绕恶的问题划分意志的本质学与经验学的关键原因，以及这两部分之间不可割断的内在联系，以致忽视了利科在恶的问题方面的"现象学—诠释学"研究。这种对《意志哲学》两卷的相对割裂的诠释，不仅使得第一卷的现象学研究显得孤立难解，失去与《恶的象征》的象征诠释学之间的密切联系，还阻碍了我们对利科的意志哲学体系的整体把握。利科的现象学与诠释学研究的重要特征是两者的互相依存关系，他曾将自己20世纪70年代之前的所有工作描述为"诠释学的现象学"[③]。利科诠释学的诞生固然有许多复杂的刺激因素，但是在其中，恶的问题作为意志哲学的最初规划中划分本质学和经验学的界标，为利科超出现象学的方法论拓展提供了极为重要的推动力。正是恶的问题打破了现象学的疆域，不仅促使利科超出现象学的范围对恶的可能性进行哲学人类学的探索，还推动利科从恶的可能性向着晦暗的恶的现实性、偶然性进行一种跳跃[④]，以至于进一步走向新的研究方法。恶的体验总是不断地逃离理性反思的视野，唯有通过象征诠释学，恶的体验才能获得重现。利科前期的象征诠释学思想同样较少受到研究者的重视，在某种意义上是由于利科后来的自我超越，他的诠释学才逐渐远离了最初的诞生地，并且以新的诠释学遮盖了旧的诠释学。

恶的问题还包含着利科对于反思哲学自身的批判，这种批判意图并未随着从现象学到诠释学方法的扩展而消失，直到20世纪80年代利科出版重要著作《作为一个他者的自身》与《恶：对哲学与神学的挑战》时，我们仍能够感受到他在书中对反思哲学的批判与重建的努力。虽然导致我思的破碎的哲学史原

[①] 赫伯特·施皮格伯格：《现象学运动》，王炳文、张金言译，商务印书馆，1995，第801页。
[②] 赫伯特·施皮格伯格：《现象学运动》，王炳文、张金言译，商务印书馆，1995，第815-817页。
[③] Don Ihde, *Hermeneutic Phenomenology: The philosophy of Paul Ricoeur*（Evanston: Northwestern University Press, 1971），p.xiii.
[④] "跳跃"（saut）是利科从克尔凯郭尔那里借用的概念。

因是复杂的,恶却首先暴露了反思之伤的病灶中心。《作为一个他者的自身》揭示了"被击碎的我思",其侧重点更多地放在尼采的怀疑对勒内·笛卡尔传统的我思的激烈攻击的角度。① 在《恶:对哲学与神学的挑战》中,利科也宣告了我思的破碎与理性的受伤,但是从恶的挑战的角度,"在理论性思考的层面,恶的问题始终是一个永远无法完全战胜的挑战"。② 这种理性思考的失败将迫使我们寻找来自于不同的行动和感受层面的回应,也即探索哲学的新方式。实际上,利科前期的《论解释:弗洛伊德研究》③ 更能够凸显这些不同主题之间的综合性,显露反思哲学的自身批判与恶的象征之间的根源关系。在诠释学和语言问题的纷争之中,反思遭遇了危机,开启了一场历险。但这并不是从外部强加给反思的危机,而是反思在自身内部产生的危机,特别是"被语言层次和神话层次采纳的象征的内在生命所推动"。④ 正是象征对我思的直接性与自明性发起了挑战,也正是象征将笛卡尔的我思从空洞的幻觉中拯救出来。恶的象征固然是普遍意义上的象征的一个特定领域,但它无疑不是一个任意的、偶然的领域,是利科的象征诠释学的诞生地。无论是象征的幽暗深邃,还是象征的内在生命,都在恶的象征的领域得到了淋漓尽致的展示。

反思哲学传统必须面对恶的挑战并对其进行回应,这是利科从庄·纳贝尔德那里发现的反思哲学的紧张处境和迫切任务。作为利科的前辈,纳贝尔德在他的《伦理学要素》《论恶》等重要著作中,埋下了反思经由符号迂回的中介化的线索。纳贝尔德的反思哲学代表着来自反思传统内部的自我批判,它促进了对人本主义和意识哲学神话的反思和讨论,而恶的挑战则给它带来了强烈的催化和刺激。针对笛卡尔的我思的直接性与自明性的神话,恶的挑战与尼采的怀疑同样指向对意识之虚伪诡诈的严肃讨论,这是我思的深刻危机,也是恶的意识与恶的体验的荒谬性对我思发起的拷问。在纳贝尔德的眼中,我思的危机

---

① 利科:《作为一个他者的自身》,佘碧平译,商务印书馆,2013,第19-25页。
② Paul Ricœur, *Le Mal: Un défi à la philosophie et à la théologie*(Genève: Labor et Fides, 2004), pp.56-57.
③ 英译本倒转了主标题和副标题的顺序,成为《弗洛伊德与哲学:论解释》,参见 Ricoeur, *Freud and Philosophy: An essays in hermeneutics*(New Haven: Yale University Press, 1970).
④ 保罗·利科:《弗洛伊德与哲学——论解释》,汪堂家、李之喆、姚满林译,浙江大学出版社,2017,第33页。

遭遇了恶的"无法辩解",因此要走向反思的多重中心与中介化;而利科为我思的危机指引了另一个方向,即从现象学向诠释学扩展的方向。① 为了回应恶的挑战,利科在《意志哲学》的第一卷中提出了悬搁的方法——利科发现作为纯粹意向分析的现象学是无法将恶的意志纳入考虑的,因此意志现象学必须首先悬搁两个十分困难的问题即"过错"与"超越性",过错与超越性是一体两面的问题,超越性的上帝正是作为过错的对立面,即作为罪的宽恕与和解被考虑的。"完整的过错体验就是在上帝面前被体验的过错,也就是罪。"② 过错与超越性直到《意志哲学》第二卷的象征诠释学中才去掉括号,重新得到恢复,但那已经超出了意识哲学的范畴。恶的问题最初被放在括号中,最终又被重新恢复,这其间经历的思想运作可谓举步维艰。恶的挑战推动了"意志哲学体系"的演进,不同卷帙采用全然不同的方法,实际上,我们甚至可以说野心远大的"意志哲学三部曲计划"未完成,亦可归因于利科在如何彻底解决恶的问题上面的未尽之意、未竟之功。③ 利科在《所做的反思》④ 中也将自己前期的意志哲学评价为失之于莽撞。⑤ 若以体系的完整程度评价,意志哲学似乎的确遭遇了失败。利科在这远大计划中热切追寻的对恶与希望的深刻理解,将如后来利科的诠释学迂回所显示的那样漫漫无期,抗拒终结。

利科对恶的研究不是边缘性的,也不是随意的、轻描淡写的。在恶的研究领域,利科曾倾注巨大的精力对传统进行对话式的批判。他的恶论之所以迥异于以往西方思想史上的其他理论,关键就在于他既没有沿用伦理学的论恶视角,也不曾投入宗教范围内的原罪论或神正论的怀抱,而是为恶的研究开辟了新的

---

① Paul Ricœur, *Philosophie de la Volonté: Finitude et culpabilité*,(Paris: Éditions Points, 2009), p.34.
② Paul Ricœur, *Philosophie de la Volonté: Le volontaire et l'involontaire*(Paris:Éditions Points, 2009), p.50.
③ Paul Ricœur, *Philosophie de la Volonté: Finitude et culpabilité*,(Paris:Éditions Points, 2009), p.30.
④ 这本书源于美国一家出版社编辑的利科论文集 *The philosophy of ricoeur*。该出版社邀请利科撰写一份思想自传,也即对自己学术生活和思想发展的回顾总结。利科将这份思想自传用法语出版的时候,又添上了另一篇名为 *De la metaphysique a la moral* 的论文,因此,*RéflexionFaite* 实际上包含两份文本,一是思想自传,一是哲学论文,体裁和内容差距不小。利科在自序中解释说,题目的"faite"不是指所作所为,而是用来修饰"réflexion","réflexion"不是指反省人生经历,而是用来强调思想方面的反思。因此笔者倾向于将这本书的名字译作"所做的反思"。《所做的反思》是利科最重要的思想传记资料。另一份比较重要的传记资料是《批判与信念》,这是利科与阿祖维(F. Azouvi)、德劳耐(M. de Launay)关于自己生平和思想的对谈。参见: Paul Ricœur, *La Critique et la Conviction: Entretiens avec François Azouvi et Marc de Launay*(Paris: Calmann-Lévy, 1995)。
⑤ Paul Ricœur,"*Réflexion Faite: Autobiographie intellectuelle*,"(Paris:Éditions Esprit,1995),p.26.

现象学—诠释学的场域。若要理解利科对恶的挑战的这种深刻洞见，就应当深入恶的问题本身，跟随利科的脚步对恶的思想史进行基本的梳理。当代哲学语境下恶的讨论的沉寂无声如同"恶的遗忘"，更加凸显了利科对恶的思想史的关注是视角何其独特、价值何其重大的贡献。《恶的象征》中的诠释学方法及其所诠释的忏悔文本与恶的神话，经常使他的恶论染上浓重的宗教色彩，以至于有研究者将利科对恶的研究简单归于神学范围，或者视为某种为基督教恶论的辩护。然而，从总体来看，利科在《恶的象征》中对恶的思考立足于现象学—诠释学，并在此基础上着重讨论了将象征系统地重新吸纳进哲学，并进行哲学史的重新诠释的可能，因此其恶论从根本旨趣上来说并不是神学研究，甚至也不完全是宗教学研究。利科在《恶的象征》之后，吸收了纳贝尔德对恶的伦理观的洞见，勘测并梳理整个西方的恶的思想史，奥古斯丁和康德等哲学家都在其中获得了恰当的位置。从反思哲学的传统出发，利科重新审视了康德所开启的以自由意志为基础的恶的伦理观的伟大与局限。康德的"根本恶"理论毋庸置疑是利科十分重视的，然而利科并未止步于康德主义，而是对其做出了细致的分析与批评。当代的关于恶的哲学的讨论，某种程度上仰赖于康德的视角，在这种背景下，利科恶论的创新和价值不仅在于对康德视角的复杂性与局限性的深入挖掘，更在于统合康德与奥古斯丁突破宗教与伦理的双重桎梏的努力。利科强调康德与奥古斯丁的联系，认为康德继承并完善了奥古斯丁反对摩尼教时为恶构思的纯粹伦理学图景。在利科眼中，除了恶的反思路线以外，还存着另一条恶的思辨的路线。穿过恶的反思路线与思辨路线是保存与革新的双重运动，实际上，利科提醒我们注意，恶并不是哲学研究的单纯问题，哲学史上的恶论都在呼唤积极的方法论批评。通过清点恶的研究误区，我们逐渐向更原初的象征和神话回溯，并由此着手尝试以当代的方式重新面对、重新理解恶的幽暗深邃。对利科来说，只有历经诠释学的迂回才能通过传承的神话、习俗、宗教、文学中恶的象征与叙事辨识出恶的现象。

第二节　恶的现象学起点

一、现象学与诠释学的交互依存

众所周知，利科的思想轨迹飘忽幽曲，从欧陆哲学到分析哲学，从宗教现象到精神分析，从文学到历史、法律、政治，不断涉足全新领域，穿越封锁森严的边界，给人留下一种不易捉摸的印象。如果一定要为他迂回的长程定下一个锚点，那么学界通常更重视他的诠释学家身份。这种倾向也得到了利科本人的认可，他在 1986 年出版的《诠释学文集 II：从文本到行动》中，曾强调诠释学事业的地位："我不再为捍卫诠释学哲学在诸如符号学或精神分析……面前的合法性而表现得那么忧虑。当感觉无需再为自己从事的学科的存在正当性而辩护时，我也就全心投入其中。"[①] 在某种意义上，利科的诠释学家身份可能无意中遮蔽了另一事实，那就是利科作为现象学家的富有争议的身份，尽管利科的现象学思想同样具有难以忽视的重要性。如今，一面是继承威廉·狄尔泰、马丁·海德格尔与汉斯-格奥尔格·伽达默尔的诠释学传统，一面是继承胡塞尔的现象学传统，两种传统虽然在历史上互相纽结，却在后续发展中具有独立的研究方法，这构成了对利科现象学家身份的挑战。

施皮格伯格在《现象学运动》中承认利科的现象学贡献，并给予其高度评价："利科的重要性不仅在于他对现象学的独创性研究。他还是法国最有见识的现象学史家。作为胡塞尔《观念 I》一书[②]的翻译者同时也是注释者，他为未来的胡塞尔研究创造了无与伦比的手段。"[③] 作为鲁汶大学胡塞尔档案馆法国副本收藏处的负责人，利科将巴黎大学南泰尔分校变成了重要的胡塞尔研究中心。然而，施皮格伯格不无遗憾地评论道："他对现象学的忠诚绝不是无条件的。"此种观点似乎表达了来自现象学领域内部的合理困惑：享有诠释学盛名的利科，到底在多大程度上，在多长时期内算是真正的现象学家呢？包括施皮

[①] 保罗·利科：《从文本到行动》，夏小燕译，华东师范大学出版社，2015，第 1 页。
[②] 埃德蒙德·胡塞尔：《纯粹现象学通论》，李幼蒸译，中国人民大学出版社，2010。
[③] 赫伯特·施皮格伯格：《现象学运动》，王炳文、张金言译，商务印书馆，1995，第 800 页。

格伯格在内的研究者们[1]，通常采纳权宜之计，即认可利科的前期著作《意志哲学》（尤其是它的第一卷《意志与非意志》）属于"严格现象学"[2]，而认为从《意志哲学》第二卷第二册《恶的象征》开始，利科的思想转向了诠释学。《意志哲学》是利科前期的呕心之作，《意志哲学》的撰写时间从 20 世纪 40 年代末到 20 世纪 60 年代初，这段时光乃是利科由 30 岁到 50 岁的盛年期。《意志哲学》的第一卷最初立足于法国精神论传统，其实已经蕴含了利科之后错综复杂的思想线索，开启了从现象学、实存哲学到诠释学、结构主义等思潮的转向与对话。第一卷《意志与非意志》出版于 1950 年，这部著作其实是利科获取国家博士学位的主论文，它与利科翻译的《观念 I》一起提交，并于 1950 年 4 月 29 日在索邦大学答辩通过。[3] 在第一卷中，利科不乏雄心壮志地预告了他的"意志哲学三部曲"计划，但是这个计划在执行过程中出现不小的变更，预告中的第三卷根本就付诸阙如，第二卷则没有完成预定的最后一册。第二卷《有限与犯罪》出版于 1960 年，与第一卷相隔整整十年，它包括两个方法上迥然不同的分册：《易犯错的人》和《恶的象征》。《恶的象征》是一本从哲学角度看来颇为奇特的著作，它研究的主要是象征与神话领域，似乎游走在哲学的边界，以至于经常被误认为落入了神学的窠臼。《恶的象征》也恰恰被许多研究者们视为利科从现象学向诠释学转向的路标。在这种对利科思想发展的"转向"叙事中，转向似乎不仅被认为是兴趣侧重的变化，也代表阵营的转移乃至非此即彼的改换门庭。然而我们发现，这种流行的转向说还是过于简单了，不仅遮蔽了利科的现象学家身份，也遮蔽了利科关于现象学与诠释学交互依存关系的构想。

美国技术哲学与现象学学者唐·伊德于 1971 年出版的利科研究专著，曾得到利科本人的认可并为其作序。伊德以《诠释学的现象学》为题讨论了从 20 世纪 50 年代的《意志哲学》第一卷到 20 世纪 70 年代初利科的全部作品。伊德尝试勾勒利科不同作品的整体性，受到了利科的赞扬："伊德同时尊重了

---

[1] 实际上，施皮格伯格的书中曾论及利科后期的诠释学、现象学，只是评价不高。
[2] 赫伯特·施皮格伯格：《现象学运动》，王炳文、张金言译，商务印书馆，1995，第 815 页。
[3] Paul Ricœur, *Philosophie de la Volonté: Le volontaire et l'involontaire* (Paris: Éditions Points, 2009), p.7.

那些明显的视角变换与其中深层的连续性，它们发生在《自由与自然》①中的本质或结构的现象学与我新近作品中的诠释学的现象学之间。"利科赞同伊德以现象学作为他1970年之前所有工作的整体特征，将他诠释学方面的新近作品归结为"诠释学的现象学"。值得注意的是，"诠释学"在这里用于修饰"现象学"，因而可以理解为，诠释学只不过是现象学的变型和拓展。②更进一步说，这种诠释学与现象学嫁接的立场甚至并不局限于1970年之前。利科的这一观点十分鲜明地显示在《诠释学与现象学》这篇论文中。实际上，现象学对于利科的整个思想生涯来说，似乎从来没有因为其他纷杂声音的齐鸣而消失踪迹。《论现象学流派》出版于1986年，它汇集了利科研究现象学的论文，跨越了20世纪40年代到20世纪80年代的漫长时光，最新的一篇论文是发表于1980年的《胡塞尔的〈危机〉中原初与复归的问题》③。《时间与叙事》三部曲出版于20世纪80年代中期，这是利科最著名的诠释学经典，实际上却通过"时间"与"叙事"之间的辩证关系会通了现象学传统的时间理论。和胡塞尔、海德格尔的时间现象学一样，利科这部著作亦围绕着时间现象的疑难性展开，他认为在时间性与叙事之间有一个三重模仿构成的循环，由此提出了"被讲述的时间"理论。《时间与叙事》处处散布着现象学的痕迹，在第一卷专门讨论"历史与叙事"的章节中，利科的分析就已包含所谓的"历史意向性"④，而第三卷《被讲述的时间》更是着重于展开哲学史巨人们的时间概念之争，整部著作都建立在与胡塞尔、海德格尔对话的基础上。利科具有一以贯之的现象学立场，现象学是不可缺少的出发点，尽管在进程中需要历经诠释学的迂回。第三卷《被讲述的时间》不仅详论了胡塞尔的时间意识现象学、海德格尔的时间性和历史性，批判性地分析了现象学内在的时间难题，还做出了一些诸如"解读的现象学"的具体的现象学分析⑤。因此，现象学不仅持续性地为利科提供理论源泉，

---

① 《意志与非意志》的英文版译名为"自由与自然"。参见 Paul Ricoeur, *Freedom and Nature: The voluntary and the involuntary*（Evanston: Northwestern University Press, 1966）。
② Don Ihde, *Hermeneutic Phenomenology: The philosophy of Paul Ricoeur*（Evanston: Northwestern University Press, 1971）, p.xiii.
③ Paul Ricœur, *A l'École de la Phénoménologie*（Paris: J.Vrin, 2004）, pp.361-377.
④ Paul Ricœur, *Temps et Récit: L'Intrigue et le récithistorique*,（Paris:Éditions du Seuil, 1983）, pp.247-315.
⑤ Paul Ricœur, *Temps et Récit: L'Intrigue et le récithistorique*,（Paris:Éditions du Seuil, 1983）, pp.243-264.

也保持着方法论上的活跃性。在《意志哲学》之后,《时间与叙事》三部曲不啻为另一部"诠释学的现象学"的典范。

二、胡塞尔与意志现象学的可能性

在《意志哲学》第一卷发表后,利科曾专门发表一篇论文来阐明意志现象学的路线。这篇发表于1951年现象学研讨会上的《意志现象学的方法与任务》[1],与《意志哲学》第一卷相比显然染上了更多的胡塞尔色彩。其中,意志现象学的可能性落实在了对胡塞尔文本的解释之中。作为申请博士学位的主论文的《意志哲学》第一卷,承担着面对法国本土新康德主义与精神论传统为现象学定下思想坐标的任务,而《意志现象学的方法与任务》则轻装上阵,暂时摆脱现象学之外的顾虑,精心地描绘出了现象学内部的疆域变革。作为胡塞尔《观念I》的译者,利科高度重视胡塞尔的思想。施皮格伯格甚至认为,"与莫里斯·梅洛-庞蒂这样的法国现象学家相反"[2],利科坚持反对贬低《观念》时期的胡塞尔,反对用后期的《欧洲的科学危机与超越论现象学》来否定《观念》的成就。如果我们不过度强调利科是原著的"译者",那么问题的关键无疑在于弄清利科究竟如何一边批评胡塞尔《观念》时期的超越论的观念论,一边又采纳《观念》时期的现象学方法,尤其是本质还原的方法。

围绕意志现象学计划,利科强调要从胡塞尔那里寻求权威指引。"胡塞尔《观念》里的许多内容显示,意志问题可以并应当整体地被更新,通过已经首先在感知意识层面、然后普遍地在客体化行为层面获得成果的意向分析方法。"[3] 利科指出,朝向"情感和意志体验"的方法论过渡已经在胡塞尔的《观念》中埋下线索。"适用于这些新的体验的现象学,应当首先检验意向分析的普遍性,尤其是意向活动——意向相关项区分的普遍性。"[4] 根据胡塞尔的看法,情感和

---

[1] Paul Ricœur, *A l'École de la Phénoménologie*(Paris: J.Vrin, 2004), pp.65-93.
[2] 梅洛·庞蒂同样重视对《观念I》及后续整理出版的手稿的解读。参见施皮格伯格:《现象学运动》,王炳文、张金言译,商务印书馆,1995,第801页。
[3] Paul Ricœur, *A l'École de la Phénoménologie*,(Paris: J.Vrin, 2004), p.65.
[4] 胡塞尔:《纯粹现象学通论》,李幼蒸译,中国人民大学出版社,2010,第95节。

意志属于多形的或综合性的意识行为，并不会否定单形的或基础性的行为，毋宁说它们就是被奠基在客体化的单形行为之上的。① 利科肯定了胡塞尔在情感和意志体验方面的分析，并认为胡塞尔的思想内部已经预示了对他的"超越论学说"的反向运动。②

最优先也最重要的思想起点正是"描述性分析的层面"，这是利科十分钟爱的胡塞尔主题。③ 它构成了利科对《观念 I》的批判与赞赏双重态度的枢纽，也充当了利科继《意志哲学》第一卷之后对本质还原方法的进一步辩护。当然，利科根据自身的意志现象学研究，主张意向分析应当进一步在情感和意志领域接受检验。但是利科始终坚持描述性的意向分析方法在更新的意志现象学中的必要性。"《观念》时期的意向活动——意向相关项分析的能产性，无疑被发生现象学低估了"，结果就是分析式的描述被急于综合的实存论描述所掩盖。利科强调："现象学是基于分析的描述，它提出这样的问题：意愿、移动、动机、情境等等，究竟有什么含义？"作为一种方法，现象学描述具有明显而丰饶的能产性。描述能够敞开现象学的广阔视域，但另一方面描述必须通过分析进行，必须成为结构化的严格方法。值得注意的是，这一时期描述与分析的辩证关系，似乎也预演了利科在诠释学思想中维系现象学与诠释学、理解与解释之间辩证关系的努力。

毋庸置疑，意义是现象学的核心概念。以意义分析为特征的现象学描述方法被利科认为是"结构化"的，虽然在胡塞尔等人那里，所谓的结构丝毫不含有后来才诞生的结构主义的含义。"现象学至少在其最初阶段应当是结构化的。"④ 分析式的描述方法或者说意向活动——意向相关项的分析方法，在深入意识体验的同时，实际上就是意义分析。现象学将自己的赌注押在思想的可能性之上。即便是情感和意志的研究也需要首先肯定经验具有可表达性，经验是可以言说的。利科将其形容为：如同试图穿过"情感的晦暗森林"，或渡过"血

---

① （意识）行为词条，参见倪梁康：《胡塞尔现象学概念通释》，商务印书馆，2016，第 16 页。
② Paul Ricœur, *A l'École de la Phénoménologie*（Paris: J.Vrin, 2004），p.66.
③ Paul Ricœur, *A l'École de la Phénoménologie*（Paris:J.Vrin, 2004），p.67.
④ Paul Ricœur, *A l'École de la Phénoménologie*（Paris:J.Vrin, 2004），p.68.

气的湍急河流"。① 我们发现，从利科后来的诠释学思想看来，20 世纪哲学诠释学发端于现象学并非历史的偶然，也并非因为海德格尔对现象学的革新，而是脱胎于胡塞尔现象学内部。

三、从"本质"到"意义"

在意志现象学时期，利科对针对胡塞尔的"本质"概念做出了实际上去本质化的理解。他倾向于将意识体验的"意义"等同于意识体验的"本质"。本质还原或者说埃多斯（Eidos: 本质）还原，在《意志哲学》第一卷充当了基本方法，然而我们发现利科在那里却对这种方法的内容语焉不详。在《意志现象学的方法与任务》之中，利科对他所应用的本质还原方法做出了更明确的胡塞尔式表述。首先，现象学还原在胡塞尔那里虽有诸多还原路线，利科尤其看重本质还原。他说道，"恢复意识之意义的超越论还原的实行是不能缺少确定意义的本质还原的。"② 利科曾在《意志哲学》导言中借助康德主义的术语"图型"，将本质十分含糊地解释为"对意义的直接把握"，也就是在说计划、动机、需求、努力、情绪、性格这些词语的时候所使用的某种便于把握的模型。③ 而在《意志现象学的方法与任务》中，他不再使用"图型"这样的术语。现在他以"意义"术语取而代之。在利科看来，意义就是不随个别的意识经验的变化而变化的，从意识经验中抽象出的不变之物、观念之物。同时，利科明确表达了对本质的柏拉图式理解的警惕和批评，在利科看来，这种警惕并非否定本质概念，而是辩证地继承之。"对柏拉图式本质的警惕不应当阻碍构造现象学客体的任务，这些现象学客体可以理解为能够充实多变且多样的含义意向（intentions signifiantes）的观念内容，就是每当我们说'我意愿''我需要''我后悔'的时候，或者每当我们把某个情境、某个行为理解为有意义的意愿、需要、后悔

---

① Paul Ricœur, *A l'École de la Phénoménologie*（Paris:J.Vrin, 2004），p.69.
② Paul Ricœur, *A l'École de la Phénoménologie*（Paris:J.Vrin, 2004），p.68.
③ Paul Ricœur, *Philosophie de la Volonté: Le volontaire et l'involontaire*（Paris: Éditions Points, 2009），p.20.

的时候,在语言中成型的东西。"[1]

如此一来,我们就需要弄清利科所理解的"意义"与胡塞尔有何异同。实际上,在胡塞尔现象学中有两个基本同义的概念,"含义"(signification)与"意义"(Sinn/sens)。这两个概念在使用上各有偏重:"含义"概念更适用于语言逻辑分析,而"意义"概念则更适用于意识行为分析。[2]"含义"概念是与表达有关的,它作为意向的同一之物,对于表达本身来说是本质性的。而"意义"概念是与意识行为有关的,它标识了意识行为的"意向相关项的核心"。[3]然而,在利科的解释中,他所理解的"本质"概念主要通过 signification 概念来阐明,但他也在相似意义上使用 sens 概念,主要是通过援引语言表达的例子来阐明 sens。因此,我们在上面将利科所使用的概念统一翻译为"意义"。利科的论述中显示,柏拉图的本质被转化为某些现象学客体,这些现象学客体可以被理解为能够充实多变且多样的含义意向的观念内容,它们又是在语言中成型的。[4]我们认为,对此可以有两种理解:其一,利科对"意义"概念的使用可能是模棱两可的,他并不清楚胡塞尔对于"含义"与"意义"的区分。其二,利科也可能提出了对胡塞尔的修正,这种修正恰恰反对胡塞尔把语言逻辑分析奠基于意识行为分析,而是指向反向运动。胡塞尔在《逻辑研究》一书中偏重"含义"概念,在《观念 I》一书中更偏重"意义"概念[5];而利科在多年之后的诠释学研究中对《逻辑研究》更加推崇,这两者之间也许不乏联系。利科试图倒转胡塞尔对意识行为分析的偏向,而将对意识行为的"本质"分析拉到语言分析的层面。若是如此,利科在充分肯定并继承胡塞尔的本质还原方法的同时,已经主动地进行了创造性误解。同样地,利科的意志现象学所采用的本质还原方法,与胡塞尔《观念 I》中的本质还原显然存在距离。

现在我们通过"意义"概念获得了一条向未来延伸的线索,可以将 1951 年的《意志现象学的方法和任务》与 1975 年的《现象学和诠释学》联系在一起。

---

[1] Paul Ricœur, A l'École de la Phénoménologie (Paris:J.Vrin, 2004), p.69.
[2] 倪梁康:《胡塞尔现象学概念通释》,商务印书馆,2016,第 81 页。
[3] 倪梁康:《胡塞尔现象学概念通释》,商务印书馆,2016,第 82 页。
[4] Paul Ricœur, A l'École de la Phénoménologie (Paris:J.Vrin, 2004), p.69.
[5] 倪梁康:《胡塞尔现象学概念通释》,商务印书馆,2016,第 472 页。

对于前者来说，"意义"概念还摇摆在语言分析与意向分析之间的模棱两可状态；对于后者来说，恰恰由于进行了诠释学迂回，胡塞尔本人的"含义"与"意义"区分在利科这里获得了更明确的讨论，并且被深深地楔入了诠释学的核心，构成了利科所谓的"诠释学的现象学先决条件"。《现象学和诠释学：从胡塞尔说起》收录在利科的第二本诠释学文集《从文本到行动》（1986），在文集中可看出，利科身为诠释学家却为现象学保留了十分引人注目的位置。他重述了诠释学从欧陆哲学中诞生的历程，说道："它是从胡塞尔现象学走出去的，'走出去'具有两重意义：现象学既是它产生的地方，也是它已经离开的地方。"①我们要问，诠释学如何从现象学中"离开"，又在多大程度上彻底离开了现象学？根据《现象学和诠释学》来看，诠释学的离开尚且若即若离，利科明显无意抛弃现象学传统。利科将胡塞尔的诠释学一分为二，他旗帜鲜明地反对《观念I》与《笛卡尔式的沉思》中作为现象学的诠释之一的超越论的观念论。同时，他又积极肯定胡塞尔思想中不同于观念论的异质成分，尤其重视回溯到胡塞尔的《逻辑研究》。利科其实对于他提出的这种貌似离经叛道的诠释学的现象学将会产生的争议已经有所预见，为此，他呼吁人们理解："无论接下来的（诠释学）思考，多么地依赖于海德格尔，特别是依赖于伽达默尔，关键在于和他们一起以及在他们之后继续做哲学的可能性——这里的他们也包括胡塞尔。"②

利科当然谙熟关于胡塞尔"意义"概念的论争。《诠释学和现象学》想要融会现象学与诠释学的意图并不是简单的调停。利科主张，现象学的核心问题就是意义问题，同时，整个诠释学最普遍的先决条件也是选择意义。③在"意义"概念的锚点上，利科认为现象学构成了诠释学的先决条件。值得注意的是，利科如今采用的"意义"概念是 sens，即胡塞尔现象学中的 Sinn。那么利科在这里又如何理解"意义"？他是否为了将诠释学与现象学嫁接在一起，刻意将胡塞尔的"意义"（Sinn/sens）拉至语言分析的层面？利科明确地区分了《逻辑

---

① 保罗·利科：《从文本到行动》，夏小燕译，华东师范大学出版社，2015，第1页。
② 保罗·利科：《从文本到行动》，夏小燕译，华东师范大学出版社，2015，第37页。
③ 保罗·利科：《从文本到行动》，夏小燕译，华东师范大学出版社，2015，第56页。

研究》的"含义"概念①与《观念I》中超越论的观念论的"意义"概念。他强调"通过悬搁整个存在信仰我们才进入意义的维度"的观念论的意义哲学在胡塞尔那里是不同于较早的《逻辑研究》的。②在"意义"与"含义"的区分之上，利科还增加了一重区分。在他看来，不同于胡塞尔的"含义"与"意义"概念，还存在第三种"意义"概念，这个概念既不同于逻辑分析的"含义"，也不同于观念论的"意义"。这第三种"意义"的概念，也就是利科试图从胡塞尔现象学中阐发出来的可能性。利科认为，意义哲学并不必然是观念论的。"在意向性概念的引导下，逻辑上的含义概念从属于普遍的意义概念，但这种从属根本不意味着超越论主体性对它所指向的意义具有最高统治。"③也就是说，意义是先于意识的，"在意义为意识存在之前，特别是在意识为它自身存在之前，意识已经在它自身之外，它指向意义。"④在利科融会现象学与诠释学的计划中，这种现象学的非观念论的"意义"概念，可与诠释学的"意义"概念相通。诠释学致力于将生活经验上升到语言和意义层面，为此，诠释学通过"间距"的方式将生活经验"间接化"朝向意义分析，这种方法在利科看来也类似于现象学通过悬搁进行意义分析。实际上，即便是诠释学也并非单纯运作在语言的层面。诠释学的"意义"并不等于"含义"，"含义"派生于"意义"。"这种语言秩序向经验结构的指向"就是诠释学的现象学先决条件。⑤利科认为，从诠释学历史的角度来看，海德格尔和伽达默尔的哲学诠释学就是诠释学的现象学。⑥

利科的意志现象学在对待自然主义的态度方面，同样保持了对胡塞尔的忠诚。我们需要注意到，现象学与自然主义态度之间的决裂并不仅仅局限于利科意志现象学时期，也并没有随着利科的研究重心转向诠释学而发生改变。从这种意义上讲，利科的《从文本到行动》继续坚持"诠释学的现象学"。⑦利科认为，

---

① 保罗·利科：《从文本到行动》，夏小燕译，华东师范大学出版社，2015，第58页。
② 保罗·利科：《从文本到行动》，夏小燕译，华东师范大学出版社，2015，第57页。
③ 保罗·利科：《从文本到行动》，夏小燕译，华东师范大学出版社，2015，第58页。
④ 保罗·利科：《从文本到行动》，夏小燕译，华东师范大学出版社，2015，第57页。
⑤ 保罗·利科：《从文本到行动》，夏小燕译，华东师范大学出版社，2015，第61页。
⑥ 保罗·利科：《从文本到行动》，夏小燕译，华东师范大学出版社，2015，第60-61页。
⑦ 保罗·利科：《从文本到行动》，夏小燕译，华东师范大学出版社，2015，第57页。

诠释学开启了意义分析的道路，就已经预设了选择现象学的反对自然主义—客观主义态度[①]。在反对自然主义的战线上，诸多生死搏斗还需回溯到意志现象学时期。在《意志哲学》第一卷中，为了将现象学方法扩展到情感和意志领域，利科需要与自然主义心理学正面相抗，这正是他辩证地展开现象学与心理学的斗争的场所。利科在这里已经涉入了描述与说明之间的方法论之争，描述的方法属于现象学，说明的方法则被认为属于自然科学—心理学。在意志问题领域，描述与说明方法的竞争实质上导向了意志与非意志的竞争，这构成了贯穿《意志与非意志》的中心疑难。对于心理学来说，意识被还原为非意志的基本要素诸如需要、习惯等，这些非意志要素并不源于意志，它们是独立的、基础的，而意志被认为只是附加于其上。与之针锋相对的是现象学，利科认为，意志现象学就是要通过描述的方法揭示意志与非意志之间的交互关系。在他看来，心理学所强调的非意志要素诸如需要、习惯等，只有在与意志的交互关系中才能获得完整的理解。他说道："非意志本身并没有意义。只有意志与非意志的关系才是可理解的。"[②] 这里的现象学描述方法，反对心理学"自下而上"地以非意志构建意志，而是"自上而下"地使对意志的理解优先于非意志。利科将这种意志现象学的方法革命比作康德的哥白尼式革命的延续。正如《意志哲学》第一卷的标题"意志与非意志"所示，这种针对自然科学—心理学的反抗，非意志与意志的竞争以及非意志与意志间的交互，正是利科通过《意志哲学》第一卷所希望开辟的现象学新领域。

四、意志活动的意向性分析

利科把胡塞尔的意向相关项分析应用到这个意志领域，其中心线索就是分析意志领域的意向活动与意向相关项的对应。《意志与非意志》细致地区分与描述了形形色色的意志活动，显示鲜明的现象学风格，整部著作的主体是由意

[①] 保罗·利科：《从文本到行动》，夏小燕译，华东师范大学出版社，2015，第 56 页。
[②] Paul Ricœur, *Philosophie de la Volonté: Le volontaire et l'involontaire*（Paris:Éditions Points, 2009）, p.21.

志活动的三个重要环节组成的："决定""行动""同意"。在每个部分中，利科首先对意志活动进行"纯粹描述"，这种描述在于分析这些意志活动的意向性。意欲，首先总是对什么东西的意欲。具体来说，第一部分"决定：选择与动机"中，利科分析了"决定"的意向活动对应于"计划"的意向相关项。利科首先强调："计划的意向是一种思想。"①"决定"的意志活动指向观念之物，"计划"应当被理解为宽泛意义上的思想。"计划"的含义就是那个"被决定之物"，意向活动因而获得了超越论的指向。决定的活动把自身转向"计划"，在计划中，意识就超出了自身。同时，"决定"这种意向活动，意味着指向"未来"，并且更重要的是，这种对未来的指向还取决于我并且在我能力之内。②利科详细分析了"决定"的时间性。"计划"最重要的特征无疑就是它对未来的指向，其模态亦不可忽视，对未来的指向是以命令式而非直陈式表达，这就不同于对未来事态的简单陈述，但是仅仅"要做某事"对于计划来说是不够的，计划限定了"要我做某事"，并且微妙地排除了"要别人做某事"。③决定的意向性就包含着对自我的"归责"（imputation）。

计划之中还包含着对"动机"的指向：计划总是这样展开，我决定做某事，总是有一个"因为"。决定与动机的关系的争论尤其使我们遭遇了意志与非意志关系的难题，做某事的"因为"将我们带到了自然主义的还原论解释的边缘。利科强调："动机与原因的根本区分，可以给我们提供一条指导线索来清理近来的意志心理学。"④首先，格式塔心理学虽然反对心理学的原子主义，却在整体与部分的对立框架中保留了自然主义的偏见，而利科认为动机与决定并不是部分与整体的关系。其次，法国哲学家亨利·柏格森的《论意识的直接材料》在利科看来也未能摆脱自然主义的偏见，"有种虚假解释就是把决定论的心理学归结为在意识状态的前后犯了错，这样说就好像动机在时间中的同一

---

① Paul Ricœur, *Philosophie de la Volonté: Le volontaire et l'involontaire* (Paris: Éditions Points, 2009), p.65.
② Paul Ricœur, *Philosophie de la Volonté: Le volontaire et l'involontaire* (Paris: Éditions Points, 2009), p.66.
③ Paul Ricœur, *Philosophie de la Volonté: Le volontaire et l'involontaire*, (Paris: Éditions Points, 2009), pp.73-78.
④ Paul Ricœur, *Philosophie de la Volonté: Le volontaire et l'involontaire* (Paris: Éditions Points, 2009), p.97.

性是决定论的基本预设一样。"① 利科认为动机的意义的同一性与动机在时间中绵延的杂多性并不矛盾，这样既杂多又同一的动机并不是自然主义的决定论式的，动机进入决定的意识活动的过程也具有绝对原初性，这和对绵延的理解并不冲突。利科所反对的第三种，即理性主义的心理学传统，认为我们需要通过使动机对立于冲动（mobile）来恢复意志的原初性。② 这种心理学二分法将冲动刻画成不受控制的激情，与之相对的理性动机则是有序的、有度的，以至于动机也就等于实践方面的推理。利科认为其实理性主义与经验主义分享一部分同样的自然主义偏见，即把冲动看作自然决定的原因，费尽心机地要使理性的意志动机摆脱这种原因。这依然是对动机的误解。在真实生活中，纯粹的实践推理充当动机的情况是十分稀少的。"动机与决定之间的关系远比前提—结果的实践推理关系更加深广。"③ 利科坚持认为，动机根源于人的感性生命，我们必须承认身体性的非意志要素，但是这种非意志要素并非自然主义决定论意义上的，而是为意志提供了推动力。动机与决定之间并非因果关系，而是循环关系。在这种意义上，我们可以重申一句古代格言："动机有倾向，却并不强迫。"这句格言的意蕴在于：首先，动机并不是原因；其次，动机也不受性格、无意识或者德国哲学家卡尔·雅斯贝尔斯称之为人类实存的"临界处境"（situations limites）的那些不可克服之物的围困；再次，动机并不源于强迫，也即它并不意味着被激情所奴役，也不意味着被虚无所囚禁。在《意志哲学》第一卷中，这种激情的奴役和虚无的囚禁暂时被现象学方法悬搁。"自由意志的动机是更根本的，比受诱惑的意识之异化更加根本。"④

在《意志与非意志》第二部分"行动：有意志的运动与能力"中，利科分析了更加困难的"行动"现象。"行动"就是从"要做某事"的决定进展至真正地"做某事"。不同于"决定"的情况，"行动"作为实现活动，其意向相

---

① Paul Ricœur, *Philosophie de la Volonté: Le volontaire et l'involontaire*,（Paris: Éditions Points, 2009）, p.98.
② Paul Ricœur, *Philosophie de la Volonté: Le volontaire et l'involontaire*,（Paris: Éditions Points, 2009）, p.99.
③ Paul Ricœur, *Philosophie de la Volonté: Le volontaire et l'involontaire*（Paris:Éditions Points, 2009）, p.100.
④ Paul Ricœur, *Philosophie de la Volonté: Le volontaire et l'involontaire*（Paris:Éditions Points, 2009）, p.101.

关项首先就令人感到充满疑难。①"行动"的对象是"动作"吗?当我们提问"你做什么",回答会是"我举手臂,拿起锤子,拿起钉子,按住地图,用锤子敲打钉子"吗?利科指出,认为身体动作是行动的对象这种观点是颇具误导性的。身体的某个"动作"并不是行动时的直接体验,而往往是事后分析得到的。在上面例子中,我们并非做出一系列身体动作,像"举手臂""拿起锤子"等,我们其实只是做了一件事情,"把一张地图钉在墙上"。也就是说,行动不是一系列身体动作的总和。利科说道:"这已经被格式塔心理学充分说明过了,它甚至也是一些行为主义者如托尔曼②的共识。"③利科认为,现象学比自然科学的心理学革新更能彻底纠正误区。在现象学的意向分析中,"行动"的真正对象是行动的结果,"被做之事",也即行动者的所作所为,对身处的情境的改变,一种被动完成式的"行动"。在上述例子中"你做什么"的回答可能就是"挂地图","挂地图"是对被做之事的叙述。利科将这种"行动"的意向相关项,称为"被做之事"(pragma)④。"被做之事"是一系列构成整个行动结构的关系的聚焦点。⑤利科也借用爱德华·托尔曼的心理学研究中的诸多目的论式的概念来定义"被做之事",行动的世界是一个实践的可能性世界,在其中"期待"被产生,被满足,或被阻碍而最终失望,这个世界充满了冒险,充满了"尝试"和"假设"。⑥但这还远没有穷尽行动的世界,"被做之事"也是世界本身的一个侧面。世界是行动的复杂关系网络和场域。"被做之事"可以被描述为行动所产生的"对象",也可以是被实现的"目的"、所采用的"方式"、所利用的"材料"、需克服的"阻碍",以及最终包含身体移动在内。"被做之事"构成了我们的世界。这个世界充满了人类行动的产物,也就是说,人类行动的环境就是由行动本身所创造的。人在行动之时,总要对他自己的产物

---

① Paul Ricœur, *A l'École de la Phénoménologie*(Paris:J.Vrin, 2004),p.70.
② 爱德华·托尔曼(E. Tolman, 1886—1959),新行为主义学派著名代表。
③ Paul Ricœur, *Philosophie de la Volonté : Le volontaire et l'involontaire*(Paris:Éditions Points, 2009),pp.263-264.
④ pragma 是希腊语,这一概念曾出现在柏拉图和亚里士多德的哲学著作中。海德格尔在《存在与时间》中分析过相关的古希腊概念 pragmata,参见海德格尔:《存在与时间》,陈嘉映、王庆节译,生活·读书·新知三联书店,2006,第80页。
⑤ Paul Ricœur, *Philosophie de la Volonté: Le volontaire et l'involontaire*(Paris: Éditions Points, 2009),p.256.
⑥ Paul Ricœur, *Philosophie de la Volonté: Le volontaire et l'involontaire*(Paris: Éditions Points, 2009),p.266.

进行反应。人类行动在极端广义上是一种"技艺",并不局限于制作活动。因此,对意志活动的意向相关项的计划和被做之事的解释,就必须潜在地包含对"世界"的解释。我就在世界之中,这个世界上有一些事需要做,我在其中行动,这就是所有"处境"的本质。① 正是这些处境为我的行动设置了亟待解决的问题。有时候,处境的紧迫性引导我产生计划,敦促着我去行动。在其他的情况下,我的计划本身创造了一个机会,我抓住这种机会,实现某种结果。总而言之,"世界不仅是场景,而是问题和任务"。

五、与海德格尔实存论分析的争辩

利科对"被做之事"的现象学分析显示了意志现象学不仅从胡塞尔的意向分析方法,而且也从海德格尔的此在的实存论分析获得了灵感。与此同时,利科虽然并未直接讨论海德格尔的《存在与时间》,却与之形成了潜在的争辩。我们知道,海德格尔在《存在与时间》的第一篇"准备性的此在基础分析"的第三章,对于"世界之为世界"予以精彩而经典的分析。海德格尔的主张与流俗的"世界"概念决裂,并以笛卡尔的世界观作为反例。海德格尔指出,在笛卡尔以及其后出现的种种对世界的理解都是建立一种有问题的存在论基础上的。世界被规定为广延。② 这种规定的存在论基础是实体性观念,海德格尔认为这里的实体性观念的存在意义是未经澄清的,并且经常被声称不可能澄清,以至于人们只是通过规定各种实体中最优越的实体,也即借助某种实体性的存在者来规定实体。笛卡尔及其类似的"世界"概念因此错失了世界现象。"笛卡尔试图从存在论原则上用 extensio(延伸)加以把握的存在者,毋宁说只是这样一种存在者:它只有通过首先从世界内上手的存在者才能得到揭示。"③ 海德格尔提出了上手状态与在手状态的区别,这个重要的区别蕴含着海德格尔通过此在的实存论分析对流俗的"物"的概念的挑战。在笛卡尔式的世界观之下,

---

① Paul Ricœur, *Philosophie de la Volonté: Le volontaire et l'involontaire* (Paris: Éditions Points, 2009), p.267.
② 马丁·海德格尔:《存在与时间》,陈嘉映、王庆节译,生活·读书·新知三联书店,2006,第 105 页。
③ 马丁·海德格尔:《存在与时间》,陈嘉映、王庆节译,生活·读书·新知三联书店,2006,第 111 页。

物的存在状态通过理论观察的视角，显示为给定的、现成的、有广延的，这也就是物的在手状态。与此相对，海德格尔把在操劳活动中照面的存在者称为"用具"，用具就是为了做什么用的东西，用具并不是摆在那里的东西，而是上手的东西，这也就是物的上手状态。[1] 用具从来都不是单独地存在，而总是一个用具整体。[2] 用具总是在世界之内与我们照面的，因此这种存在者的存在及上手状态也就揭示了世界及"世界之为世界"。在海德格尔看来，"世界之为世界"是一个极容易被错失的现象。[3] 世界本身并不是一个世界内的存在者，但世界又对这些存在者起着规定作用。世界之为世界，只有通过世界内的存在者与我们的照面才能显现，然而世界本身作为视域或者实存活动的场域，不等同于那些存在者，也不等同于存在者的总和。"世界之为世界"是一个存在论概念，在存在论上，世界当然并不是存在者的规定，而是此在本身的性质。[4] 因此，对世界的存在论进行追问必须从此在的实存论分析开始，也就是从最近的此在的日常状态开始分析。在日常状态下，此在就是在周围世界中的操劳，与世界内的存在者打交道。[5] 此在与世界内的存在者的打交道，揭示出了用具的上手状态。更进一步说，上手的东西的存在具有指引结构，指引就是把用具的存在开放出来，用具所谓的效用、合用性，就是一些特定的指引。[6] 上手的东西能够受到指引，这要求它与其本身就具有受指引的性质，这种存在性质就是"因缘"。[7] 因缘也具有整体性，因缘的整体性早于单独的用具。举例来说，锤子作为上手的东西，首先和捶打有因缘；捶打是为了修理，锤子又与修理有因缘；修理又是为了防风防雨，锤子又与防风防雨有因缘；防风防雨又是为了此在能够在房子的庇护之下实存，因而锤子其实是与此在的实存有缘。因此，因缘的整体性也就牵连于此在实存的可能性，这里可谓有一个无穷尽的因缘的网络。

我们发现利科对"被做之事"的分析与海德格尔有诸多联系。在讨论"行

---

[1] 马丁·海德格尔：《存在与时间》，陈嘉映、王庆节译，生活·读书·新知三联书店，2006，第81页。
[2] 马丁·海德格尔：《存在与时间》，陈嘉映、王庆节译，生活·读书·新知三联书店，2006，第80页。
[3] 马丁·海德格尔：《存在与时间》，陈嘉映、王庆节译，生活·读书·新知三联书店，2006，第85页。
[4] 马丁·海德格尔：《存在与时间》，陈嘉映、王庆节译，生活·读书·新知三联书店，2006，第76页。
[5] 马丁·海德格尔：《存在与时间》，陈嘉映、王庆节译，生活·读书·新知三联书店，2006，第79页。
[6] 马丁·海德格尔：《存在与时间》，陈嘉映、王庆节译，生活·读书·新知三联书店，2006，第97页。
[7] 马丁·海德格尔：《存在与时间》，陈嘉映、王庆节译，生活·读书·新知三联书店，2006，第98页。

动"的意向相关项时,利科使用的例子是用锤子把图画钉在墙上,似乎就和海德格尔分析上手状态的锤子案例一脉相承。pragma 作为利科的重要概念,来自希腊哲学,而海德格尔也分析过古希腊人的术语 pragmata。海德格尔为了挑战后世流俗的物的概念,通常向古希腊人的生存体验及其语词追根溯源。海德格尔指出古希腊人其实就有一个用来表示物的术语 pragmata,这个词来源于动词 praxis,就是"人们在操劳打交道(praxis)之际对之有所作为的那种东西"。[1] 实际上,在希腊语词典中,pragma 既有"物"的含义,也有"所作所为""事态"等含义。海德格尔在《存在与时间》中批评古希腊人在存在论上把这种特有的实用性质掩埋了,把它们规定为单纯的"物",这一批评可能是片面的。海德格尔声称要把这种在操劳活动中照面的存在者恢复为用具,也即他所着重分析的上手状态的存在者。我们发现,利科关于 pragma 的理解与海德格尔颇为不同。利科用"被做之事"的概念所指涉的实践领域,比海德格尔的分析更加宽阔。与海德格尔的用具相比,利科的"被做之事"并非着眼于效用、合用的何所用的因缘,也并非从仅仅狭义的操劳或实用的活动的视角考虑。我们甚至可以说,在《意志与非意志》中,仅就"行动"的章节部分来说,利科展开了对人的生存活动作为意志的行动的复杂多样化的分析,这些"行动"对应着"被做之事","被做之事"反过来又塑造行动的"世界",更重要的是,"被做之事"不仅是在物的意义上理解。更进一步,如果再加上利科并非仅考虑正在进行的"行动",而且对"决定"和"同意"都有着极为精彩的分析,那么利科的《意志与非意志》就不啻为一种更完整的实存论现象学,也是极富价值的实践哲学体系。

六、身体在现象学中的出场

利科的意志现象学的独特性还在于他继承了法国传统的对身体的强烈重视。就在对"所做之事"的意向相关项分析之后,我们注意到,"身体"在"行动"

---

[1] 马丁·海德格尔:《存在与时间》,陈嘉映、王庆节译,生活·读书·新知三联书店,2006,第 80 页。

中突然出场。利科的意志现象学固然保持着对自然主义的反抗，强调意志相对于非意志因素的优先性，但是非意志与意志之间的交互关系还是深入地渗透进了实存现象学的体系。在利科的整体框架中，意志一直都在遭遇非意志，并为非意志所限制。伊德甚至认为，正是这种交互关系的非意志的方面引出了对于潜在的诠释学的需求。他认为利科在对非意志进行分析的时候，潜在的诠释学已经表现在"诊断"概念之中。①"计划"是被动机推动的，"被做之事"只有在行动的器官具有移动能力情况下才可能实现，而"同意"的极端则已经抵达不可克服的因素。利科通过对"器官"概念的分析解释了在"行动"中身体的重要意义，这开始为我们展现基于意志与非意志辩证关系的身体现象学。我们在对行动的对象即"所做之事"的分析中，特别排除了身体作为行动的对象或目标的资格。那么，身体在行动中扮演什么角色呢？利科认为，身体是一个处于我与世界之间的中介，也可以称为行动的"器官"。②行动是通过身体发生的，我们可以将着眼于器官的行动称为"移动"。③在移动过程中，我们通常把身体当作行动的"工具"。利科提醒我们，"器官—所做之事"的关系并非这种所谓的工具关系。工具与身体是不同的，工具外在于身体，工具只是器官的外部延伸。把身体等同于工具，就陷入了主客二元论，身体的器官本性就从我们的视野中消失，身体就仿佛变成了一架陌生的机器。实际上，"器官、工具、所做之事"是三个不同的层次，器官不能被归并到工具的层次。

利科对移动的分析的独特之处在于强调"阻碍"。移动作为一个整体遭遇了阻碍，从而不断地需要进行自身调整。利科认为，"正是身体的不顺从使我意识到了它的中介功能"。④这种情况就是我们通常所说的努力（effort）。努力就是行动本身的模式，只是被对于阻碍的意识复杂化。努力是使器官身体通达反思的方式，但它同时也能误导这种反思，以至于在反思中引起身体与意志的二元对立的假象。因为行动受到的来自器官的阻碍，就好像在这里身体中已

---

① Don Ihde, *Hermeneutic Phenomenology: The philosophy of Paul Ricoeur*（Evanston: Northwestern University Press, 1971）, p.27.
② Paul Ricœur, *Philosophie de la Volonté: Le volontaire et l'involontaire*（Paris: Éditions Points, 2009）, p.267.
③ Paul Ricœur, *Philosophie de la Volonté: Le volontaire et l'involontaire*（Paris: Éditions Points, 2009）, p.269.
④ Paul Ricœur, *Philosophie de la Volonté: Le volontaire et l'involontaire*（Paris: Éditions Points, 2009）, p.270.

经没有了意志，或者说身体完全与意志对立。但是利科认为，在身体的移动中，即便遭遇阻碍，意志也并未缺席。我有移动的能力就说明了身体并非意志的对立面。"我知道如何做某事"或"我能做某事"就指向了这种潜在的移动能力。这种做某事的能力既可以表现为一种技艺，也可以表现为一种习惯。我的身体并不是被感知、被想象的身体，而是被我移动的身体——我的器官身体。[1] 我与身体是密不可分的。在行动中，我对身体有所反思，有所意识。在我对身体移动的意识中，我思是主动的有意志的肉身化，而不是被动施加于我的肉身化。被动施加于我的肉身化通常出现在忍受痛苦或单纯的感知的情境中。主动有意志的肉身化体现在我的移动中，通过对我身体的练习，我获得了移动和操控的能力。移动是遭遇阻碍与克服阻碍的双重过程，身体的不顺从与移动的能力构成了不可或缺的两面。

七、"同意"：自由与自然的和解之谜

《意志与非意志》的第三部分讨论"同意"。这也是利科的意志现象学中非常独特的主题。实际上，同意是一个更难进行意向分析的意志形式，利科将其称为"最有欺骗性"的形式，其意向活动——意向相关项的对应更加间接曲折。"同意是意志去接受必然性的活动。"[2] 同意这种意向活动，作为对于意志无能为力的接受和妥协，似乎和必然性的意向相关项相对应。不过利科并没有在这一部分展开意向活动—意向相关项的分析，因为在同意的意向活动中，先前研究所遗留的非意志的方面突然占据了中心位置，这种非意志的要素甚至挑战了所有意志活动的特征，也即意志与非意志之间的交互关系。同意似乎已经很难算是意向活动，它遭遇的是非意志的强大攻势，并且接受了意志的无能为力。必然性已经表明了极端的非意志，它既不像是决定中的动机，也不像是行

---

[1] Paul Ricœur, *Philosophie de la Volonté：Le volontaire et l'involontaire*（Paris: Éditions Points, 2009），p.271.
[2] Paul Ricœur, *Philosophie de la Volonté：Le volontaire et l'involontaire*（Paris: Éditions Points, 2009），p.427.

动中的阻碍与努力，它似乎逃避意志的所有涉入。所以利科承认，"对于同意的纯粹描述是非常困难的。"① 令人困惑的是，一方面，同意似乎具有实践性的特征，因为它也是一种活动；但另一方面，同意似乎又具有理论性的特征，因为这种活动实际上受阻了，受阻于某个它无法改变的事实，即必然性。利科认为，我们只能尽可能地逼近同意这种特殊的活动，在对必然性的理论性表象的考虑中，也在对某种实践性的活动的考虑中间接地探索。"更直接的语言从最初就是不可能的。"首先，同意表现得好像是对必然性的理论性表象，它是对于必然性的认识，我认识并且判断必然性，然后我接受这种必然性。"实际上，智慧的人总是把承认必然性作为自由的一个环节。这就是斯多亚主义的伟大之处。"我认识并承认必然性，由此使我自己从中解脱出来。但是，这种斯多亚主义的同意，或者说把同意等同于判断，并没有考虑同意之中不太理论性的方面。利科认为，同意并不是采取旁观者的视角，不是远距离地审视与判断，而是没有距离的沉浸。毋宁说，同意是对必然性的主动采纳。② 通过这种将必然性与自由相连接的过程，同意也就显示出实践性的方面，它构成了主动的意志活动。同意不仅仅是对必然性的理论性认识，实际上，同意与决定也有一定的相似性，就像决定一样，它可以表达成命令的形式，一条任其自然的命令。但是，同意的命令并不指向计划的未来可能性，而是指向没有任何可能，没有任何计划，什么也不做。可以说，它阻断了朝向未来的意向，它只是对现在发出命令。因此我们发现，必然性被展示为一种处境。利科在这里将必然性的处境概念与海德格尔的现身情态相联系。③ 利科认为，处境概念作为实存哲学的关键，似乎缺少结构化的现象学分析。现在，利科赋予了处境概念以同意的新形式，它构成了意志与非意志的第三种交互性的结构，这种结构能够揭示处境概念所蕴含的选择与同意的辩证法。我们说同意是主动的选择和采取，就是说同意是对别无选择的东西的承认，对已被决定的东西的接受。这就是处境的双重

---

① Paul Ricœur, *Philosophie de la Volonté : Le volontaire et l'involontaire*（Paris: Éditions Points, 2009），p.430.
② Paul Ricœur, *Philosophie de la Volonté: Le volontaire et l'involontaire*（Paris: Éditions Points, 2009），p.431.
③ Paul Ricœur, *Philosophie de la Volonté: Le volontaire et l'involontaire*（Paris: Éditions Points, 2009），p.432.

含义。在同意之中，我们从对自然的必然性的敌意，最终转化成接受了必然性的自由。"同意就是自由的朝向必然性的渐进道路。"[1] 总的来说，同意的问题，其实就是貌似对立的自由与自然在意志活动中获得和解的问题。

在利科看来，同意的分析对现象学的扩展具有重要意义。同意的分析开启了关于有限性的现象学的可能性。这是一种关于无意识的现象学，关于生存处境的现象学，也就是说，即便在必然性抵达极端的同意现象中，现象学也有其成立的可能性。我们已经分析了，对于同意来说，问题的关键在于必然性是被主动地采纳的。通过主动采纳，原本非我的必然性上升到了实践的领域，并且保证了它的第一人称特征。对同意的主动采纳的维度的揭示使现象学描述获得了对必然性的彻底性的理解。利科认为，在非意志的研究领域，现象学的描述性方法具有需要特别强调的优势。首先，现象学是能够尽可能地获得对非意志的理解的方法。现象学揭示了经典心理学遗忘的事实，即意志总是已经肉身化，贯穿在对于非意志的整体理解中。对于需求、情绪、习惯等非意志的要素，意志总是已经与其形成交互关系，意志通过他的选择来进行决定，通过他的努力来进行行动，通过他的同意来进行采纳。意志与非意志之间是一种活生生的关系。[2] 现象学的描述方法并不打算摧毁所有关于非意志的心理学，只是致力于为它赋予意义。"非意志是为了意志存在的。""为了"的确切含义也就在于，非意志要素总是作为意志的条件而存在的。其次，这种现象学的第二个优点是把经验心理学所说的被构造的意志带向构造性的意志。它表明这种构造性的意志不能被还原到某种经验性的起源，因为它本身就是原初的。"非意志的现象学的观念并不荒谬。我们当然已经失去了纯粹感知的天真性，但是恰恰是作为人类存在，我们已经被卷入欲求和忍受。"[3]

在《意志与非意志》中，我们需要注意的是，同意的问题并没有被意志现象学彻底解决。同意在纯粹描述的方法中被揭示为意志活动，然而这种现象学方法的穿透仅仅是理论领域的成就。同意本身已经作为一个谜题，指向了超出

---

[1] Paul Ricœur, *Philosophie de la Volonté: Le volontaire et l'involontaire*（Paris: Éditions Points, 2009）, p.433.
[2] Paul Ricœur, *A l'École de la Phénoménologie*（Paris: J.Vrin, 2004）, p.72.
[3] Paul Ricœur, *A l'École de la Phénoménologie*（Paris: J.Vrin, 2004）, p.73.

现象学方法的道路。"同意之路"是《意志与非意志》的最终章,同时不失为其中最出彩的部分。利科在这一章已经难以保持现象学方法,不得不转向更接近实存论的讨论。实际上我们还发现,"同意之路"最终通向第一卷的边界,通向了被现象学方法所悬搁的超越性。在这个边界处,利科不得不面对自然与自由和解的困难,唯有留待《意志哲学》关于"意志的诗学"的后续计划。同意的问题因此也是理解利科在《意志与非意志》的宗教哲学观点的关键。这些讨论围绕着自由与自然之间难以彻底克服的二元论,围绕着理性所无力穿透和把握的人的生存之秘密。说到底,"自由与必然性的悖论统一"依然是理性的耻辱,无法得到彻底的保证。[①] 利科将其描绘为"正是在人类的生存活动中刻印着一道秘密的伤痕"。伤痕就是"否定性"。利科所说的生存的伤痕指的是相互的否定,也就是"自由与必然性在否定着彼此"。这种否定性是人类生存所不可避免的。在意志的纯粹描述的主体性范围内,自由与自然所达成的和解并不是真正的和解。在某种意义上,我们从纯粹反思的角度解决了这个问题,可是从生存的角度来说,自由与自然之间的互相否定还远没有得到调和,甚至这种实践方面的不可调和性还远远没有得到澄清。如同利科所说:"'不'的要素将会永远以某种方式保留在同意的'是'之中。"[②] 这个问题终将带我们离开现象学的领域。实际上,在《意志与非意志》的现象学视野内,利科对否定性的讨论无疑已经涉入了生存的晦暗部分,接近而又区别于恶的问题。我们在下一章中将首先考察意志现象学对恶的悬搁,然后揭示同意之路的否定性与恶的经验学的距离,以及同意对否定性的克服如何通往意志的诗学。

---

① Paul Ricœur, *Philosophie de la Volonté I: Le volontaire et l'involontaire*(Paris: Éditions Points, 2009),p.555.
② Paul Ricœur, *Philosophie de la Volonté I: Le volontaire et l'involontaire*(Paris: Éditions Points, 2009),p.556.

第二章　恶的经验逼近

第一节　恶的现象学悬搁

一、悬搁方法的合理性

在利科看来，意志现象学的意义与价值需要特别捍卫。现象学方法在意志领域的应用并非为迎合某种来自德国的时髦潮流，也并非不证自明的。在面对意志问题的时候，现象学需要捍卫自身，这种方法论的负担首先就来自意志领域中的恶的现实存在。在《意志哲学》第一卷的导言中，利科将他所理解的现象学方法指向了与胡塞尔的本质还原相类似的"抽象"（abstraction）[①]方法。这种"对过错的抽象"或者说"对恶的悬搁"的方法正是利科的意志现象学的前提条件。为了获得对于意志与非意志的纯粹描述和纯粹理解，我们必须要对深刻地改变人的理智的过错加上括号，并且对隐藏着主体性的最终起源的超越性加上括号。对过错的抽象是意志哲学体系划分基本层次的关键方法。对于第一卷《意志与非意志》的本质学来说，归属于意志的现实性的过错现象是本质学所进行的纯粹描述必须首先予以悬搁的。对过错的抽象是利科在意志哲学体系中提出的一种独特的现象学还原方法，它的含义已经不同于胡塞尔现象学中的各种还原道路。意志的本质学与意志的经验学之间的区分，其依据与其说是胡塞尔现象学对于意识的超越论层面与经验层面的区分，不如说是依据对人类意志的过错现象的排除。利科也很清楚他自己的抽象方法与胡塞尔的本质还原方法之间相似性的限度，"胡塞尔没有考虑到关注围绕着一个基本事实的人类经验的现实性，比如意志早就已经退化堕落，它有着种种处于激情阴影下的伪装"。[②]

当然，利科很快就讨论了这种抽象方法或悬搁方法的合理性。这种对意志

[①] 倪梁康：《胡塞尔现象学概念通释》，商务印书馆，2016，第6页。
[②] Paul Ricœur, *Philosophie de la Volonté: Le volontaire et l'involontaire* (Paris: Éditions Points, 2009), p.555.

过错的抽象,其理由何在?其抽象的可能性又是否能够得到辩护呢?人们会有一种理所当然的怀疑,当意志哲学在宣称自己对于意志进行描述性研究的时候,却要排除掉人类意志中如此重要的方面,对其置之不理,这不是十分奇怪吗?利科的回答指出,描述性的研究与经验性的描述之间并不等同,也就是说,意志现象学的描述性研究并非对人类现实的意志活动进行描绘。在这里,其实需要一种纯粹的描述,通过抽象的方法揭示人类意志的基本结构或基本可能性。实际上,我们发现利科所提出的对过错的抽象的研究方法,作为排除人类意志活动中极端重要的方面的做法,其合理性还是不能够被简单地证明。至少与胡塞尔现象学对自然态度的悬搁相比,利科的意志现象学对恶的悬搁并没有显示出多少实质的相似性。利科要排除的很难说是一种自然态度。如果说他要排除的是意志活动的现实性和实际的经验层面,那么我们就会产生疑问:意志活动的实际经验不也是多种多样的,包括各种善恶类型吗?为什么要仅仅排除过错的方面,或者说恶的方面?这里的排除方法表面上是一个现象学方法问题,但又不仅仅是方法,还隐藏着利科把胡塞尔现象学方法拓展到意志领域的时候已有的预设观点。这就是利科对人类意志的基本可能性和基本结构的看法。这种看法似乎并不是从现象学而来的。利科认为,人类意志的基本可能性是善的,并不包含某种恶的结构。然而,利科又如何证明善的可能性比恶更加基本呢?这是一个极端困难的问题,就是这个问题导致利科在现象学之外还要区分出其他的阶段,并且延伸出其余的卷帙。

二、过错与激情:本质学的边界

利科在《意志哲学》第一卷的导言中花费了很大的力气来为此作出辩护。总的来说,利科在这一时期受到的基督教传统意志论的影响是比较明显的,所谓人类意志的现实性,主要包含对根本的过错现象的强调。它们意味着扭曲与缠杂,它们表现为难以控制的激情,它们遮蔽了人类意志的基本结构与基本可能性。这也是一门意志的本质学必须致力于从人类意志中排除过错的根本原因,唯有这样才能恢复意志的基本可能性。过错的排除为意志的本质学确立了最外层的边界。这一边界之外是一处纷纷扰扰的虚假、无限、无序的场所，在那里，人类的激情和作为其对立面的律法，永无餍足的想象力及持续不断的虚无的诱惑，上演着一场又一场与意志的本质学截然不同的悲剧。意志的本质学与经验学的边界两侧，不仅运用不同的思考方法，而且处理的是截然不同的意志现象。对利科来说，激情（passions）不同于意志的基本要素，也不同于非意志要素。"激情就是对意志与非意志的共同扭曲。"[1] 对过错的抽象首先体现为对人类的现实的激情的排除。激情并不同于情绪。情绪是意志的基本结构的要素之一，情绪本身没有善恶属性，它构成了意志在现实状态中成为恶的意志或善的意志的基础，但它本身与过错无关。激情则不同。在利科看来，激情是意志的彻底的扭曲状态，激情是对实存的本质的中心的毁坏，这使激情抵达了虚无的领域。激情虽然的确与非意志要素有所联系，它在非意志要素中发现诱惑并获得手段、工具，但是它毕竟还是源于意志。利科进一步指出，对激情的悬搁也就意味着对律法的悬搁。律法也是属于意志的现实状态的问题。如果没有人类现实的过错，也就不会有律法。"激情与法律之间有互相依赖性，在过错的语境中激情与法律构成了一个现实的、坏的循环。"[2] 因此，利科强调第一卷的意志现象学也是不涉及伦理或道德领域的。如果谁从他的现象学研究中引申出某种伦理结论，那就是误解。这就意味着，不能说因为排除了过错，所以意志的基础存在论就是现实的直接的伦理观点，就是关于道德善的理论。意志的基础结构的善的可能性，实际上并不是现实的、道德意义上的善，只是独立于过错之外的可能性。所以，也不能把利科的看法理解为某种"人天生是善的"的理论。因为道德上的善属于现实的行为的领域，不是基础结构所能保证的。

利科在第一卷中并没有提出完整的过错理论，但是他也简要勾勒了接下来关于过错的理论的线索。过错现象的问题关键就表现为激情的四个重要特征。实际上，这些特征也表明了为什么激情不可能是本质学的研究对象，必须被施

---

[1] Paul Ricœur, *Philosophie de la Volonté: Le volontaire et l'involontaire*(Paris: Éditions Points, 2009), p.40.
[2] Paul Ricœur, *Philosophie de la Volonté: Le volontaire et l'involontaire*(Paris: Éditions Points, 2009), p.41.

加悬搁。这就是悬搁的必要性问题。激情的第一个特征在于，它是灵魂施加于自身之上的束缚，即它是灵魂对自己的束缚。激情的束缚实际上将自由与必然性捆绑在一起。从过错开始，自由因为被自我肯定的幻梦吸引，陷入自负与虚妄，反而驱逐自身。自由一边诅咒必然性，一边又无法自拔，将其用作激情的庇护所。

激情的第二个特征在于，它受到虚无的束缚。"所有的激情都是空虚。"[1] 恶语相向、怀疑、淫欲、嫉妒、伤害、悲痛，这些情绪都是追逐空幻的结果。想象力在这里蛊惑着人们拜倒在虚无的无穷魅力之下。利科在这一时期对建筑在虚无之上的想象力还保持着传统式的负面看法。虚无是值得我们警惕的，是错误的无尽之源。激情是被虚无束缚的，这使我们需要将激情排除在意志现象学之外。我们发现，利科在这一时期表现出对"虚无"概念格外抵触。"虚无"概念不同于"否定性"，虚无是对否定性的复杂化和扭曲。利科在《意志与非意志》中并不抵触否定性概念，否定性在他的基础的存在结构中有重要的位置。例如，否定性表现为需要之中的缺乏，计划之中的暂时未充实，意志肯定性之中的拒绝，有限性之中的否定性，以及死亡和出生本身所标志的意志的无能为力。这种否定性必须与虚无相区别。它们之间的区别就好像是，在嫉妒之中捕风捉影的疑心病是空虚扭曲的，而在饥饿的缺乏感之中仍然有某种充实。

激情的第三个特征在于，它引进了无限和过度。这是痛苦的无限，甚至达到了受苦的无限的程度。"所有激情都是不幸的。"[2] 虚无将灵魂推向了无穷无尽的追求，也就使激情走向这种痛苦的无限。这是坏的无限，虚假的无限。我们需要排除这种虚假的无限，才能澄清那种与之相对的真正的、自由的无限。真正的无限并不会陷入无序和过度，它能够同自身的有限相统一，而不是否定自身，同意的可能性就建立在这样的基础之上。我们必须排除这种假的无限的追求。

激情的第四个特征在于，激情必须被视为是一种偶然、突然入侵和堕落。

---

[1] Paul Ricœur, *Philosophie de la Volonté: Le volontaire et l'involontaire*（Paris: Éditions Points, 2009）, p.43.
[2] Paul Ricœur, *Philosophie de la Volonté: Le volontaire et l'involontaire*（Paris: Éditions Points, 2009）, p.44.

它已经远离了其他的意志基本要素，它们并不处于同一个层面。意志与非意志的要素都不可能解释过错诞生的这种偶然性。因此，激情并不存在理性的理解原则。利科强调："过错是荒谬的。"这种过错的荒谬性的观点不仅在克尔凯郭尔那里被强调，也在拉舍利埃（Jules Lachelier）①那里被表达为"恶是不可理解的"。②过错的荒谬性和不可理解性正是意志的本质学必须对过错进行悬搁的方法论理由，过错及其在激情中的衍生物会使整个纯粹理性反思的方法失效，因此，我们必须为过错的问题重新寻找适当的研究方法。对于偶然性的过错，本质的描述是不可能的，我们只能寄希望于经验的描述。这种经验描述的方法需要搜集偶然的经验，更类似于关于荒谬的形态学。在这里，利科已经提及了某种诠释学方法的萌芽，"对激情进行辨读要求我们通过日常生活中对语言的使用来理解人。"③总的来说，"恶进入了世界"，这固然不错，但是我们不能直接理解它的荒谬。这证明了现象学的抽象方法的必要性。

利科认为需要阻止荒谬混入对于基本结构的描述。利科批评所谓误用"过错"的观念并将其置入基础存在论的思想潮流。他认为许多当今流行的思想家把来自基督教的过错概念世俗化，并作为人类生存的重要结构，使荒谬的弥散污染了基础存在论。实际上，利科这里针对的主要是雅斯贝尔斯在他的实存哲学中把过错作为临界处境以及海德格尔把过错置入"操心"的基本结构的做法，也暗含对让-保罗·萨特的批评。利科认为，只有通过对意志与非意志的纯粹描述揭示出人类意志的基本可能性，才能表明过错是一种堕落，是一种丧失，是一种彻底的荒谬性。纯粹描述为基础存在论划定了界限，虽然这种界限在某种程度上是不可通达的，但它还是有一个重要的作用，就是阻止我们将关于过错的知识、关于激情的知识或关于律法的知识变成存在论。总而言之，意志的基本结构先于过错。

---

① 法国19世纪精神论运动代表人物。1933年到1934年间，利科在大学期间的论文研究课题即是拉舍利埃（Lachelier）和拉缪（Lagneau）的上帝问题。
② Paul Ricœur, *Philosophie de la Volonté: Le volontaire et l'involontaire* (Paris: Éditions Points, 2009), p.45.
③ Paul Ricœur, *Philosophie de la Volonté: Le volontaire et l'involontaire* (Paris: Éditions Points, 2009), p.45.

三、不可混淆的否定性与虚无

这种恶的悬搁的方法在《意志与非意志》的现象学描述性分析中得到了应用。值得一提的是，它的最重要的应用就在于对同意与否定性的关系的讨论。如前所述，利科认为虚无是束缚激情的力量，否定性则是意志的基本结构的要素，两者不可混淆。虚无与否定性，当然是两个不同的概念。利科对自由与必然性的相互否定性的分析正是建立在恶的悬搁的方法论基础之上。否定性的分析虽然也触及了人类生存的晦暗部分，但却严格地排除了过错的现象，也就是排除了虚无的混淆。就这里讨论的否定性而言，并不涉及那些恶的否定性。在排除对恶的否定性之后，利科认为，现象学范围之内可以进行研究的否定性，能发现两种不同的来源。[①] 一方面，否定性来自于必然性，必然性总是对自由的否定，对自由的限制和损害。从这种意义上说，必然性的否定是从身体开始的，必然性作为非存在与意识发生联系，这也就是第一卷重点关注的意志与非意志的交互关系。否定性作为非意志的要素参与了意志的基本结构。尤其是在最后的同意活动中，这种必然性的重要性达到了顶峰，否定性从意志的最底层浮上水面，在意志中获得接受。另一方面，利科还强调，否定性也来自于自由。否定性也是自由对必然性的回应，即自由对必然性说"不"的能力。[②] 自由的本性就在于有不接受的可能性、拒绝的可能性。这里，自由产生否定性主要有两条思路，一条是笛卡尔的思路，一条是克尔凯郭尔的思路。按照笛卡尔的传统哲学的思路，自由的最初的行动是怀疑，怀疑也就意味着背离，我思从身体和世界那里撤回。这种怀疑的最夸张的形式就是对于恶的精灵的不信任。[③] 按照实存哲学的路线，自由则作为存在的危机而颤栗，它焦虑于它自己的可能性所产生的巨大空洞，它焦虑于由它自己引入存在的充实性之中的巨大的否定性。它从自己的无限出发，成为持续的过度的可能性。它一方面体验到自身的诱惑，这种诱惑是它自己的无限性的虚夸扩张；另一方面，它也在自己的身体和世界

[①] Paul Ricœur, *Philosophie de la Volonté: Le volontaire et l'involontaire* (Paris: Éditions Points, 2009), p.556.
[②] Paul Ricœur, *Philosophie de la Volonté: Le volontaire et l'involontaire* (Paris: Éditions Points, 2009), p.556.
[③] Paul Ricœur, *Philosophie de la Volonté: Le volontaire et l'involontaire* (Paris: Éditions Points, 2009), p.557.

中体验到诱惑，这种诱惑则失去自身。在利科看来，自由的这两种否定性都走入了误区。我们本应带着对克服否定性的热切希望来考虑否定性。哲学对我们来说应该是对"是"的沉思，而不是对"不"的虚夸。利科将不同来源的否定性的这两个极点，分别称为"忍受的否定性"与"意欲的否定性"。这两个极点并不对称，并不占有同等的地位。利科在这里强调来源于自由的"意欲的否定性"占据优势。① 因为必然性施加在自由上的所有限制，都要通过意识本身的澄清才能被确认为否定性。正是意识本身揭示了否定性。意识正是在它拒绝来自必然性的威胁的同时，在建立起自己骄傲的自由的同时，使它们成为否定性。自由从诞生伊始，就已经是否定。由此，来自必然性的否定性的另一极点，都必须与自由发生关联。也就是说，非存在的否定性都要通过影响自由才能成为否定性。利科的现象学研究就在必然性的诸多要素之中展现这种双重的否定以及自由的否定的根本性。他将这种必然性的否定称为人的生存的各种类型的"悲伤"，在这里他讨论了必然性在人的个性、无意识、出生与死亡等方面表现出的否定性。我们发现，利科在这种关于生存的晦暗方面的否定性分析中，突出了他的整个本质学方法所要求的恶的悬搁。这些否定性都属于人的生存的结构，并不是某种偶然的经验，而且仍然保持在现象学所能通达的主体性领域。如果与利科接下来的工作相比，这些否定性都还尚未涉及恶的可能性，虽然我们也将在利科解除了恶的悬搁之后所讨论的恶的可能性中识别出人的可悲。

我们发现，利科对自由的否定性进行了重点分析，在对自由的否定状态的描述中，已经显示出了他对我思的激烈批判。按照意志与非意志之间的交互关系来考虑否定性，利科强调必然性的否定并非独立的，也并非绝对的，而要依赖与自由的关系才能得到确认。而在自由本身之中，实际上包含着巨大的否定性和极端的拒绝。面对必然性的"不"的处境，自由总是能够并且坚持以"不"的回答来进行拒绝。在自由的拒绝中，其实包含着它自身的两种要求和希望。第一种是自由对整体性的希望，在这种整体性中，它想要摆脱自身，去掉个性所施加的各种限制。第二种是自由对绝对透明的希望，它想要自我意识达到绝

---

① Paul Ricœur, *Philosophie de la Volonté: Le volontaire et l'involontaire* (Paris: Éditions Points, 2009), p.558.

对的透明、绝对的明见和确定性，然而这毕竟只是希望。在利科看来，意识的自我肯定与自由的拒绝之间有隐秘的联系，意识的自我肯定的背后隐藏着拒绝的否定性。利科认为这也就解释了为什么那些颂扬意识之荣耀的哲学总是又包含着绝望哲学的种子。① 因为在自我肯定的各种无法达到的希望中，弥漫着拒绝的否定性，而自我的虚浮就有可能突然崩溃，并转化成绝望。利科说道："'黑暗的存在主义'可能只是失望之后的观念论而已。"② 意识一旦以它自己为神明，就距离破灭和绝望不远。自由就是在拒绝与轻蔑中寻找它的最高价值。正是在自由的怀疑的眼中，人的基本处境才显露出那种不无夸张的荒谬性；而在自由的轻蔑的眼中，人的基本处境又被贬低为无意义和卑微。我们发现，利科对人的自由的过度希望的分析，一方面延续着对意识的骄傲自负的传统批评，另一方面也表现出了反对将人的处境描绘得极端卑微的声音。

然后，我们就遇到了自杀的问题。在利科看来，自杀是一个悲剧，但是自杀也代表着意识最彻底的决裂态度，最彻底的自由要求。无怪乎自杀甚至被这种自由作为其最高可能性。利科在这里强调的"自由的拒绝"是否定性的最终代表。必然性的否定性也被归于自由的拒绝，也就是说意志与非意志、自由与必然性之间的最极端的张力就体现在这种自由的拒绝中。

四、超越性的悬搁问题

利科对自由的否定性的讨论也是为了充分展开"同意"所面临的困境。同意所遭遇的否定性最终也来自于自由的拒绝。同意需要克服的也是这种自由的拒绝，这也就展开了一条从拒绝到同意的道路，从自由的主体领域到超越性的领域的道路，也即最终章节的"同意之路"的根本含义。同意并不是放弃，并不是投降，而是一种超越。同意试图超越这种自由的拒绝的否定性。同意最终似乎不得不离开现象学和心理学，因为它不得不面临形而上学的抉择。这里我

---

① Paul Ricœur, *Philosophie de la Volonté: Le volontaire et l'involontaire* (Paris: Éditions Points, 2009), p.581.
② Paul Ricœur, *Philosophie de la Volonté: Le volontaire et l'involontaire* (Paris: Éditions Points, 2009), p.582.

们就遭遇了过错或者恶的问题,并回到了对过错的抽象或恶的悬搁的必要性问题。我们面临的就是在过错与超越性之间做出抉择,要么选择过错,要么选择超越性。选择过错就将带来一种希望的枯萎。[1] 这种对希望的放弃不但针对自由的无限扩张的希望,以人类处境的现实状态来揭穿自由的希望的虚幻性,而且糟糕的是,它也针对同意,它使同意的希望与自由的僭越希望一同枯萎凋零。利科当然不认为选择过错是可以接受的,如果不对过错进行悬搁,那么我们就阻断了同意的道路。实际上,我们还是无法避免地需要选择超越性。如果不选择面对超越性,我们就不可能抵达最终的和解。正是在上帝面前,我接纳,我不退却,我同意,因此同意的希望必须保留"诗学"的根源,作为对爱的决定和在恩典中的努力。因此,我们在《意志与非意志》的终点处还是无法绕过超越性的问题。

利科认为,在现象学研究的范围之内,我们需要对超越性的悬搁。正如恶的悬搁一样,我们需要超越性的悬搁,一方面是由于意志的纯粹描述的方法论的要求,另一方面是超越性需要被悬搁也是因为它与恶的悬搁的关系。"对超越性的抽象并不比对过错的抽象困难更少。这两种抽象实际上是不可分离的。"[2] 过错的完整体验包含了超越性,包含了在神话中间接讲述的在先的清白无辜状态,这必须与对超越性的肯定联系起来。过错的完整体验就是在上帝面前被体验到的过错,也就是罪的体验。超越性的问题关联于自由从过错中的解脱,即最终和解的问题。当我们从意志的本质学中排除过错的时候,我们不能不暂时地排除超越性,又或者说,恶的悬搁使现象学可以同时进行一种超越性的悬搁。实际上,利科承认恶的悬搁在超越性的方向上面临着巨大的困难,因为它本身似乎也依赖于超越性的保证。在讨论恶的悬搁的可能性时,利科讨论了这种可能性的前提条件。我们需要确认意志的基本结构能够在最彻底的过错的状况下依然保持其存在,甚至需要证明这种基本结构是否只是虚幻的。利科强调,在意志的基本结构与过错之间存在着断裂,或者说一道深渊。过错是彻

---

[1] Paul Ricœur, *Philosophie de la Volonté: Le volontaire et l'involontaire* (Paris: Éditions Points, 2009), p.583.
[2] Paul Ricœur, *Philosophie de la Volonté: Le volontaire et l'involontaire* (Paris: Éditions Points, 2009), p.50.

底偶然发生的。也就是说人的存在之中并不"部分地"包含罪恶,"人并不是一部分自由,一部分罪恶。"① 人既享有整体的自由,又整体地是罪恶的。如果我们不承认这种过错对意志的整体的扭曲,那就没有严肃地面对人的生存处境的现实性。但是依然不能否认,在这种最彻底的过错中,人还保持着他决定行动以及同意的能力,利科称其为人的基本能力。

利科认为,自由和过错并不是混在一起的,这也为我们提供了一个可以从整体上进行恶的悬搁的理由。然而,利科承认我们面对着一种质疑的声音。对人类意志的过错的抽象是可能性的吗?我们谈论了太多的悬搁的必要性,可是它的可能性能够被证明吗?这里除了捍卫胡塞尔意义上的本质学的可能性,也是要捍卫一种主张,即"过错并没有摧毁基本结构"。如果过错对于意志的扭曲是无法摆脱的,那么谈论对过错的抽象和意志的基本结构又有什么意义呢?利科就是要证明,虽然意志受到了虚无的诱惑,在过错中被扭曲,类似于在战争中某个国家被敌军攻占,这种攻占是暂时的,不意味着彻底的摧毁,也不是没有获得解放的希望。这是对意志的纯粹理性反思所必需的人类学的可能性之基本条件。它作为可能性,实际上并不是指人类在现实上的清白无辜。针对有些人可能会误解意志现象学在进行的是对于清白无辜的描述性分析,误以为它所揭示的是所谓"清白无辜的基本结构",利科特别做出了澄清。利科强调:"清白无辜并不体现在结构和概念中,而是体现在现实的整体的人之中,就如同过错一样。"而且,利科承认这种清白无辜的状态甚至也不能通过意志的经验学研究达到,人类的意志在经验范围内也是无法摆脱过错的。那么,我们就要问一个关键的问题:要从哪里获得这种人类学的可能性之基本条件呢?答案只能是,从超越性所保证的视野中。清白无辜的状态只能在神话中向我们间接地讲述。这种神话使我们对与过错分离的人有所理解,它揭示了人的意志有一个在先的状态,不受过错的污染。利科强调这种关于清白无辜的神话的重要性,因为它奠定了人类学的可能性之基本条件。

利科准备将这种关于超越性的理解留待神话学中去解释,这也就将成为意

---

① Paul Ricœur, *Philosophie de la Volonté: Le volontaire et l'involontaire* (Paris: Éditions Points, 2009), p.46.

志哲学的宏大计划中最终一卷"意志的诗学",当然这一卷最后并没有写出来。需要注意的是,这并不是说意志哲学包括一个神学的最终部分,也不是说它要回到关于超越性的宗教信仰。利科的计划甚至也没有涉及对于超越性的任何具体观点,他在计划中所关注的是,更接近于康德在《实践理性批判》或《纯然理性界限内的宗教》中为哲学与宗教划定边界所说的调节性的理念。这也是利科从雅斯贝尔斯的哲学方法中获得的启示。利科的哲学研究工作实际上是从雅斯贝尔斯的实存哲学开始的,虽然他在《意志哲学》时期已经更加看重胡塞尔的现象学方法。雅斯贝尔斯的三卷本《哲学》[1]是他的实存哲学阶段的代表作,这是一个内容丰富的堪称庞大的实存哲学体系,其中的第三卷,即"形而上学"的部分,是以超越性为主题的。雅斯贝尔斯在哲学与信仰之间建立了十分密切的联系,这在某种意义上被批评者视为落回了哲学与宗教混淆的传统中。[2]但是雅斯贝尔斯认为哲学就是"各种文化矛盾与宗教矛盾的中介"[3],他的哲学是一种悖论的哲学。利科的第一部独立著作《马塞尔与卡尔·雅斯贝尔斯,神秘的哲学与悖论的哲学》就是对雅斯贝尔斯的"悖论的哲学"与马塞尔的"神秘的哲学"的比较性研究。在利科看来,雅斯贝尔斯的哲学有两个层面,即理性批判的层面和混合了信仰的形而上学层面,这两个层面在雅斯贝尔斯那里同等重要,本来就是悖论性的。[4]雅斯贝尔斯认为,西方社会的文化危机包含着基督教在世俗化进程中的边缘化,他并不认为基督教本身可以摆脱这种局面。但是他提倡对世俗化的反向突破,现有的宗教和科学都有缺陷,因此需要哲学信仰,哲学信仰是介于宗教与科学之间的。哲学信仰并不是基于基督教这一种宗教,而是对于各种宗教的普遍真理的哲学化表达,将其从启示语言破译为理性语言。[5]对利科来说,意志哲学计划的关键则是在哲学与信仰之间保持界线,超越性的悬搁就是这种界线观念的表现。更进一步讲,即便是去掉超越性的括

---

[1] Karl T. Jaspers, *Philosophy(volume 1,2,3)*（Chicago: The University of Chicago Press, 1969, 1970, 1971）.
[2] 雅斯贝尔斯等:《哲学与信仰:雅斯贝尔斯哲学研究》,鲁路译,人民出版社,2010,第3页。
[3] 雅斯贝尔斯等:《哲学与信仰:雅斯贝尔斯哲学研究》,鲁路译,人民出版社,2010,第5页。
[4] Ricœur &Dufrenne, *Karl Jaspers et la Philosophie de l'Existence*（Paris: Éditions du Seuil, 1947）, p.372.
[5] 雅斯贝尔斯等:《哲学与信仰:雅斯贝尔斯哲学研究》,鲁路译,人民出版社,2010,第5页。

号,在"意志的诗学"中恢复超越性的维度,这也并不是哲学和信仰的混合,并不是如雅斯贝尔斯所主张的哲学信仰。它被利科界定为"诗学",这种诗学将会包含对具体的宗教语言和神话的研究,当然,这种关于超越性的诗学依然从雅斯贝尔斯的实存哲学对超越性的"密码"的破译中获得了启发。[①]

五、对实存哲学的继承与对存在主义的批评

我们不应惊讶,利科的恶的悬搁之中表现出对存在主义[②]的批评,虽然这种批评在《意志哲学》中表达得较为含蓄。恶的问题并不是没有来源的,恶的问题之所以进入利科的研究视野,在某种程度上当然与法国哲学的实存论现象学背景密切相关。我们知道,现象学在法国的传播发展以其与实存哲学的结合为鲜明特征,这在很大程度上又使法国现象学表现为胡塞尔哲学的海德格尔化。[③]萨特的存在主义在二战之后的流行无疑是这一实存论现象学的著名代表。我们自然不能忽视萨特的特殊才华,他是一位作家、哲学家、活动家,具有多重天赋的人物。我们似乎能够看到,实存哲学从克尔凯郭尔开始的反理论的理论的悖论力量,在萨特的手中得到了新的释放,文学早已准备好了实存的降临。然而,我们在承认萨特和梅洛-庞蒂的重要性的同时,也要尽可能地关注法国实存哲学的多样性,尤其是在实存哲学之内也有不同于萨特的存在主义的其他思想路径,可以说这些思想路径处于内部冲突与紧张对抗的状态。利科不同于萨特的情况,他受德国的实存哲学的影响是比较独特的,而且同海德格尔拉开了某种警惕的距离。利科的意志现象学的确带有许多实存哲学的痕迹,但这种实存哲学并不等同于海德格尔化。我们知道,在《意志哲学》的现象学研究之

---

① Ricœur & Dufrenne, *Karl Jaspers et la Philosophie de l'Existence*(Paris: Éditions du Seuil, 1947), p.286.
② 笔者倾向于将"philosophie de l'existence"译为"实存哲学",将萨特及其后的"existentialisme"译为"存在主义"。一方面,这样做可以避免在谈到萨特的情况下译名过于陌生、难以识别。另一方面,这也可以通过两个不同的译名强调出萨特的存在主义与雅斯贝尔斯、马塞尔等人的实存哲学的区别。"existence"主要译为"实存",有时也依据上下文译为"生存"。"existentiel"则译为"实存论的"。关于 existence 译名的讨论,参见杨大春:《20世纪法国哲学的现象学之旅》,社会科学文献出版社,2014,第1页。
③ 杨大春:《20世纪法国哲学的现象学之旅》,社会科学文献出版社,2014,第60页。

前，利科的主要工作就集中在德国实存哲学领域。二战期间，年轻的利科在战争中被俘并关入战俘营，在那里他集中阅读了许多德国哲学书籍，尤其是雅斯贝尔斯、胡塞尔的著作。[1]1947年，利科与法国美学家杜夫海纳合作出版了一本专门研究雅斯贝尔斯的著作即《雅斯贝尔斯与实存哲学》。1948年，利科又出版了关于雅斯贝尔斯与马塞尔的实存哲学的比较研究的著作。

马塞尔对法国实存哲学的发展起到了重要的作用，他被视为法国实存主义的首创者。[2]作为萨特和梅洛-庞蒂的前辈，马塞尔对实存哲学的探索从20世纪20年代就已经开始。我们可以认为，在某种程度上，马塞尔对实存哲学的贡献被萨特的存在主义所掩盖，他们之间有一种令人遗憾的对抗关系。在现象学的方面，马塞尔涉猎的也比较早，他身上也表现出了法国现象学与实存哲学之间的融合。除了通过其著作，马塞尔还通过其在巴黎举办的沙龙为法国实存论现象学培养了一批后继者，形成了一种活跃的新气氛。利科从20世纪30年代参与马塞尔的沙龙开始，就与马塞尔维持着长期的亲密师生关系，他在德军的战俘营中与马塞尔通信，他的《意志与非意志》也是题献给马塞尔。利科回顾自己的思想历程时，曾高度评价他早年在马塞尔那里接触到雅斯贝尔斯以及实存哲学的契机。[3]利科认为正是马塞尔在1932年到1933年发表的名为《卡尔·雅斯贝尔斯的基本处境与临界处境》的文章，引导着他写出了《雅斯贝尔斯与实存哲学》。利科一开始接触的实存哲学传统就是经过马塞尔的批评与再解释的雅斯贝尔斯实存哲学。马塞尔对雅斯贝尔斯、海德格尔和萨特都有所批评，这种与实存哲学之间的最初的张力，也参与塑造了利科思想的基本态度。利科曾多次对梅洛-庞蒂的"知觉现象学"给予高度评价，与此相对的是，他对萨特的《存在与虚无》却感到难以信服。利科说道："为什么一个马塞尔的弟子竟能够将存在的维度等同于惰性的物的维度，并且只为那在肯定中震颤的主体保留一个仅剩的虚无呢？"[4]马塞尔的影响对于利科如何理解存在与主体，

---

[1] Paul Ricœur, *"Réflexion Faite: Autobiographie intellectuelle,"* (Paris: Éditions Esprit, 1995), p.20.
[2] 杨大春：《20世纪法国哲学的现象学之旅》，社会科学文献出版社，2014，第148页。
[3] Paul Ricœur, *"Réflexion Faite: Autobiographie intellectuelle,"* (Paris: Éditions Esprit, 1995), p.17.
[4] Paul Ricœur, *"Réflexion Faite: Autobiographie intellectuelle,"* (Paris: Éditions Esprit, 1995), p.23.

无疑是决定性的。① 也正是作为马塞尔的弟子，利科针对萨特式的"虚无"的存在主义展开了批评。而且，利科还努力在雅斯贝尔斯与马塞尔之间维系一种对话性与争论性的沟通，他没有简单地追随某一方的思想，而是从中获得了从实存哲学内部走出来的批判性思考。这也是利科在《意志与非意志》对过错的抽象或者说恶的悬搁背后的思想动力之一。

六、对克尔凯郭尔的重新解读

在包括萨特的存在主义在内的实存哲学中，恶的主题的隐约旋律似乎总是在潜流着。实存哲学对人生存的情绪化的关注，对具体生活经历与处境的格外重视，这些都令人毫不惊讶地触及了特殊的、极端的存在事件，常常表现出生存的黑暗方面。我们会发现，克尔凯郭尔作为实存哲学的创始人，其实更加明确地涉入了恶的讨论，在基督教的语境中主要是"罪"的主题。在《畏惧与颤栗》《焦虑的概念》和《致死的疾病》等著作中，克尔凯郭尔以极其精细的方式分析了"忧郁""焦虑""绝望"等生存状态，并最终以这些生存的极端体验为指引，通向对基督教的"罪"的实存论诠释。克尔凯郭尔是一位英年早逝的天才，却在短暂的生涯中颇为高产，他以不同笔名写作不同类型的著作，呈现极端复杂性。他倾注了全部心血的著作遭到同时代人的冷遇，他激烈主张的对基督教信仰的焕新受到当时丹麦教会的敌视，他在生前孤立无援，备受讽刺揶揄，最终跨越时代成为20世纪实存哲学追奉的先驱和英雄。我们在克尔凯郭尔身上已经看到了20世纪实存哲学在无神论阵营和基督教阵营之间的分裂征兆。克尔凯郭尔行走在哲学与神学之间狭窄的钢丝上，他既是一位不受学院哲学所喜欢的哲学家，又是一位能够引起教会神学憎恨的神学家，在他的身上，哲学与神学处于微妙又易碎的秩序中。如果只从萨特的存在主义的角度看待克尔凯郭尔，那么"存在主义的先驱"的头衔的确是误用，包含着对克尔凯郭尔自身神

---

① Paul Ricœur, "*Réflexion Faite: Autobiographie intellectuelle,*" (Paris: Éditions Esprit,1995),p.24.

学追求的遮蔽。①

实际上，利科的实存哲学就包含了对克尔凯郭尔的重新解读，这种解读也重新审视了克尔凯郭尔与存在主义的关系，并隐含对存在主义的批评。在1963年存在主义退潮时，克尔凯郭尔已经显得有些过时，利科的《克尔凯郭尔与恶》却重申了对克尔凯郭尔的尊敬，探讨应该如何洗去叠加在他身上的存在主义的现代涂饰。"我们究竟能不能够做到在谈论克尔凯郭尔的时候，不要将克尔凯郭尔本人排除，也不要将我们自己排除出讨论范围？"②利科认为，在存在主义退潮之后，我们还有一项任务，那就是整理克尔凯郭尔的遗产，理解原原本本的克尔凯郭尔，以及在他之后继续我们自己的思考。这项工作包括对克尔凯郭尔的两部主要著作《焦虑的概念》《致死的疾病》的文本分析，在这里利科的解读尤其强调了这两本著作之间的重要差异。利科是围绕恶的问题展开对克尔凯郭尔的解读的，"恶是所有哲学思考的批判点"。③如果哲学攻克了恶，那么哲学就取得了胜利，如果哲学没有成功理解恶，那么"哲学就将不再是哲学"。虽然克尔凯郭尔直接讨论的是基督教的"罪"，利科则已经将"罪"的讨论作为一个环节包含在更广泛的西方思想史的"恶论"之中。也就是说，克尔凯郭尔的中心问题可以归结为恶的问题对黑格尔的体系的挑战。"恶的问题代表着一块无与伦比的试金石。"《焦虑的概念》和《致死的疾病》的共同点是它们都各自细致入微地分析了消极的负面情绪，这情绪是无所归依的，似乎没有来由也没有确定的对象。"焦虑"和"绝望"就是这样的情绪，它们还不牵涉到恶，不牵涉到犯罪方面的道德意识。利科认为克尔凯郭尔的著作的特征就是从情绪出发来接近恶的问题，需要注意的是，在这里我们只能从这些深刻的情绪之中捕捉到恶的某种特质或维度，而不是抛开这些情绪从已知的恶的观点出发。利科对克尔凯郭尔著作的解读主要集中在"焦虑"与"绝望"的两种情绪的差异，如何影响了各自著作的主基调，如何使两本著作中的恶概念产生

---

① 王齐：《克尔凯郭尔之为"存在主义先驱"的再审视》，《杭州师范大学学报（社会科学版）》2011年第4期。
② Paul Ricœur, *Lectures II: La contrée des philosophes* (Paris:Édition du Seuil, 1992), p.15.
③ Paul Ricœur, *Lectures II: La contrée des philosophes* (Paris:Édition du Seuil, 1992), p.16.

很大的区别。①

"焦虑"是先于罪的，向罪靠近，对之恐惧，却无从说明。②"焦虑的对象是什么，就是虚无。"③ 与之不同，"绝望"则是一种疾病，克尔凯郭尔将其形容为一种致死的，而又无法真正死去的疾病。④ "绝望是在每一个现实的瞬间，都向可能性回返，在他绝望的每个瞬间，他都重新为自己招致绝望，持续地停留在现在的时间。"⑤ 罪就是在上帝面前的绝望，罪是绝望的一种强化和极端。按照利科的分析，在《焦虑的概念》中，克尔凯郭尔对焦虑的分析指向了"罪的事件"或"突然涌现"的概念；而在《致死的疾病》中，罪的概念核心却不再是"跳跃"，而是成为一种"状态"。克尔凯郭尔采用了两种不同路径来处理罪的问题，这引起了利科的极大兴趣，因为这两种不同路径揭示了恶的不同方面。在利科看来，克尔凯郭尔的前一种路径是刻意地反黑格尔主义的结果。跳跃、突然涌现、事件这些概念都旨在反对黑格尔主义的中介、综合、调解。在《焦虑的概念》中，克尔凯郭尔说道："通过质的跳跃，罪进入了这个世界，并且以这种方式，它持续不断地进入。"⑥ 焦虑是一种心理学阶段的主题，但它已经来到了心理学的边界，罪从焦虑之中通过质的跳跃而绽出。这是质的跳跃，而非量的积累。按照克尔凯郭尔的宗教观，他认为异教及它在基督教中的翻版的重大失误，就是仍然处于罪的量的定性中。⑦ 利科接着讨论了从第一种路径到第二种路径的变化，他这样解释：前者所说的是"焦虑朝向"，后者则说的是"绝望停驻于"。《致死的疾病》似乎在心理学的边界处继续向宗教推移，它的副标题"通向陶冶和觉醒的基督教的心理学阐述"显示了心理学与宗教的

---

① Paul Ricœur, *Lectures II: La contrée des philosophes*, (Paris: Édition du Seuil, 1992), p.17.
② 索伦·克尔凯郭尔：《畏惧与颤栗 恐惧的概念 致死的疾病》，京不特译，中国社会科学出版社，2013，第 285 页。
③ 索伦·克尔凯郭尔：《畏惧与颤栗 恐惧的概念 致死的疾病》，京不特译，中国社会科学出版社，2013，第 289 页。
④ 索伦·克尔凯郭尔：《畏惧与颤栗 恐惧的概念 致死的疾病》，京不特译，中国社会科学出版社，2013，第 423 页。
⑤ 索伦·克尔凯郭尔：《畏惧与颤栗 恐惧的概念 致死的疾病》，京不特译，中国社会科学出版社，2013，第 422 页。
⑥ 索伦·克尔凯郭尔：《畏惧与颤栗 恐惧的概念 致死的疾病》，京不特译，中国社会科学出版社，2013，第 328 页。
⑦ 索伦·克尔凯郭尔：《畏惧与颤栗 恐惧的概念 致死的疾病》，京不特译，中国社会科学出版社，2013，第 286 页。

交叠，因此它不仅是一部心理学著作，还是"通向陶冶和觉醒"的宗教启示。追随《畏惧与颤栗》的宗教情绪，克尔凯郭尔在《致死的疾病》展现了罪的超伦理性，即"罪的对立面不是美德，而是信仰"①。克尔凯郭尔在绝望之中发现了罪，赋予其宗教意义，此后，这部著作的观点发生了转移，罪不再是一种跳跃，而是一种停滞状态。②利科从其中发掘了时间性的差异，我们可以说"绝望是罪"，却不能说"焦虑是罪"，因为焦虑还不"是"，只有作为状态的绝望，才能谈得上"是"罪。③实际上，克尔凯郭尔的这两种路径对利科是同等重要的。克尔凯郭尔的"跳跃"几乎无人不知，可是克尔凯郭尔的"绝望"的时间性就没有受到同等的关注。对于利科来说，关于罪的绝望方面，无法摆脱的囚禁的停滞状态也是刻画恶的体验所不可缺少的。

我们在利科的恶论中看到了克尔凯郭尔的遗产。这种遗产也各自分布在利科所说的两种路径的两端。《焦虑的概念》所提供的跳跃、突然涌现、事件的概念都在利科对恶的理解中打下了深刻的烙印。利科将克尔凯郭尔用来刻画罪的特征的概念，扩展到刻画恶。这表现在利科关于恶的现实性与可能性的基本区分的框架中。在《意志哲学》的第二卷中，第一册《易犯错的人》处理恶的可能性，第二册《恶的象征》则处理恶的现实性，两册之间存在着巨大的差异，甚至像是一道深渊。我们可以看到，利科借以区分恶的可能性与恶的现实性的深渊，从可能性向现实性的跳跃，纯粹的偶然性，纯粹的事件，纯粹的荒谬性，这些最基本的观念无疑都受到了克尔凯郭尔的影响。利科通过易犯错性揭示的是恶的可能性，对于这种可能性，利科描述为一个"机会"，一个抵抗薄弱的点，经由此处"恶能渗透进入人类"。④利科说道："从这种可能性到恶的现实性之间，有一种间距，一种跳跃：这就是关于过错的全部谜题。"我们可以说，如果没有克尔凯郭尔的遗产，利科在《易犯错的人》《恶的象征》之间做出的区分就是不可理解的。当然，利科在第一卷导言中对"恶的悬搁"所进行较早

---

① 克尔凯郭尔：《畏惧与颤栗 恐惧的概念 致死的疾病》，京不特译，中国社会科学出版社，2013，第502页。
② Paul Ricœur, *Lectures : La contrée des philosophes*（Paris:Édition du Seuil, 1992），p.21.
③ Paul Ricœur, *Lectures : La contrée des philosophes*（Paris:Édition du Seuil, 1992），p.26.
④ Paul Ricœur, *Lectures : La contrée des philosophes*（Paris:Édition du Seuil, 1992），p.194.

的刻画，使用的克尔凯郭尔式的表达相对较少。克尔凯郭尔的罪的观念及其超伦理性亦非凭空出现，它在基督教的深刻体验中早已经有其根源，它只是在克尔凯郭尔的反黑格尔主义风格之下获得了新的表达。另一方面，利科的恶论也从克尔凯郭尔的另一条路径，也即《致死的疾病》的罪的观念中，获得了关键的影响。克尔凯郭尔在《致死的疾病》中还讨论了罪的"确实（position）"[①]。"罪不是一种否定，而是一种确实。"[②] 这个主题在克尔凯郭尔看来并不是什么新发明，他认为这就是基督教正统对罪的解释。[③] 在利科看来，这个主题恰恰能够用来反对黑格尔式的恶的思辨哲学，因为它总是将恶等同于纯粹的否定性：恶的虚弱是力量的缺乏；恶的肉欲性是精神性的缺乏；恶的蒙昧是知识的缺乏；恶的有限性是整体性的缺乏。黑格尔把恶理解为否定性，或者说否定之否定。正是针对黑格尔的否定性，克尔凯郭尔提出了对于这种思辨哲学的抗议，因为它使罪降格成了诸多否定性的一种形式，使救赎降格成了诸多中介性的一种形式，这就使罪变成了一个纯逻辑学的问题。这是信仰所不可接受的。因此，克尔凯郭尔才要说："罪是确实！"罪的确实显示了罪的不可忽视的存在。按克尔凯郭尔的理解，作为确实的罪，"并不是一个理智的概念，而是信仰的悖论性的对象。"我们发现，罪的确实在利科那里也构成了重要的主题。在《恶的象征》中，利科着重讨论了罪的象征的两方面，即作为虚无的罪和作为确实的罪。[④] 罪的虚无与确实，恰恰继承了克尔凯郭尔在《焦虑的概念》《致死的疾病》中的两种不同路径，反映了利科所接受的克尔凯郭尔的双重遗产。

利科对克尔凯郭尔与黑格尔主义的真正关系作出了新的解读。在利科看来，克尔凯郭尔的哲学实际上是一种"反辩证法的辩证法"。[⑤] 这种解读可能显得怪异，因为克尔凯郭尔表示出了对黑格尔主义的强烈的敌意，并且在其理论中

[①] "position"有多种翻译，例如"正定，置定，肯定，正面"等。笔者倾向于在利科的语境中将其译作"确实"。
[②] 克尔凯郭尔认为，罪不是否定，而是正定，这来自于基督教正统教义。在基督教正统教义中，如果罪被否定地定性，那么整个基督教就失去了脊柱。参见克尔凯郭尔：《畏惧与颤栗 恐惧的概念 致死的疾病》，京不特译，中国社会科学出版社，2013，第514页。
[③] Paul Ricœur, *Lectures: La contrée des philosophes*（Paris: Édition du Seuil, 1992），p.27.
[④] Paul Ricœur, *Philosophie de la Volonté: Finitude et culpabilité*（Paris: Éditions Points, 2009），p.307.
[⑤] Paul Ricœur, *Lectures: La contrée des philosophes*（Paris: Édition du Seuil, 1992），p.19.

处处反对黑格尔主义。然而在利科看来，固然不可忽视克尔凯郭尔与黑格尔的距离，却也不可忽视他们之间的共同点和联系。从这种角度来看，利科提出了将克尔凯郭尔放回德国古典哲学的背景中的诠释方法，并且分析了他与康德、黑格尔、约翰·戈特利布·费希特费希特、谢林思想的相关性。[①] 在克尔凯郭尔的著作《致死的疾病》中，利科发现有一种明显的系统性的形式。[②] 克尔凯郭尔的哲学包含了反系统的系统性。他的哲学是一种对于荒谬的十分系统性的研究，在利科看来，这正是克尔凯郭尔的遗产的方法论方面之一。这是一种用理性穿透荒谬的哲学。实际上，利科反对后继者将克尔凯郭尔解释为极端非理性、特殊、反系统的作家。他认为，虽然在讨论荒谬性的主题，但哲学还是能够用理性的方式去逼近这种荒谬，而不是彻底陷入非理性和情绪的宣泄。哲学与非哲学之间，并不是水火不容的关系。"首要的事情是，哲学总是处于与非哲学的联系中。"[③] 如果我们切断了这种哲学与非哲学的联系，那么哲学就可能变成纯粹的词语的游戏，非哲学也就可能落入纯粹的虚无主义。实际上，克尔凯郭尔本人的著作已经包含了这种哲学与非哲学的结合。利科本人的恶论也显示出了理性主义和实存哲学的结合。在利科看来，理性主义和实存哲学通常被视为处于敌对关系，这一点是"灾难性"的。利科的恶论则是二者并重的，"人类生存的问题并不意味着语言和逻辑的死亡；正相反，它需要增加其清晰性与严格性。"[④]

第二节 恶的人类学恢复

一、方法论革命的复杂性

《意志哲学》的第一卷出版十年之后，其宏大的计划中的第二卷才姗姗来

[①] Paul Ricœur, *Lectures : La contrée des philosophes*（Paris:Édition du Seuil, 1992）,pp.35-39.
[②] Paul Ricœur, *Lectures : La contrée des philosophes*（Paris:Édition du Seuil, 1992）, p.22.
[③] Paul Ricœur, *Lectures: La contrée des philosophes*（Paris:Édition du Seuil, 1992）, p.44.
[④] Paul Ricœur, *Lectures: La contrée des philosophes*（Paris:Édition du Seuil, 1992）, p.45.

迟。出版于 1960 年的第二卷承担着从第一卷恶的悬搁中走出来的任务，也即恶的恢复的任务。按照利科在一卷导言中的计划，恶的悬搁作为现象学阶段的需要，原本就是阶段性的暂时方法，由于恶是意志中如此重要而不可能置之不理的现象，因此恶的恢复也将预定在恶的经验学中得到完成。当然，我们从第一卷《意志与非意志》中的线索已经了解到，利科在阐述他的恶的经验学计划的时候，恶的经验学的具体内容还并没有成型，至少没有获得第二卷所显示的那种形式。实际上，《易犯错的人》《恶的象征》并不是第二卷的完整内容，恶的经验学在这里其实也是未完成的，其后续部分被利科预告为《恶的象征》之后的第三册。利科似乎为第三册积累了一些材料，但是最终没有完成，我们将在第三章再来讨论利科没完成的部分，它在某种程度上主要是利科对恶的思想史的反思。利科在第二卷通过恶的经验学来恢复恶的问题的时候，实际上已经与第一卷导言中的计划拉开了距离。可以说《有限与犯罪》并不是《意志与非意志》的计划的简单执行。第二卷并不是第一卷对意志的现象学式的纯粹描述的延伸，也不是对意志现象学所分析的意志与非意志要素的应用，并不是将第一卷发现的原理应用到具体的意志经验的分析中。利科在第二卷的前言中提醒我们，第二卷的关键在于去掉括号，即把原先被悬搁的恶从括号中取回。"这是要使一个新主题呈现出来，也就是要呼唤新的工作假设与新的接近问题的方法。"[1] 更重要的是，所谓的新主题需要的新方法并没有在先前的计划中讲清楚，而是留待第二卷才被充分说明。在先前的计划中，利科已经简单地提及了神话维度，他认为，从清白到过错的过程甚至并不在经验描述的范围内，而是需要具体的神话学研究。但是第二卷需要对这种一闪而过的提示补充完整，尤其需要回答一些关键问题：为什么我们除了通过神话的语言就不能讨论"激情"？到底该怎样将神话学研究引入哲学反思中？而后又怎样在插入神话之后，重新回到哲学的领域？[2] 利科强调第二卷的方法论革命，也就是引入了象征诠释学的方法。

---

[1] Paul Ricœur, *Philosophie de la Volonté: Finitude et culpabilité*（Paris: Éditions Points, 2009），p.25.
[2] Paul Ricœur, *Philosophie de la Volonté: Finitude et culpabilité*（Paris: Éditions Points, 2009），p.26.

实际上，象征诠释学的还需要我们推迟一些再去考虑。诠释学毕竟只有在第二卷的下册《恶的象征》中才能展现其颠覆性的力量。我们发现，利科怀着对新的诠释学方法的激赏之情，明显更加偏爱《恶的象征》，这或多或少导致了对《易犯错的人》的相对轻视，使得《易犯错的人》被掩盖在《恶的象征》之下，使其在恶的经验学框架里的位置及其康德主义风格逃出了人们关注的焦点。因此，我们现在着重关注的是，利科通过《易犯错的人》探索了对人类存在结构的过错可能性的研究的方法论，他正是在这里接触了新康德主义的思想资源。《易犯错的人》还没有开始涉入诠释学的领域，它是利科在纯粹哲学范围内进行人类学思考的最后堡垒。从某种意义上讲，《易犯错的人》与《恶的象征》也处于辩证关系，一方面它们是恶的问题的可能性与现实性的前后阶段，另一方面它们又代表着反思哲学与诠释学之间的互相依存，缺一不可。《易犯错的人》在方法论层面遇到了困难，为了解决这些困难，利科也贡献了极有价值的解答。《意志与非意志》首先确立了恶的悬搁，揭示出过错并非纯粹意志的现象，在这个领域现象学的基本方法不再适用。《易犯错的人》不再对意志的意向性进行纯粹描述，其所涉及的部分已经属于哲学人类学的研究领域，这种人类学要揭示的是，过错的可能性在人类的存在结构中的原因。在利科看来，这种人类学的研究需要不同于现象学的方法，因此利科返回到哲学史的各种人类学理论的争论中，受到了柏拉图、法国哲学家布莱士·帕斯卡的人性观的启发，特别是借用并改造了康德主义的先验综合的框架。"很明显，这种观念要从康德那里寻找，毕竟他是我在大学课程与学位考试中花费了无数努力的哲学家。"[1]

二、3M 时代的影响：怀疑的诠释学

利科从来不回避提及自己思想的来源及其受到"哲学景观变化"的影响，虽然他的哲学方法的发展也有独立的内在逻辑，这个逻辑在某种程度上围绕着

---

[1] Paul Ricœur, *"Réflexion Faite: Autobiographie intellectuelle,"* (Paris: Éditions Esprit,1995), p.28.

我们所追溯的恶的问题的线索,受到了对恶的问题的不同阶段的研究的激发。[1]从《意志哲学》第一卷所代表的20世纪40年代到20世纪50年代,直至第二卷所代表的20世纪60年代,法国哲学从整体上来说似乎经历了哲学景观的剧变,利科将其描述为"时代的差异和哲学'战线'的转移"。[2]最初,利科还处在实存论现象学的思想环境中,"我与萨特和梅洛-庞蒂有所联系,并且寻求将马塞尔、雅斯贝尔斯和胡塞尔的影响整合起来"。可是,从六十年代初开始,这种实存论现象学的主导地位开始衰退,其影响力逐渐开始让位于新的3M时代。这个3M的时代包含以克洛德·列维-斯特劳斯、雅克·拉康等人为代表的结构主义,以米歇尔·福柯、雅克·德里达等人为代表的后结构主义,以让-弗朗索瓦·利奥塔、让·鲍德里亚等人为代表的后现代主义等,在这一时期哲学家们深受卡尔·马克思、尼采和弗洛伊德这三位怀疑大师的影响。[3]对利科来说,三位大师之中的弗洛伊德是他首先遭遇的挑战,也是他通过象征诠释学的范式进行吸纳的对象。语言问题是从3H时代的实存论现象学到3M的诠释学、结构主义等哲学景观变化的核心。在利科看来,这场剧变当然不仅仅是哲学领域内的变化,而且是哲学面对哲学以外的自然科学、人文科学尤其是新兴的符号学的迅猛发展所遭遇的危机。"黑格尔左派的思想家,与那些汲取尼采灵感的人们,共同大声鼓噪'形而上学的终结'。"[4]新的哲学景观带来了新的哲学问题。利科面对这种挑战所提出的关键任务,则是"重新恢复意义",即通过将现象学向诠释学扩展的道路,就是将语言学和符号学的挑战融合进一种辩证性的怀疑的诠释学。

---

[1] Don Ihde, *Hermeneutic Phenomenology: The philosophy of Paul Ricoeur*（Evanston: Northwestern University Press, 1971）, p.xiv.
[2] Don Ihde, *Hermeneutic Phenomenology: The philosophy of Paul Ricoeur*（Evanston: Northwestern University Press, 1971）, p.xiii.
[3] 杨大春:《20世纪法国哲学的现象学之旅》,社会科学文献出版社,2014,第13-14页。
[4] Don Ihde, *Hermeneutic Phenomenology: The philosophy of Paul Ricoeur*（Evanston: Northwestern University Press, 1971）, p.xiv.

三、人的易犯错性及其方法论问题

《易犯错的人》这一册处理的是恶的可能性，而不是恶的现实性。我们在前面已经分析过可能性与现实性之间的跳跃，这是一道深渊，那么《易犯错的人》对可能性的研究就主要集中在作为可能性的"易犯错性"的概念上。我们需要注意，这部分研究停留于纯粹反思的范围。利科认为这一部分的工作原本就具有过渡性，还尚未达到恶的现实性以及其必须的诠释学。人在其无关过错的基础存在结构之上，又有脆弱的易犯错性，这就是利科在《易犯错的人》中的基本观点。易犯错性就是讨论人之所以会有过错，在人性的层面或者说按照利科的理解的人类学的层面，都有哪些关键的条件。人的易犯错性还保留着未解除的抽象，以便能够通过纯粹反思来揭示。因此，利科在这一阶段不断地强调自己还在纯粹反思的范围内进行研究，这同样体现了自我限制的哲学的优点与局限性。总的来说，利科将人会有过错的可能性放在了失调（disproportion）的结构中。"自我与自我的失调将是易犯错性的理由。"[1] 这也就是人类存在结构中的不稳定性。利科认为，人类是唯一的具有不稳定的存在结构的存在者，这种存在结构使他一方面比自身更伟大，一方面又比自身更渺小。利科这里所依赖的失调的人性观与帕斯卡在《沉思录》中的看法有所联系。人的存在论特征就在于，人是中介性的存在者或者说居间的存在者。《易犯错的人》也面临着方法论上的困难。利科对人类存在结构的过错可能性的研究，在方法论层面遭遇了两个方面的无处着力。

首先，所谓的人类学意义上的人的存在结构，作为一种理论抽象，反过来是否要运用与意志的本质学一样的方法呢？过错的可能性作为人的存在结构与《意志与非意志》之中的意志的基本结构是什么关系呢？对利科来说，由于过错并不是纯粹意志的现象，而是牵涉到激情的混沌无序的领域，因此现象学的基本方法在这里已经不再适用。与此同时，我们已经不再停留在意志的意向性的描述性分析，而需要超出意志的研究领域。过错的可能性在人类的存在结构

---

[1] Paul Ricœur, *Philosophie de la Volonté: Finitude et culpabilité*（Paris: Éditions Points, 2009）, p.37.

中有其原因，这种研究已经属于人类学的研究领域。当然，利科此处所说的人类学是广义的人类学，即研究人的哲学，而是不是现代意义上基于人种和民族志发展起来的人类学。那么，人类学的研究就需要不同于现象学的方法，对此，利科别无选择只能返回到哲学史的人类学理论，寻求自己的思想资源。这往往给人一种印象，似乎利科在《意志与非意志》的现象学阶段之后，反而从现象学的方法后退了，退回了很多比较传统的哲学，比如帕斯卡的人性观点和康德主义等。从现象学的后退的表象除了由于法国哲学传统势力强大，除了利科对康德的兴趣增加，其实也是由于过错的可能性问题缺乏现成的哲学方法。

其次，利科在这一阶段也遭遇了理性主义在面对激情的时候刻板无力，无法将其保存的问题；反过来，那些激情澎湃的情感宣泄又无法达到过错的可能性的严谨分析。利科认为这种人的存在论特征并不可以直接描绘或诉诸情感宣泄的研究。如同在帕斯卡那里，人的存在的中介性也是一个容易引起误解的概念。如果将这种中介性解释为在存在与虚无之间的中间性，这样就是利科特别反对的一种误解。中介性不应该被解释成一个"区域"，类似于一个居间性的存在领域。利科说道："人并不是因为介于天使与野兽之间而被称为中介性的，而是在他自身中，从自身到自身，他都是中介性的，他是中介性的是因为他是混合的，而他是混合的又是因为他实行中介性的活动。"[①] 人的中介性包含在他的生存活动中，但是这种生存活动本来就是要实行中介性的迂回，不仅在人之内，也要在人之外。"对人来说，中介性的存在就意味着去进行中介。"因此，利科在方法论角度需要一种能超越对人性的中介性的直接刻画的哲学理论，也就是说他在《易犯错的人》之中，虽然分享了柏拉图、笛卡尔、帕斯卡、克尔凯郭尔关于人性的中介性、混合性与矛盾性的洞见，但是毕竟不能缺少对这些人性观的超越，这就是对中介性的迂回的哲学方法的需求。因此利科指出了康德、黑格尔与胡塞尔的哲学理论的必要性，"人的中介性是无法被发现的，除非经历想象力的先验综合的迂回，经历过确定与真理之间的辩证法，经历过意向与直观、意义与在场、动词与观看之间的辩证法。"现象学并没真的后退或

---

① Paul Ricœur, *Philosophie de la Volonté: Finitude et culpabilité*（Paris: Éditions Points, 2009）, p.39.

缺席，并且增添了与德国古典哲学之间的互相诠释。这种哲学方法的要求当然不会排斥那种关于人性的直接的未经澄清的洞见，而是给予同样的重视。

《易犯错的人》正是在对于人的易犯错性的"非哲学的前理解"和"方法论的澄清"之间展开它的基本框架。① 利科将"非哲学的前理解"的部分称为"对可悲的情感宣泄"②。我们可以回忆起帕斯卡在《沉思录》中对人类"可悲"的讨论，在他那里人的伟大与可悲的双重性受到了饱含感情的描绘。利科将帕斯卡的人性论的动人修辞融入他所说的"情感宣泄"的"非哲学的理解"中。这种情感宣泄是十分重要的，它构成了对人的脆弱、可悲的强有力的前理解，即我们讨论易犯错性的起点之一，但是需要承认，这种理解采取了比较远离哲学的修辞风格。"宣泄的情感犹如所有致力于将失调与中介性作为人的存在特征的哲学的粗胚。"③ 我们并非停留于这个非哲学的前理解中，我们还要寻找另一个起点，也就是"方论论的澄清"意义上的起点。利科在此将其视为另一次"还原"，即"对于情感宣泄的还原"，这种还原的方法接近于在《意志与非意志》中对过错的抽象。两种还原都指向了满足纯粹理性反思的要求，也是利科对方法论的严肃要求。为了暂时搁置关于可悲的情感宣泄，利科制定了新的规划。我们的研究并不是从讨论人、自我等问题开始的，而是要进行哲学方法上的迂回，将讨论的起点放置在"对象"的问题上。这就进入了"先验综合"的领域，即研究对象的可能性条件的领域。对象的可能性条件是人的认识能力所提供的条件，因此，利科在这里采取了类似于康德的先验哲学的思路，只是他的观点都围绕人的认识能力的综合的脆弱性及失调的可能性④。在对象的问题的领域，人性的失调和混合性特征就体现在先验综合的功能及其限度中，中介性通过康德对"先验想象力"中介功能的讨论进行迂回。在这个阶段，哲学人类学的研究终于找到了脱离情感宣泄的前理解的哲学起点。先验阶段只是这种哲学人类学的第一阶段，在这一阶段，它在非哲学与哲学、情感宣泄与先验哲学之间拉

---

① Paul Ricœur, *Philosophie de la Volonté: Finitude et culpabilité*（Paris: Éditions Points, 2009）, p.41.
② 笔者倾向于将"pathétique"译作"情感宣泄"，这个词在法语中的意思是"一种能激起强烈情感的风格、表达或文学体裁"。
③ Paul Ricœur, *Philosophie de la Volonté: Finitude et culpabilité*（Paris: Éditions Points, 2009）, p.41.
④ Paul Ricœur, *Philosophie de la Volonté: Finitude et culpabilité*（Paris: Éditions Points, 2009）, pp.76-87.

开了明显的距离。其后还有第二阶段、第三阶段，我们考虑的问题在那里就变成了一种回归和恢复的运动，即如何通过对康德的先验综合的扩展重新弥合情感宣泄的前理解与先验哲学之间的对立，逐渐去逼近对情感宣泄的重新吸纳。第二、三阶段主要是对"行动"和"情感"的进一步反思①。先验综合的重要性表现在它还继续为行动和情感的反思提供指导线索，问题的关键还是综合的功能及其限度，只是我们现在从一种先验综合扩展到了一种实践综合。② 在第二、三阶段，我们就是通过借用先验综合的情况下的理性与感性之间的综合的模式，在行动与情感的分析中找到相似的综合与失调结构，即"人在其行动中、在其情感结构中的失调""人与自身的不匹配"。③ 总的来说，情感宣泄通过这三个阶段的哲学分析，经历了从最初的悬搁到最终的恢复的过程，这个过程的最终目的或者说愿景，在于试图从纯粹理性反思中重新吸纳那种深刻的、丰富的"对可悲的情感宣泄"。④

《易犯错的人》一书的人性观最独特也最有价值之处，就是它提供了对于人之"有限性"的批判性反思。对利科来说，有一种流行的看法强调人的有限性，以至于将有限性作为人的生存的基本特征，这种人的有限性理论是很成问题的。当然，利科并非否定人的有限性，他的着眼点在于人的有限性与无限性的交互关系。这又是一种类似于利科在《意志与非意志》中强调交互关系的辩证法的思路。实际上，利科的人性观确实显示出强烈的辩证风格，拒绝走向任何极端，也拒绝将人性完全化约为有限性。对人的有限性的强调可能是现当代的实践哲学或实存哲学经常选择的立场，人的被造物的有限性与上帝的无限性可能构成了极端的两极，但是这在利科看来，这犯了夸大其词的错误，忽视了人身上的无限性的维度。利科批评笛卡尔在《第一哲学沉思集》"第四沉思"部分中，将人化约为有限性的被造物的观点，因为笛卡尔将有限性仅仅归于人类，而将无限性归于上帝。⑤ 利科认为，如果缺少超越性或无限性的维度，我

---

① Paul Ricœur, *Philosophie de la Volonté: Finitude et culpabilité*（Paris: Éditions Points, 2009），p.42.
② Paul Ricœur, *Philosophie de la Volonté: Finitude et culpabilité*（Paris: Éditions Points, 2009），p.87.
③ Paul Ricœur, *Philosophie de la Volonté: Finitude et culpabilité*（Paris: Éditions Points, 2009），p.42.
④ Paul Ricœur, *Philosophie de la Volonté: Finitude et culpabilité*（Paris: Éditions Points, 2009），p.43.
⑤ Paul Ricœur, *Philosophie de la Volonté: Finitude et culpabilité*（Paris: Éditions Points, 2009），p.39.

们甚至无法去谈论有限性的概念。《易犯错的人》的基本工作假设就在于,人的有限性与无限性的双重特征,"我们的工作假设包含有限与无限的悖论,这意味着我们必须像谈论人的有限性那样去谈论人的无限性。"[1] 人的无限性体现在许多方面,例如对于无限的理性的追求,对于真善美的渴望,对于生存的整体性的需要,这是不能被遗忘和忽略的维度,它们并非只能让位于人的种种有限性,来自视角的限制,来自死亡的限制或者来自欲望的限制。人的无限性与有限性的辩证关系也就浓缩在中介性、失调和易犯错性等概念之中。

四、对柏拉图人性观的解读

利科关于人性的中介性、混合性与矛盾性的基本观点实际上来自哲学史的遗产,通过讨论"对可悲的情感宣泄",利科实际上讨论了其中最重要的柏拉图与帕斯卡的人性观。为什么将其归于"对可悲的情感宣泄"?因为它们在某种意义上属于哲学的边缘部分,徘徊在由非哲学进入哲学的门槛上。[2] 柏拉图对灵魂的混合性观点主要是通过神话语言表达的,帕斯卡的人的居间性则主要通过修辞化的语言表达,意蕴无穷的神话与激情澎湃的修辞最终只能作为哲学史的边角料。如前所述,利科对"非哲学的前理解"与"方法论的澄清"的区分并不反对,他认为这两个部分之间达成良性的交互关系。当然,利科也认为,"非哲学的前理解"所采用的意象、比喻、象征毕竟难以被纯粹理性反思穷尽,这也是作为恶的可能性的边界所在,此处更向前则就将进入象征诠释学的新领域。"精确性之所得,即丰富性、深刻性之所失。"[3] 这一点尤其体现在利科对柏拉图的诠释方面。在利科看来,"所有对可悲的前理解都已经包含在柏拉图的神话中,比如《会饮篇》《斐德若篇》和《理想国》。"[4] 需要注意,这几篇柏拉图的对话在利科的诠释中处于不同的层次。利科更强调《会饮篇》和《斐德

---

[1] Paul Ricœur, *Philosophie de la Volonté: Finitude et culpabilité*(Paris: Éditions Points, 2009),p.40.
[2] Paul Ricœur, *Philosophie de la Volonté: Finitude et culpabilité*(Paris: Éditions Points, 2009),p.43.
[3] Paul Ricœur, *Philosophie de la Volonté: Finitude et culpabilité*(Paris: Éditions Points, 2009),p.124.
[4] Paul Ricœur, *Philosophie de la Volonté: Finitude et culpabilité*(Paris: Éditions Points, 2009),p.43.

若篇》的神话风格，神话的特征是包含叙事的戏剧性形式，也就是神话特征使《会饮篇》和《斐德若篇》的人性观的隐喻处于非哲学的前理解的范围。其中的神话还处于未分化的状态，也还没有被类似于《理想国》的思辨形式所拆解。"神话是一片星云，留待反思的裂解。"[1] 利科将这些神话称为关于可悲的伟大神话。众所周知，灵魂是柏拉图哲学的重要主题，它在利科对柏拉图的诠释中占据必要位置，但是利科并不仅仅着眼于柏拉图的灵魂理论来讨论可悲的问题。利科强调神话是先于道德反思的，神话先于关于灵魂—身体和正义的讨论，因此《会饮篇》和《斐德若篇》的神话就受到了利科的高度赞扬。我们发现，利科十分重视柏拉图对话以及希腊哲学整体的神话维度，他认为柏拉图哲学经历了从神话到思辨的过程。这种基本的研究态度从《易犯错的人》到《恶的象征》都保持不变，到了《恶的象征》阶段，利科主要就针对柏拉图主义与灵魂放逐神话的关联来讨论柏拉图。

利科对柏拉图人性观的解读在柏拉图的灵魂三分说的框架中更容易理解。我们遵循利科的顺序，先讨论《理想国》，再转入《会饮篇》和《斐德若篇》。在《理想国》中，利科分析了柏拉图著名的灵魂三分说，灵魂三分说是一个长久争论的主题。与《斐多篇》的灵魂观相比，柏拉图在这里不再认为灵魂是统一的，而是将注意力转向灵魂的内部冲突。《斐多篇》倾向于将冲突集中在灵魂与身体之间，这是一种二分法，这时激情和欲望都是归入身体的，灵魂则主要归于理智。《理想国》中的柏拉图却将灵魂分为了理智、激情和欲望三个部分，众所周知，这种三分说是通过与城邦政治的类比来讨论的。也就是说，类似于城邦的正义在于三种职能的人各司其职，灵魂中也存在这样的三个不同的组成部分，灵魂的正义也就在于每部分的各司其职。如果三部分和谐，由理智来领导，激情和欲望都听从理智而不反叛，那么灵魂整体就是有节制的、正义的（443b-444a）[2]。相反，如果灵魂中三个部分彼此冲突，无法协调，灵魂就是不正义的（444b-e）。这种类比最难解的部分，就是激情的部分。从城邦的角

---

[1] Paul Ricœur, *Philosophie de la Volonté: Finitude et culpabilité*（Paris: Éditions Points, 2009），p.46.
[2] Plato, *Plato Complete Works*（Cambridge: Hackett Publishing Company, 1997）.

度看，我们很容易理解护卫者的职责，但从灵魂的角度，与护卫者对应的激情部分就有些难解了。①

灵魂三分说的形成有一个过程，是柏拉图在《高尔吉亚篇》和流行的灵魂二分法的基础上提出的。在《高尔吉亚篇》中，柏拉图还停留在更倾向于将灵魂分为理性和冲动的流行二分法。②灵魂二分法在《理想国》的前几卷中也保留了痕迹。柏拉图讨论过将人的性情分为两种，温和的性情与勇猛的性情（375c）。他在第四卷讨论节制的时候，将灵魂区分为一个较好的部分和一个较坏的部分（431a）。直到第四卷稍后的地方，著名的灵魂的三分说（435b）才横空出世。柏拉图对三分说也是有所犹豫怀疑的，他让苏格拉底对政治类比的恰当性做出了让步："格劳孔，让我告诉你，我也认为用我们现在的这个论证方法，无论如何也不能弄清这个问题。解决这个问题的正确方法，是另一条困难而长远的道路。（435d）"在第十卷中柏拉图还重新讨论灵魂的本质，似乎把这另一条更困难而长远的道路指向了灵魂在脱离尘世之后的单一性，灵魂三分说可能只是灵魂在身体中的状态。③灵魂的理性部分和欲望部分，即使没有前面的政治类比也容易理解。但如果没有政治类比，激情部分可能就很难获得独立的地位，可能会被并入欲望的部分。激情部分处于中间位置，这种中间位置只能与城邦中护卫者的职能联系起来才能理解。正如护卫者们的职责是维持秩序，有时又会受到冲动的干扰，可能与反叛者结盟；灵魂中的激情部分就有一种双重性，本来充当理智的盟友（440a-b），但也有可能受到欲望的干扰。在灵魂三分说之中，灵魂的理智部分与激情、欲望部分的张力构成了《理想国》灵魂观的难解之处，也显示了欲望和快乐在柏拉图的灵魂观中的微妙变化。《理想国》延续着在《斐多篇》的不同灵魂观的混杂，柏拉图似乎试图把基于两种不同灵魂观的论证结合起来，其一是灵魂作为生命原则，其二是灵魂作为认知、照料、领导的原则。认知原则似乎是比较狭义的柏拉图主义灵魂观，柏拉图也

---

① 关于灵魂三分的理论与城邦的政治类比之间的关系，有些学者认为灵魂三分理论可能有牵强之处，因为它似乎是从城邦不同职能者的三分直接搬演而来。参见《柏拉图的灵魂学》，p.50。利科的看法是强调激情部分的重要性和原创价值。
② 罗宾逊：《柏拉图的灵魂学》，张平译，华夏出版社，2019，第53页。
③ 罗宾逊：《柏拉图的灵魂学》，张平译，华夏出版社，2019，第56页也

意识到用理性认知解释灵魂是狭隘的，因此才有对灵魂的生命原则的扩充。[①]生命原则也催生了灵魂三分说去包含欲望与激情的部分。

利科对灵魂三分说的解读强调了柏拉图表达出灵魂的可悲的处境。灵魂的可悲就在于它是居间的存在，它又包含从感性通向理性的运动。利科指出了柏拉图的灵魂观的中介性特征，灵魂是两种力量搏斗的场所，一种力量是发出命令的理性，另一种力量是阻碍执行的欲望。也就是在这里，理性与欲望之间的第三项才显得格外重要。激情在利科看来可以称为谜题，是利科所认为的情感的核心。[②] 激情是一种模棱两可的力量，受到双重的吸引力。它一方面与欲望搏斗，一方面服务于理性。它是最不稳定、最脆弱的力量。利科在柏拉图的激情概念中发现了人的中介性，人的有限与无限的双重存在。这种中介性也就是柏拉图的恶论从灵魂角度的切入点，如同城邦的内部冲突，灵魂不同部分的冲突就是恶的来源，被称为缺乏和谐、疾病或丑陋。如果静态地理解中介性，它就是一种中间位置。如果动态地理解中介性，它就是一种"混合"。[③] 在这里，利科强调了柏拉图的灵魂三分说的动态可能性，也就是中介性的生成过程。

要达成对混合的动态过程的探询，我们就必须从《理想国》来到更为神话风格的《会饮篇》。神话的任务就是通过叙述来再现混合的动态过程或生成过程，神话的叙事总是包含一些灵魂起源方面的事件。《会饮篇》里面记叙了关于爱神厄洛斯的诞生神话。爱神是灵魂的隐喻，他渴求着善，但本身并不是善。爱神是富神与穷神的儿子，因此他通过自己的母亲穷神培尼雅有了匮乏的存在结构。爱神是中介性的，他是混血儿，富与穷之混合。在利科看来，柏拉图这种混血儿的神话在某种意义上已经预示了康德的先验想象力的居中综合。[④] 从《会饮篇》到《斐德若篇》有一种分化的意味，在《会饮篇》中的混合的生成神话加入了新的要素，《斐德若篇》将两个神话连接在一起，一个是关于人的

[①] Paul Ricœur, *Philosophie de la Volonté: Finitude et culpabilité*（Paris: Éditions Points, 2009），p.50.
[②] Paul Ricœur, *Philosophie de la Volonté: Finitude et culpabilité*（Paris: Éditions Points, 2009），p.45.
[③] Paul Ricœur, *Philosophie de la Volonté: Finitude et culpabilité*（Paris: Éditions Points, 2009），p.46.
[④] Paul Ricœur, *Philosophie de la Volonté: Finitude et culpabilité*（Paris: Éditions Points, 2009），p.47.

脆弱性的神话，另一个则是让人印象深刻的灵魂坠落的神话。[①] 利科认为这个神话也预示了克尔凯郭尔的中介性问题，从清白到恶的诞生的这个过程，我们可能会摇摆在两种解释之间。一种解释认为这过程是连续的，其连续性已经刻写在人的本性的起源中，这就是关于人的有限性和脆弱性的神话。另一种解释则认为这个过程是非连续的，从清白到罪恶是一次事件，一次断裂，是属于犯罪的，犯罪是行为和事件。克尔凯郭尔最终抵达非连续的极端，恶在他那里成为一种突然涌现。在这个意义上，利科认为柏拉图关于可悲的神话是脆弱性与堕落将分未分的混合星云。在《会饮篇》与《斐德若篇》中，我们既可以找到有限性的神话的萌芽，也可以找到犯罪性的神话的线索。但是柏拉图哲学通过从神话到思辨的过程，还是完成了对这种未分化的星云的裂解。柏拉图的哲学并不将恶等同于有限性、物质性，反而更倾向于从"非正义的恶"的角度讨论专属于灵魂的恶。

五、对帕斯卡人性观的解读

帕斯卡的哲学为我们提供了第二个反思的切入点。帕斯卡的哲学不是采用神话的形式，而是采用修辞学的形式。帕斯卡堪称为一位实存哲学的先驱者。帕斯卡的人性观其实接续着柏拉图哲学，但是柏拉图的侧重点在他身上发生了一定的转移。柏拉图的灵魂理论已经讨论了人的混合性，灵魂是由内部冲突的不同部分组成的。但是对柏拉图哲学或者整个希腊哲学来说，无论是灵魂与身体的二分，还是理智、激情、欲望的三分，在不同的部分之间并不是平等关系，也不可能是平等关系。不同部分之间的冲突、不协调通向了灵魂的恶，人就会陷入自我矛盾、混乱与绝望。希腊思想无论以何种方式表达，总是要强调克服人的存在的不稳定性和矛盾性。在利科看来，这就是柏拉图哲学从他的神话维度远离走向纯粹理性反思的过程，这个过程不能说没有遮蔽神话的某种未尽之意。对希腊哲学家来说，生命应当踏上从迷惑到清醒、从冲突到和谐的旅途，

---

① Paul Ricœur, *Philosophie de la Volonté: Finitude et culpabilité*（Paris: Éditions Points, 2009）, p.48.

哪怕这旅途是十分艰难漫长的。①但是帕斯卡却使这种通过理性主义克服人的存在的矛盾性的野心受到了更大的挑战。帕斯卡受到基督教的影响，他所描绘的人不仅处于一种不稳定状态，而且本身就包含着难以解决的矛盾。帕斯卡说道："人是一种什么样的虚幻妄想！一种什么样的奇特物，一种什么样的恶魔，一种什么样的混沌，一种什么样的矛盾主体，又是一种什么样的奇观！一切事物的法官，大地之上的蠢材，真理的贮藏所，不确定与错误的渊薮，这个宇宙的光荣与废物！"②人的矛盾性就以这样激情澎湃的修辞风格充斥在《沉思录》的赞颂与诅咒中。利科所说的"关于可悲的情感宣泄"在帕斯卡身上体现得淋漓尽致。帕斯卡认为人类本身无法克服这样的矛盾性与脆弱性，这样的两个极端，也即人类的伟大与可悲的双重性。人没有上帝是可悲的，人有了上帝才有幸福。③"人类的伟大与可悲是那样的显而易见，所以真正的宗教就必然要教导我们。"④人的卑贱竟至于如同禽兽，可是人又有认识和热爱上帝的可能。"我们应该承认我们是被黑暗所充满的，黑暗妨碍了我们去认识、热爱上帝，我们的义务就迫使我们去爱上帝。"

正是帕斯卡提出了一种关于人的比例失调的人性论。帕斯卡所说的比例失调，首先是指人与自然不成比例。整个自然世界是如此的广阔，而人类只不过是大自然中的沧海一粟。⑤"让一个人反求自己并考虑一下，比起一切的存在物来，他自身是个什么吧。"⑥这就是人的渺小与自然的无限的对比。帕斯卡认为，"凡是这样在思考着自己的人，都会对自己感到恐惧，并且当他思考到自己是维系在大自然所赋予他在无限与虚无这两个无底洞之间的质量之时，他将会对这些奇迹的景象感到战栗"。其次，人的比例失调还表现在人的认识能力

---

① Dreyfus &Wrathall(ed.), *A Companion to Phenomenology and Existentialism*（Cambridge: Blackwell Publishing, 2006），p.140.
② 勒内·笛卡尔：《第一哲学沉思集：反驳和答辩》，庞景仁译，商务印书馆，1998，第 196 页。法文版帕斯卡《沉思录》格言的排序以布伦茨威格编码为通行版本。本条为布伦茨威格编码 434 条。
③ 勒内·笛卡尔：《第一哲学沉思集：反驳和答辩》，庞景仁译，商务印书馆，1998，第 24 页。布伦茨威格编码 60 条。
④ 勒内·笛卡尔：《第一哲学沉思集：反驳和答辩》，庞景仁译，商务印书馆，1998，第 187 页。布伦茨威格编码 430 条。
⑤ 勒内·笛卡尔：《第一哲学沉思集：反驳和答辩》，庞景仁译，商务印书馆，1998，第 28 页。布伦茨威格编码 72 条。
⑥ 勒内·笛卡尔：《第一哲学沉思集：反驳和答辩》，庞景仁译，商务印书馆，1998，第 29 页。

的方面。我们的认识能力也处于一种中间位置,如同人与自然之间的不成比例,自然界的两个极端,即无穷大和无穷小,都不在我们的认识能力之内,我们只能认识这两个极端的中间状态。因此帕斯卡认为,"我们既不可能确切地有知识,也不可能绝对无知"①。帕斯卡以此认为我们应该放弃认识的抱负和野心,不要再去追求科学的确实性,因为理性总是被表象的变化无常所欺骗,既然我们认识能力的中间状态永远无法抵达无限的极端,那么认识的或多或少也只不过是量上面的无关紧要的进步。"他距离终极,岂不是永远无穷的遥远吗?"②事物的本性是单一的,然而我们的本性却是分裂的,是由精神与物质这两种相反本性构成的,那么我们就不能充分认识单一的事物,无论它是精神的还是物体的。在人的内部,精神与肉体结合的方式乃是一个不能理解的谜题,也就是人的脆弱性的根本谜题。什么是精神?什么是肉体?最重要的最不可思议的,则莫过于一个肉体居然和一个精神结合在一起。③在利科看来,这就显示出帕斯卡的人性论作为"非哲学的前理解"与"关于可悲的情感宣泄"的局限性。帕斯卡所说的人的有限与无限之间的悖论实际上延续了笛卡尔的二元论式的悖论。④帕斯卡的修辞实际上无法超越这种二元论。以笛卡尔的方式将认识归于无限,将意志归于有限,这对于解决悖论是徒劳无功的,因为他虽然强调人的精神、物质的双重本性,却相对地缺少对于综合的考虑。

六、克服有限性模式的人性观

在柏拉图、笛卡尔和帕斯卡那里,相比理性的超越性道路,人的有限性还是受到了更多的强调。有限性在人的存在的基本结构中占据压倒性地位,以至于无限性更像是作为人的对立面的不可抵达之处。但是利科的人性观明确地表示了对有限性模式的挑战。在利科看来,哲学人类学不能以有限性为主导,不

---

① 勒内·笛卡尔:《第一哲学沉思集:反驳和答辩》,庞景仁译,商务印书馆,1998,第33页。
② 勒内·笛卡尔:《第一哲学沉思集:反驳和答辩》,庞景仁译,商务印书馆,1998,第34页。
③ 勒内·笛卡尔:《第一哲学沉思集:反驳和答辩》,庞景仁译,商务印书馆,1998,第36页。
④ Paul Ricœur, *Philosophie de la Volonté: Finitude et culpabilité* (Paris: Éditions Points, 2009), p.38.

能总是对有限性津津乐道或悲叹，而是应该去强调人性的原初肯定。总的来说，人性的易犯错性结构必须包含三个不可缺少的环节，由肯定、否定与中介的环节组成，这是利科对康德的质的范畴即实在性、否定性与限定性进行改造的结果。① 这种经过利科改造的三个环节就包括代表无限性的"原初肯定"，代表有限性的"实存的差异"以及"人的中介"。② 利科通过对认识、行动、情感领域的研究来展现三个环节的辩证过程。在这三个环节中，我们可以发现有限性并不是源头，也不是第一位的，"有限性是结果而非源头"这种思路其实是追随在康德那里已经开始的道路，康德首先确立了人类理性的普遍存在，继而用感性的差异充实它，最终达成一种理性的有限性。利科也是这样做的，参照了康德的思路，原初肯定的环节是起始点，它经历过实存的差异，自我充实并且自我内化。③ 在认识领域，原初肯定表现为对人的思想的可能性的肯定；在实践领域，原初肯定表现为对人格的整体性的肯定，对人是行动者的肯定。在下一个环节中，原初肯定则遭遇了视角、个性、生命情感的实存的否定，才能自我充实成为真正的人性。利科强调，实存的差异的否定性是一种对原初肯定的否定，但它是肯定中的否定，而非彻底的否定。通过这种实存的差异的否定，我能够在自我与他人之间建立差异，在自我与自我之间建立差异。实际上，实存的差异的否定所否定的还有人的必然性，"我在那里，并不是必然的。"④ 人是这样一种偶然的存在，以至于人必须有时间性，通过偶然性的诸模态来把握自身。人不是像理性存在那样必然而不变的存在，这就是人会像在可悲的情感宣泄中表达的那样，对自己存在产生一种偶然感的原因。这种存在的偶然性也就是人性的特征。在很大程度上，实存的差异的否定就是我们生存中的悲哀情感的来源，而且这种情感会削弱我们存在的力量。如同康德的批判哲学所思考的限制概念，原初肯定与实存论差异的辩证法构成了对哲学人类学的限制，"这限制就是人自己。"⑤ 人的脆弱性的同义词就是限制。人只能是原初肯定与实存

---

① 康德:《纯粹理性批判》，李秋零译注，中国人民大学出版社，2011，第93页。
② Paul Ricœur, *Philosophie de la Volonté: Finitude et culpabilité*（Paris: Éditions Points, 2009），p.187.
③ Paul Ricœur, *Philosophie de la Volonté: Finitude et culpabilité*（Paris: Éditions Points, 2009），p.188.
④ Paul Ricœur, *Philosophie de la Volonté: Finitude et culpabilité*（Paris: Éditions Points, 2009），p.191.
⑤ Paul Ricœur, *Philosophie de la Volonté: Finitude et culpabilité*（Paris: Éditions Points, 2009），p.192.

论的否定之混合。利科这样说道:"人,正是一种在有限的悲伤之中的肯定的喜悦"。

七、易犯错性作为恶的可能性

利科认为,我们在三种意义上谈论脆弱导致了恶的可能性。也就是说,易犯错性作为恶的可能性需要从三种意义上理解,这三种意义也解释了恶的可能性与恶的现实性的巨大差异。我们不能将易犯错性误解为类似于"人的脆弱性就是恶的起源"之类的说法,易犯错性并不是恶的起源,与恶的现实性没有关系。

首先,在第一种意义上,易犯错性只是使恶成为可能。可能性首先指的是一种机会,一个抵抗薄弱的点,恶通过这个点进入世界和人。人脆弱的中介性只是为恶提供了一个出现的地点。[1] 从这种恶进入的地点或者说可能性,到恶的现实性之间又是一道巨大的深渊,需要一种不连续的跳跃。可能性与现实性之间的断裂还表现在关于易犯错性的人类学描述与伦理学之间的距离。前者因为还没有达到现实的恶,所以是还没有涉及善恶区分与律法的。所有伦理学的基本预设就是现实的善恶的区分。然而恶的谜题的关键就在于,从人的脆弱性到人的堕落的跳跃是纯粹偶然性的,它只能是一个事件。易犯错性的人类学描述还停留在这种跳跃的一侧。实际上,为了去把握这种跳跃,我们应当从一种新的类型的反思开始,也就是去对意识做出的恶的供认与在这种供认中表达出的恶的象征进行反思。易犯错性的人类学方法与恶的象征诠释学方法之间的裂隙只是对于另一种裂隙的表达,那就是在人类的易犯错性与过错之间的裂隙。在利科恶论的下一个阶段,恶的象征将要通过远道的迂回使这里中断的研究得到重续。

在第二种意义上说,易犯错性作为恶的可能性也意味着一种根源。将恶的可能性理解为根源,是指人的所有变坏都仍然在其完美的根源之中。这种人性

---

[1] Paul Ricœur, *Philosophie de la Volonté: Finitude et culpabilité* (Paris: Éditions Points, 2009), p.195.

的可能性是生存的起源。起源是指基本的出发点，作为会犯错的人，我从这里出发，在此人性的可能性的基础上可能产生所有的恶。人之作恶只能以基本的能力与他的生命目的之力量作为出发点。利科反对认为恶的现实存在更加基本的观点，在这个观点中，恶真实存在就是其可能性，可能性与现实性并没有区别。这一观点可能会引发误解，将易犯错性的概念当作现实的恶的标志。但是利科认为，的确，我们只是通过现实的恶的处境，才能够回溯性地辨识出恶的更根源性的处境。[1] 例如，我们是通过恨与冲突看到差异的否定性，我们是通过尊重看到主体性的实践结构。根源的显现总是通过已经堕落的恶的现实状况。利科强调，这里的"通过"必须要和"出发点"结合起来理解。这样我们才能够说，易犯错性是起源，只是意味着它是恶的条件。

易犯错性作为恶的可能性还有第三种意义，也是一种更加确实性的意义。人的失调是犯错的能力。正如堕落神话，恶的可能性被理解为能力，显示出了如克尔凯郭尔所说的那种恶的确实（position）。恶确实存在，它不仅仅是一种可能。"恶确定自身，并且向前行进。"[2] 正是从作为确实的恶出发，从脆弱通往诱惑，再从诱惑通往堕落的过程，似乎是一个连续的、眩晕的过渡。恶从人类的脆弱中诞生这种过程并不仅仅是一种可能，还是一种能力、一种倾向。正是在这种从清白无辜向过错的过渡转化中，恶的确实是无法忽视的。恶的确实使可能性的概念不只是恶进入的地点，也不仅仅是人类所由之出发的根源，它还是恶的能力，也可以说是力量。

---

[1] Paul Ricœur, *Philosophie de la Volonté: Finitude et culpabilité*（Paris: Éditions Points, 2009），p.196.
[2] Paul Ricœur, *Philosophie de la Volonté: Finitude et culpabilité*（Paris: Éditions Points, 2009），p.199.

第三章 恶的哲学之旅

第一节 恶的反思型路线

一、"恶的哲学":未完成的最终计划

我们已经看到,在意志哲学的庞大体系之内存在着一种断裂,呈现在第二卷《有限与犯罪》的上、下册之间,即恶的可能性与恶的现实性的巨大差异。按照利科在第一卷《意志与非意志》开头所勾勒的三部曲计划,第二卷《有限与犯罪》的整体将被意志的经验学主题统摄。但是我们发现,在攻克这个经验学难题的努力中,利科面临方法论方面的疑问与彷徨,而作为意志的经验学的《有限与犯罪》也面临上下册如何统一的难题。第二卷的下册《恶的象征》与《易犯错的人》截然不同,可以将《恶的象征》看作一本冲击哲学学科边界的呕心沥血之作,它危险地游走在哲学边缘,如康德般为理性勘探界限,以至于使自身经常误落入一种神学的假象。实际上,《恶的象征》乃是一座横架在宗教学与神学之间的虹桥,其基座与桥身毕竟以哲学所锻造。"象征给予思想。"[①]利科在《恶的象征》的结论中强调了这一象征诠释学纲领。恶的象征并不脱离理性反思,象征也需要通往某种恶的哲学,还需要与哲学史进行对话。可是象征的领域与哲学的领域显得如此割裂,它们依靠不同的学科传统,利科在它们之间勉力维系着对话或辩证之思,却也面临着棘手的张力。利科意识到其困难,却依然描绘了最终的愿景:"拉舍利埃是正确的,哲学应当了解一切,甚至包括宗教在内。"在象征与思想之间的似乎非此即彼的抉择中,利科执着于探索一条既忠实于从象征到意义所形成的推动力,也忠实于哲学家求知的誓言的"第三条道路"[②],一种将宗教包括在内的哲学道路。这种哲学并非等同于某

[①] "象征给予思想"是利科从康德的《判断力批判》中借用的说法。"donner à"有多种翻译,包括"导致""产生""引起"等。笔者倾向于译作"给予",因为在利科看来象征与思想的关系并非因果关系或者引起关系,而是象征为思想提供了丰富的养料,象征也包含对思想的推动力。参见保罗·利科:《恶的象征》,公车译,上海世纪出版集团,2005,第360页。
[②] 保罗·里克尔:《恶的象征》,公车译,上海世纪出版集团,2005,第361页。

种新的神学。非但如此，这种哲学也不打算附庸于宗教学，虽然我们在第四章将会看到利科在《恶的象征》中十分倚重范·德·列乌、伊利亚德的宗教现象学传统。

第二卷《有限与犯罪》本应存在一个最终的研究"恶的哲学"的部分，这是一个未完成的计划，目前的上下册都本应与预告中的第三册互相参照，以便理解《有限与犯罪》的整体。然而第三册实际上没有写出来，它的实质性残缺使《恶的象征》近乎悬浮在远离哲学的半空，不能与哲学史联系起来，以至于成为诸多误解的渊薮。按照利科在《恶的象征》开头透露的只言片语，按照《有限与犯罪》的整体计划，第三册就是用来弥补这种象征与哲学脱节的缺陷的。首先，恶的可能性问题通过第一册《易犯错的人》，以一种类似康德先验主义的有限与无限的辩证方式得到探讨。其次，第二册《恶的象征》的任务在于探讨，"我们如何实现由人身上的恶的可能性到恶的现实性的转变，从易犯错到犯错的转变"。① 再次，新的问题出现了，我们应当如何把方法迥然不同的《易犯错的人》与《恶的象征》结合为整体？《恶的象征》是比较远离哲学的，它是哲学家悬搁了思想而努力接受宗教学教诲的谨慎之作，其中象征的类型分析主要构建在严格的宗教学和宗教史材料上。利科说道："第二册的思路不超出神话的范围，而提出思辨性象征，正是第三册的目的。"② 这个第三册似乎野心勃勃，预定要填充从象征到哲学的荒芜地带。它可能将通过第二册所揭示的恶的象征与神话动力学，对恶的哲学史进行一次彻底的解构与重建。我们当然有理由惋惜它的未完成，虽然我们也可以想象实现这种计划的困难程度。对利科来说，他并非对解构恶的哲学史特别感兴趣，可能就是因为这种原因，再加上诠释学研究对他的新吸引力，因此第三册的计划就逐渐缺乏完成的动力。伴随着广泛的语言转向的哲学景观变迁，这个未完成的计划也就让位于更加普遍也更富于积极意义的诠释学研究。

幸运的是，《解释的冲突》收录的《象征符号的诠释学与哲学反思I/II》为

---

① 保罗·里克尔：《恶的象征》，公车译，上海世纪出版集团，2005，第3页。
② 保罗·里克尔：《恶的象征》，公车译，上海世纪出版集团，2005，第25页。

我们提供了第三册的粗略替代品①。它们围绕下面的关注被组织起来："一种既深入象征思想的巨大难题，又深入象征符号的启示性力量的思想，如何能遵循着哲学自始源起就具有的合理性和严密性而得以展开呢？"②恶的象征在这里被纳入更加广泛和普遍的象征理论中，不再占据思想的唯一中心，而是充当杰出的试金石。③"每一个象征都是通过解释而产生理解的。这理解如何能既在象征之中，又超出象征之外呢？"④利科在这里划分了从象征到哲学的三个层次，即理解象征所必须的三个阶段，它们分别是现象学阶段、诠释学阶段和哲学阶段。现象学阶段主要是一种宗教现象学。诠释学阶段是与由它解释的特殊文本密切相关的，还未达到确切意义的哲学。现象学阶段与诠释学阶段在《恶的象征》中完成。接下来，由诠释学走向哲学的旅程中，利科重点梳理与批评了恶的思想史上出现过的两种路线，这两种路线都有缺陷。利科自己的现象学—诠释学研究就站在这两种路线的尽头，通过克服它们的缺陷来继续前进。这两种关于恶的思考的路线，要么是宣称象征只是神话外表，其寓意只能由哲学来揭示；要么是哲学话语狂热于模仿象征的形式，构造出一种理性的神话。"在恶的问题中，思想依次展现为反思和思辨。"⑤这使我们可以窥见一条由象征通往哲学的路径，及其沿途荆棘丛生的艰险。

二、恶的伦理观：反摩尼教的奥古斯丁与康德

第一种是恶的反思哲学路线。利科认为，作为反思的思想特点就是"解神话"⑥，对神话采取化约主义的破译方法。反思的思想就致力于在恶的象征的方面尽可能地消除象征的启示力量，它最终在恶的伦理观中取得辉煌成就。恶的伦理观意味着将恶理解为单纯的伦理概念，它主要是一种后起的世俗化的反思。

---

① 保罗·利科：《解释的冲突》，莫伟民译，商务印书馆，2008，第 355-412 页。
② 保罗·利科：《解释的冲突》，莫伟民译，商务印书馆，2008，第 355 页。
③ 保罗·利科：《解释的冲突》，莫伟民译，商务印书馆，2008，第 357 页。
④ 保罗·利科：《解释的冲突》，莫伟民译，商务印书馆，2008，第 367 页。
⑤ 保罗·利科：《解释的冲突》，莫伟民译，商务印书馆，2008，第 371 页。
⑥ "解神话"（démythologisante）是利科从布尔特曼那里借用的概念，但利科也对布尔特曼的概念作出了限制和修正。参见保罗·利科：《解释的冲突》，莫伟民译，商务印书馆，2008，第 474-481 页。

在利科看来，恶的伦理观实际上始终处于与基督教文化影响下的恶的象征的张力中。这一点是不同于中国思想的。值得注意的是，利科其实并不贬低恶的伦理观。"我们首先将转向恶的伦理观，这是一个我们必须达到，且要彻底穿越的层面。"[①] 恶的伦理观所概括的是一系列充满差异的学说，它们主要"由两个伟大的名字所标示，人们习惯上并不把他们联系在一起，但我想要让人们感觉到他们的亲密关系：奥古斯丁和康德。"我们发现，利科试图在诠释奥古斯丁这位伟大的基督教教父时，区分出一个与摩尼教论战的奥古斯丁和一个对立于佩拉纠并形成了"奥古斯丁主义"的奥古斯丁。在反思的部分，利科主要关注前一个奥古斯丁。反摩尼教的奥古斯丁有这样的主张：恶没有本性，恶不是存在，我们必须取消"恶是什么？"的问题，代之以"我们因何作恶？"的问题。在利科看来，反摩尼教的奥古斯丁接续了亚里士多德传统，他从亚里士多德的意愿与非意愿的哲学尚未激进抵达的地方出发，"通过直接把握包含在恶中的虚无的力量以及在意志中起作用的自由，已经把对于自由的反思极端化了"。自由意志就变成了"对存在说不的本源力量"。[②] 从自由意志的角度，反摩尼教的奥古斯丁与康德站在了同一条恶的伦理观战线上。

利科认为，正是康德实现了奥古斯丁那里尚未找到充足概念工具的"意志与本性"的对立。[③] 凭借《实践理性批判》中的道德形式主义，康德沿着柏拉图的方向将"善"定义为并非诸德性的一种，而是作为德性的形式。在《纯然理性界限内的宗教》中，康德对于"恶"实施了同样的形式化提纯，"构思了根本恶之恶的概念化的主要条件"。我们发现，利科通过将早期奥古斯丁解读为康德恶的伦理观的先驱，实际上将所谓反思的思想或恶的伦理观指向了康德主义。康德主义曾经极大地影响了 19 世纪神学的走向。康德的批判哲学体系乃是 19 世纪新教自由派神学的重要思想资源，尤其是他在《纯然理性界限内的宗教》所开启的在道德基础上重建宗教的事业，拥有非凡的吸引力。有神学研究者曾论及"塑造 19 世纪神学的三位大师"，即康德、黑格尔与弗里德里希·丹

---

① 保罗·利科：《解释的冲突》，莫伟民译，商务印书馆，2008，第 372 页。
② 保罗·利科：《解释的冲突》，莫伟民译，商务印书馆，2008，第 373 页。
③ 保罗·利科：《解释的冲突》，莫伟民译，商务印书馆，2008，第 374 页。

尼尔·恩斯特·施莱尔马赫。① 在这三位大师之中，康德尤其表现出了启蒙运动的双面性，一面是摧枯拉朽攻击传统宗教的理性精神，一面是对这种理性精神的自我批判。《纯然理性界限内的宗教》正如康德的其他著作一样，"既是启蒙运动的延续，又是与启蒙运动的决裂"。这本经过与宗教审查进行了艰难斗争才得以出版的著作，包括相对独立的四篇论文②，第一篇《论恶的原则与善的原则的共居或论人性中的根本恶》讨论了著名的"根本恶"问题。"根本恶"作为人类普遍具有并无法摆脱的趋向恶的倾向，似乎将康德拉回关于"原罪"的争议泥潭。"从理性时代的观点来看，康德在这方面的讨论犯了不可原谅的错误。他再度提出原罪的教义，而这是基督教在启蒙运动中遭受最严厉抨击的一点。"③这印证了利科所强调的奥古斯丁与康德的"亲密关系"。自由意志之孪生子的"根本恶"概念，是康德对基督教的堕落神话与原罪教义进行的纯然理性界限内的批判的成果，也正是反思哲学从恶的象征走向思想而采取化约主义的代表性尝试。从康德主义出发，19世纪对"原罪"的各种解释实际上构成了利科的《恶的象征》所处的理论背景——一个必须达到却终将穿越的层面。

康德的"根本恶"是一种道德形式主义的恶概念，这种形式化已经使它远远脱离了原罪教义，虽然它依然引人遐想。"人是恶的"，在康德那里，不过意味着"人意识到了道德法则，但又把偶尔对这一原则的背离纳入自己的准则"。④恶是人的所作所为，"除了我们自己的行为之外，不存在任何道德上的（即有负责能力的）恶"。⑤ 按照利科的看法，康德比奥古斯丁更进一步，深化了意志的概念分析，通过构思出奥古斯丁所没有的概念框架，妥善地在纯然道德领域之内保持了意志与本性的对立。对"人性恶"这一历史悠久的说法，康德实际上提出了批判。所谓历史悠久，"人性恶"并非仅限于基督教思想，"这是一种和历史记载同样古老的抱怨。它甚至和更为古老的诗歌创作，乃至和所有

---

① 葛伦斯、奥尔森：《二十世纪神学评介》，刘良淑、任孝琦译，上海三联书店，2014，第23页。
② 伊曼努尔·康德：《纯然理性界限内的宗教》，李秋零译注，中国人民大学出版社，2012，第1-6页。
③ 葛伦斯、奥尔森：《二十世纪神学评介》，刘良淑、任孝琦译，上海三联书店，2014，第23页。
④ 伊曼努尔·康德：《纯然理性界限内的宗教》，李秋零译注，中国人民大学出版社，2012，第18页。
⑤ 伊曼努尔·康德：《纯然理性界限内的宗教》，李秋零译注，中国人民大学出版社，2012，第16页。

创作中最古老的创作即祭司宗教同样古老"。①在古罗马诗人贺拉斯的诗句中，就有"比祖先还要恶劣的父母的时代，生育了更为恶劣的我们，而将来还会有更为败坏的后代"。康德认为，这一历史悠久的说法在经验上虽颇有说服力，但需要针对"人性"概念进行澄清。问题的关键在于，在伦理观的基础上，如何解释"人性恶"呢？"人性"要作为道德上有善恶的概念，那就不能是自然的、被动的、被决定的，而必须是与自由意志的行为有关的。反之，"如果本性这一术语（像通常那样）意味着出自自由的行动的对立面，那么，它就与道德上的善或者恶这两个词截然对立。"②可是，根据"人性恶"的古老说法，自由意志与"人性"难道不是互相对立的吗？"本性"如何能够与自由意志的行动有关呢？不同于奥古斯丁的神学方案，为解决此问题，康德构思了一种新的"本性"定义。"本性"仅仅被理解为"一般地运用人的自由的、先行于一切被察觉到的行为的主观依据"，这种作恶的主观根据只能存在于"任性为运用自己的自由而为自己制定的规则中，即存在于一个准则中"。③为了将传统上实体化、客观化的"人性"概念转换为纯粹主观的概念，康德使用了人的"任性的准则"的概念工具。

理查德·伯恩斯坦在《根本恶》一书中讨论康德的章节中这样评论："我们已看到，《纯然理性界限内的宗教》如何廓清了康德道德哲学中令人烦恼的含混，这关系到他对于意志的理解。在《道德形而上学的奠基》中，康德似乎将意志等同于实践理性。"④意志与任性的区分，对于理解康德的恶概念是至关重要的。任性是我们自由选择的能力，具有绝对的自发性，可以在善与恶的准则中进行选择，也就是说任性能够选择服从或违背道德法则的命令。任性自由地选择某种准则，它本身无善无恶，它可以作为道德法则在有限的存在者身上实现。当准则完全基于对遵守道德法则所怀有的纯然兴趣时，准则也就是道德上纯正的。⑤因此，根本恶的来源并不是自由意志，甚至也并不是自由的任性，

---

① 伊曼努尔·康德：《纯然理性界限内的宗教》，李秋零译注，中国人民大学出版社，2012，第3页。
② 伊曼努尔·康德：《纯然理性界限内的宗教》，李秋零译注，中国人民大学出版社，2012，第4页。
③ 伊曼努尔·康德：《纯然理性界限内的宗教》，李秋零译注，中国人民大学出版社，2012，第5页。
④ 理查德·伯恩斯坦：《根本恶》，王钦、朱康译，译林出版社，2015，第13页。
⑤ 伊曼努尔·康德：《实践理性批判》，李秋零译注，中国人民大学出版社，2010，第75页。

自由的任性仅仅是人能够作恶的可能条件。我们发现，康德将人性恶的古老说法，转化为"人，而且是一般地作为人，包含着采纳善的准则或者采纳恶的（违背法则的）准则的一个（对我们来说无法探究的）原初根据"。康德又补充道，"采纳道德准则的原初主观根据是无法探究的""由于这种采纳是自由的"，在准则之外"不应该也不能够提出自由的任性的任何规定根据"。① 在这里，"无法探究"的说辞所回避的仿佛黑洞的东西，按照利科的看法，恰恰是康德主义的恶的伦理观所付出的代价。"清晰性的代价，便是深刻性的丧失。"②

　　康德将人性恶的晦暗来源标明为"无法探究"，与其说处于某种神秘主义传统之内，倒不如说标志着他对堕落神话实施的"解神话"处理。康德在《纯然理性界限内的宗教》中，对圣经神学的历史性部分提出的解释，点燃了当时宗教审查的怒火，可能正因如此，康德曾试图调和："在理性和《圣经》之间不仅可以发现和睦相处，而且可以发现亲如一体的状况。"③ 然而调和终究徒劳，康德将《圣经》划归纯然理性界限之外，却在理性界限之内构造一套化约的哲学，这不可避免含有削弱《圣经》启示并将其降格的意图。④ 在《纯然理性界限内的宗教》第一篇《论根本恶》的论文中，康德所采取的"解神话"策略体现在第四章"论人的本性中恶的起源"中。恶的起源问题，被康德划分为"理性上的起源"与"时间上的起源"⑤。《圣经》的叙事显然被康德归为"时间上的起源"，它是次要和派生的问题。康德说："我们大可不必为一种应该由我们负责的道德属性寻找时间上的起源，即使这在要说明这种属性的偶然存在的时候不可避免（因此《圣经》可以根据我们的弱点这样描述恶的时间上的起源）。"⑥ 换言之，《圣经》有权利，但也只不过是以"讲故事的方式"⑦ 将康德版本的"理性上的起源"重新讲述罢了。"最不适当的一种方式，就是把恶设想

---

① 伊曼努尔·康德：《纯然理性界限内的宗教》，李秋零译注，中国人民大学出版社，2012，第5页。
② 保罗·利科：《解释的冲突》，莫伟民译，商务印书馆，2008，第376页。
③ 伊曼努尔·康德：《纯然理性界限内的宗教》，李秋零译注，中国人民大学出版社，2012，第9页。
④ 康德强调他对《圣经》的哲学讨论并不属于圣经诠释的范围。参见伊曼努尔·康德：《纯然理性界限内的宗教》，李秋零译注，中国人民大学出版社，2012，第29页。
⑤ 伊曼努尔·康德：《纯然理性界限内的宗教》，李秋零译注，中国人民大学出版社，2012，第25页。
⑥ 伊曼努尔·康德：《纯然理性界限内的宗教》，李秋零译注，中国人民大学出版社，2012，第28页。
⑦ 伊曼努尔·康德：《纯然理性界限内的宗教》，李秋零译注，中国人民大学出版社，2012，第29页。

为是通过遗传从我们的始祖传给我们的。"[1] 而康德自己对于恶的"理性上的起源"的说明，主要瞄准"说明那个倾向，即把越轨纳入自己的准则的主观普遍根据"[2]。

利科思想受康德影响不可小觑。这已经体现在利科的意志哲学的人性观与康德的"善的原初禀赋"相似的立场中，也体现在被誉为利科的"康德书"的《易犯错的人》之中。不仅如此，利科还赞扬康德是"把恶的问题导向不诚、欺诈的第一人"[3]，从对于"自欺"的哲学分析出发，利科后来将怀疑和批判的维度引入诠释学，与尤尔根·哈贝马斯、卡尔-奥托·阿佩尔等人的思想交锋也可以看作继承了康德的精神。越来越多地，利科从对新康德主义学院哲学的反叛之中走向重估康德的当代价值，这在他后期的实践哲学和伦理学工作中无疑占据了中心地位。重估康德，就意味着不是停留在康德那里，而是试图超越康德而继续哲学之思。在恶的伦理观那里，利科对于康德的超越，即指向追求清晰的反思思想所遗憾错失的"恶的晦暗经验"。这种显露在恶的象征中的晦暗经验，构成了恶的悲剧维度。

三、恶的悲剧维度：对奥古斯丁的批判性诠释

我们在利科所坚持的不能化约成伦理学的恶的悲剧维度中发现，利科的辩证式解释又一次循环往复、锲而不舍地开掘着奥古斯丁、康德路线的丰富性。面对"恶的晦暗经验"，"我们再度遇到奥古斯丁和康德，奥古斯丁从现实的恶转移到原罪，康德从自由意志的恶准则回溯到所有恶准则的基础。"[4] 康德毕竟是一位思想的巨人，一座难以绕过的高峰。康德的"根本恶"的概念本身就提供了超越恶的伦理观的地下裂缝，通过这条裂缝，我们被带回反佩拉纠并形成了"奥古斯丁主义"的奥古斯丁。然而值得注意的是，在利科的"悲剧"层

---

[1] 伊曼努尔·康德：《纯然理性界限内的宗教》，李秋零译注，中国人民大学出版社，2012，第25页。
[2] 伊曼努尔·康德：《纯然理性界限内的宗教》，李秋零译注，中国人民大学出版社，2012，第27页。
[3] 保罗·利科：《解释的冲突》，莫伟民译，商务印书馆，2008，第376页。
[4] 保罗·利科：《解释的冲突》，莫伟民译，商务印书馆，2008，第377页。

面，奥古斯丁的原罪概念已不再是基督教教义和神学中的原罪概念。对利科来说，原罪并不是"一个与哲学无关的论题"[1]。"在有关世界的伦理观内部，原罪标明了悲剧对伦理的抗拒。"[2]但原罪所标志的悲剧神学，是无法用语言来表达的[3]，这一沉默的悲剧神学与传统的教义神学截然不同。沉默之中，唯有"悲剧象征在说话"。

利科在题为《"原罪"：意义的研究》的论文中，曾详细地梳理了奥古斯丁的文本，构建了一种对"原罪"概念的复杂矛盾的批判性诠释。实际上，这种并非神学而是哲学的诠释位于反思与思辨之间，似乎摇摇欲坠地把奥古斯丁的原罪概念置于某种居间的悲剧层面，试图寻找一个难以寻获的反思与思辨的中点。利科的工作，首先是悖逆神学传统的，按他所说，问题的关键在于借用理性工具，去重新发现原罪概念的意义，此种"原罪教义的诠释学"最终将原罪概念恢复为"理性象征"。[4]利科主要关注奥古斯丁思想的两个时期，前一时期反摩尼教，后一时期反佩拉纠主义。当然，这两个时期的奥古斯丁并不割裂，从反摩尼教到反佩拉纠主义，护教的目的无疑是一以贯之的。利科对奥古斯丁的诠释的独特之处在于一条吊诡或辩证式的线索：利科认为，奥古斯丁正是为了与灵知主义作战，才被导向了追随灵知主义的思想方式。"原罪概念，在其基本目的上是反灵知主义的，却在其陈述上表现为准灵知主义的。"[5]利科认为，奥古斯丁的原罪概念所影响的基督教神学，受到灵知主义的思想方式的浸染而陷入了过度思辨的危险。利科尊重新教的信仰告白，也尊重教会的日常讲道，却对原罪教义提出了直言不讳的批评："原罪这个概念是虚假知识，作为知识，它必须被摧毁。"[6]当灵知主义或者说摩尼教提出"恶是什么？""恶从哪里来？"的问题之时，奥古斯丁为战胜灵知主义而回答这些问题，却未能彻底拒绝这种错误的关于恶的虚假知识的提问方式。

---

[1] 保罗·利科：《解释的冲突》，莫伟民译，商务印书馆，2008，第378页。
[2] 保罗·利科：《解释的冲突》，莫伟民译，商务印书馆，2008，第382页。
[3] 保罗·利科：《解释的冲突》，莫伟民译，商务印书馆，2008，第383页。
[4] 保罗·利科：《解释的冲突》，莫伟民译，商务印书馆，2008，第334页。
[5] 保罗·利科：《解释的冲突》，莫伟民译，商务印书馆，2008，第333页。
[6] 保罗·利科：《解释的冲突》，莫伟民译，商务印书馆，2008，第332页。

奥古斯丁的思想发展过程十分复杂多变，按照英国古典学学者约翰·M.瑞斯特的分期方法，奥古斯丁思想可分四个阶段：摩尼教阶段、新柏拉图主义基督教阶段、圣经阶段、恩典阶段。[1] 而法国古典学学者亨利-伊雷内·马鲁则将奥古斯丁的著作分为三个阶段：反对摩尼教的斗争、反对多纳特派的斗争以及反对佩拉纠派的斗争。[2] 利科所采用的强调反摩尼教时期与反佩拉纠派时期的二分诠释，与法国学者的分期方法基本一致。至于奥古斯丁反多纳特派的斗争，则主要集中在教会论方面，与利科所讨论的恶与原罪的问题关系不密切。利科在论文中从奥古斯丁留下的卷帙浩繁的著作中选取了反摩尼教、反佩拉纠派两阶段的重要文本并进行分析。这些文本包含甚广，显示出了利科对奥古斯丁原始文献的驾轻就熟。[3]

利科对奥古斯丁的反摩尼教阶段的诠释，选择将摩尼教放入更广阔的灵知主义背景中，这种诠释方法显然受到了20世纪灵知主义研究潮流的影响。单就奥古斯丁的思想历程来说，他从早年开始与摩尼教密切接触，皈依基督教之后又花费大量心血激烈地反摩尼教，其针对的目标仅仅限于摩尼教，而非针对所谓的灵知主义。作为从琐罗亚斯德教、佛教和基督教都借鉴过资源的摩尼教，一方面区别于早期基督教所说的灵知派，一方面又显示出明显的相似性。汉斯·约纳斯在《诺斯替宗教》中试图澄清这个问题，界定灵知主义的含义与范围。灵知主义，或者说诺斯替主义来源于希腊语的"知识"，最初是被基督教的教父们用于指称基督教的异端，然而约纳斯认为，现代的研究已经揭示出一个先于、超出基督教的广义的灵知主义传统，尤其是各种东方的灵知主义，后起的摩尼教也应归入灵知主义。[4] 摩尼教之所以能够归入灵知主义，在于它们都分享一种相似的宇宙图景，约纳斯称为"二元论的反宇宙精神"[5]。利科把这

---

[1] 周伟驰：《奥古斯丁的基督教思想》，中国社会科学出版社，2005，第114页。
[2] 周伟驰：《奥古斯丁的基督教思想》，中国社会科学出版社，2005，第33页。
[3] 利科引用的奥古斯丁著作包括：《论意志的自由选择》《反菲利斯》《反塞康迪》《反富图纳特》《致辛普里西安，答不同的问题》《反佩拉纠和科勒斯蒂，论基督的恩典和原罪》《反朱利安》以及奥古斯丁本人晚年回顾修正自己以往著作的《更正篇》。拉丁文书名参见周伟驰：《奥古斯丁的基督教思想》，中国社会科学出版社，2005，第34-42页。
[4] 汉斯·约纳斯：《诺斯替宗教：异乡神的信息与基督教的开端》，张新樟译，上海三联书店，2006，第26-27页。
[5] 汉斯·约纳斯：《诺斯替宗教：异乡神的信息与基督教的开端》，张新樟译，上海三联书店，2006，第27页。

种灵知主义的宇宙图景描述为:"恶是一个近似于物理的实在,它从外部包围人;恶是外部的;它是身体、事物、世界,而灵魂堕入其中;恶的这个外在性立即提供了某种事物和实体的一个图式,这个图式通过'传染病'进行感染。灵魂来自'他处',落到'此处',且必须回到'彼处';那处于灵知主义之根源的实存的苦恼,被立即置于已经设定的时间和空间之中;宇宙是沉沦和救赎的机器,救世论就是宇宙论。"① 灵知主义的二元论反宇宙精神意味着,这个世界,或者说"此处",是一个恶的世界,受到一位恶神的统治,而在"彼处"又有一位善神,善神才是真正的神,在善恶之间存在着斗争。按照灵知主义,恶就等同于世界本身。利科引用法国摩尼教学者的看法,将这种宇宙图景称为灵知主义的"教理神话学"。利科评论道:"有关恶之灵知,是意象的实在论,是象征符号的世界化。由此,诞生了西方思想之最难以置信的教理神话学,诞生了以灵知为名的理性的最荒诞的欺诈。"②

奥古斯丁年轻时曾加入摩尼教,在《忏悔录》中,他自叙觉得希腊哲学与《圣经》无法使他信服,而摩尼教却能满足他的两条要求:第一是理性的追求,摩尼教宣称自己是理性的宗教;第二是摩尼教沿用某些基督教的术语,又对基督教做出了更合理的解释。关键在于,摩尼教的二元论在恶的思考方面,使奥古斯丁更为满意。基督教主张全知、全善、全能的上帝创造了世界,但这就使得恶的问题十分棘手。③ 奥古斯丁稍后发现了摩尼教教义上的缺陷,曾短暂转向对希腊哲学的怀疑论,又在米兰研究了新柏拉图主义,通过普罗提诺"恶是善的缺乏"的思想,获得了一种克服摩尼教善恶二元论的理论工具。在这一阶段,奥古斯丁受到的新柏拉图主义影响,被研究者们重视,甚至有学者认为,奥古斯丁实际上最初并非一名基督教徒,而是一名新柏拉图主义者。④ 在利科对奥古斯丁的诠释中,这种新柏拉图主义的重要性却被降低了。利科虽然很清楚奥古斯丁在反摩尼教阶段利用了新柏拉图主义,却对新柏拉图主义的概念框架表

---

① 保罗·利科:《解释的冲突》,莫伟民译,商务印书馆,2008,第336页。
② 关于利科的这种灵知观的修正,详见本章第二节"恶的思辨型路线"。
③ 周伟驰:《奥古斯丁的基督教思想》,中国社会科学出版社,2005,第116-117页。
④ 周伟驰认为奥古斯丁皈依的还是基督教,可以称为"新柏拉图主义的基督教"。参见周伟驰:《奥古斯丁的基督教思想》,中国社会科学出版社,2005,第110-111页。

示出某种遗憾。利科诠释的特殊之处在于，试图将"恶是善的缺乏"与克尔凯郭尔的恶之偶然性观念联系在一起。当希腊和拉丁教父面对摩尼教的教理神话，惊人一致地重申"恶没有本性，恶不是某物，恶不是素材，不是实体，不是世界"的时候，在利科看来，他们实际上正在通往恶的实存论含义。在恶的实存论含义中，如克尔凯郭尔所说，恶是纯粹偶然的、非理性的、纯粹的事件，恶是一种向深渊的跳跃。遗憾的是，"一个与新柏拉图主义同时代的人，是没办法把这样一些概念主题化的"。[1] 利科引用奥古斯丁在《论意志的自由选择》中的说法，"我们作恶这个事实从何而来呢？"，对这个问题我们必须回答说，"我们不可能理解虚无"，"我们知道，那种构成罪的背离（aversion）运动是一种'缺乏性'的运动，而任何缺乏都来自于虚无"。[2] 这里的虚无，不是存在论意义上讲的虚无，而是在实存论意义上讲的虚无。奥古斯丁本人当然采用的是新柏拉图主义概念，但利科认为，我们能够从奥古斯丁反摩尼教阶段的这些思想中发掘出克尔凯郭尔的实存哲学的意味。

利科指出，奥古斯丁由于依赖"缺乏"和"虚无"这些概念而进入了否定性的困境，这种困境也正是奥古斯丁转向反佩拉纠阶段所要解决的问题。前一阶段对于恶进行的否定性思考，将恶归于"非存在"，归于"虚无"，毕竟无法解释由希伯来和基督教传统所凝缩的某些肯定性的恶的供认。因此，这迫使奥古斯丁去构思一个肯定性的概念。肯定性的概念，意味着重新肯定恶的某种存在。在利科看来，奥古斯丁这样做的同时，无法避免地重新引入了灵知主义的表达方式，构建出了一个与灵知派神话类似的教理神话。[3] 奥古斯丁的原罪概念，采用了生殖、遗传、继承的图式，这与灵知主义虚假知识的结构如出一辙。恶被称为是由第一个人——人类之祖先亚当，遗传给子孙后代的。利科指出，奥古斯丁对作为堕落的始祖亚当的强调，来自保罗的《罗马书》，然而奥古斯丁却消除了《罗马书》中对亚当的角色的限制，对保罗的经文加以强化。[4] 在

---

[1] 保罗·利科：《解释的冲突》，莫伟民译，商务印书馆，2008，第338页。
[2] 保罗·利科：《解释的冲突》，莫伟民译，商务印书馆，2008，第339页。
[3] 保罗·利科：《解释的冲突》，莫伟民译，商务印书馆，2008，第340页。
[4] 保罗·利科：《解释的冲突》，莫伟民译，商务印书馆，2008，第341-342页。

保罗那里，第一亚当只是一个相反类型（anti-type），第一亚当与第二亚当①/基督之间存在着对比关系，堕落的首创者与救赎的首创者互相对比。亚当这个人并不那么重要，真正重要的是超个人的、对人类来说普遍性的罪的神话象征。奥古斯丁学者瑞斯也认为，保罗经文的要点不在于强调人类的死与罪从亚当那里来，而是以对称的堕落教义与救赎教义来基督教的拯救论。②利科指出，奥古斯丁将《罗马书》的第五章第十二节"因为（希腊文原文为 eph hoi）所有人犯了罪"的一句当作"在他（亚当）之中犯了罪"，"在他之中"导向了一种遗传式理解，也导向了一种律法式的"归罪"概念。③在与佩拉纠主义的对抗过程中，为了反对佩拉纠，奥古斯丁将保罗的"在亚当之中"解释为每个人都像亚当一样，模仿亚当的罪，奥古斯丁坚定地赋予原罪概念越来越多的意义。原罪一方面是依照神的律法应死的属人特征的罪行，另一方面则是因出生而遗传的一种缺陷。④原罪是被继承的罪行，是应受惩罚的过错，这个过错是先于出生、先于任何人的现实过错的。在较早的《致辛普里西安，答不同的问题》中，奥古斯丁就提出了原罪的概念，这里利科认为，《罗马书》的第九章中说过"上帝要怜悯谁，就怜悯谁，要叫谁刚硬，就叫谁刚硬"，奥古斯丁则因为强调了这一"永罚"的主题，而被认为提出原罪概念。为了支持上帝永罚的正义，以扫就必须被设定在出生以前犯了罪。⑤其后，当奥古斯丁与佩拉纠的支持者朱利安论战时，朱利安尖锐的反驳，以及他对奥古斯丁重染摩尼教恶习的指控，按照利科之见，推动了奥古斯丁应对这场艰苦论战，把自己的论证打磨得越来越严密和连贯一致。⑥为洗脱摩尼教的嫌疑，奥古斯丁不断地重申，恶只能在于人的意志，不过他对此也做出了修正和补充：我们的意志本身由于遗传了亚当的恶意志，从胎儿在母腹中之时，就已经是败坏的意志，因此不可能拥有意志自由。最终，"原罪概念随着自身被合理化，就变成了准灵知主义的

---

① 斐洛将第一亚当作为第一代人类，第二亚当是尘土所造之人，参见周伟驰：《奥古斯丁的基督教思想》，中国社会科学出版社，2005，第 206 页。
② 周伟驰：《奥古斯丁的基督教思想》，中国社会科学出版社，2005，第 206-207 页。
③ 这是当时拉丁文译本的误译，参见同上书，第 209 页。
④ 保罗·利科：《解释的冲突》，莫伟民译，商务印书馆，2008，第 344 页。
⑤ 保罗·利科：《解释的冲突》，莫伟民译，商务印书馆，2008，第 345 页。
⑥ 保罗·利科：《解释的冲突》，莫伟民译，商务印书馆，2008，第 346 页。

概念；从此原罪概念就变成了教理神话学的基石"。

利科对奥古斯丁的诠释路线在《象征符号的诠释学与哲学反思Ⅰ》之中有所变化，反摩尼教阶段的奥古斯丁所主张的承袭自柏拉图与普罗提诺的虚无概念，现在进一步被揭示出恶的伦理观的萌芽，与希腊哲学的伦理学、康德伦理学置入同一传统，也就是恶的反思传统。奥古斯丁为了反对摩尼教而主张取消"恶是什么？"的问题，现在被利科诠释为，代之以"我们因何作恶？"的问题。"如果我大胆地说，我们可以肯定，奥古斯丁通过直接把握包含在恶中的虚无的力量以及在意志中起作用的自由，已经把对于自由的反思极端化，甚至把它变成了对存在说不的本源力量、'缺乏'的力量、'衰退'的力量、走向虚无的力量。"[1] 在这种意义上，奥古斯丁的反摩尼教文章就这样与康德的"论根本恶"的恶的伦理观产生了联系。然而必须承认，利科的诠释对奥古斯丁的原文所做的推演和引申，显得离题太远。毕竟，反摩尼教阶段的奥古斯丁的护教立场不可能认同恶的纯粹伦理学图景，这一点利科本人并非不知，他只是刻意选择了悖逆神学传统的诠释方式。利科对新柏拉图主义"虚无"的解释也是很大胆的。因此，如果说利科将奥古斯丁和康德共同放在"解神话"阵营中，那么利科本人对奥古斯丁的诠释，也已经加入了某种来自哲学的"解神学"的阵营。理解了这一点，我们就能够更加理解利科对奥古斯丁的研究、对恶的研究绝不是某种改头换面的基督教神学。

反佩拉纠阶段的奥古斯丁的原罪概念，则通过"解神学"方法再次与康德的工作结合。"康德完成了奥古斯丁的工作：先是确实地摧毁原罪概念的灵知主义外表；其次尝试一种关于恶的准则的基础的先验演绎；最后又将对基础之基础的探询重新归于未知。"[2] 利科以康德主义来注释奥古斯丁思想，进一步摧毁了原罪的教理神话学的思想运动。"狭义的奥古斯丁主义"的原罪概念，作为灵知主义式的虚假知识，其遗传的生物学图式和归罪的律法图式，处于这种摧毁运动的火力中心。利科评论道："这是一个无法被融贯地理解的观念，因

---

[1] 保罗·利科：《解释的冲突》，莫伟民译，商务印书馆，2008，第373页。
[2] 保罗·利科：《解释的冲突》，莫伟民译，商务印书馆，2008，第381页。

为它混了两个论域——伦理或正义的论域,与生物学的论域。它也是一个在理解上存在颇多争议的观念,因为它返回了以西结和耶利米之前对大批人进行报复和归罪的古老观念。"① 我们知道,原罪教义的争议性是由来已久的。《圣经》中除了保罗书信之外,并未直接提供原罪论的线索,早期教父也没有从保罗经文中严肃认真地思考过原罪论。在当时,亚当、伊甸园和堕落还不太被人提及,原罪也未曾出现在尼西亚信经中。② 多数研究者认为,原罪论在基督教内部的源头,实际上是三世纪之后奥利金、德尔图良等教父。③ 中世纪的时候,原罪论在很长时间内并非被所有基督教徒全盘接受,直到宗教改革时期,奥古斯丁主义与佩拉纠主义的争论似乎有再度爆发的态势。④ 极端推崇奥古斯丁主义的新教伟大导师马丁·路德,与基督教人文主义者德西德里乌斯·伊拉斯谟,关于自由意志进行了著名的论战,伊拉斯谟旗帜鲜明地反对人的意志的本性败坏,反对奥古斯丁的原罪论。随着新教的广为流行,原罪论在宗教改革之后的影响力,无疑十分巨大⑤。然而,罗马天主教与新教之间保持着互相敌对的关系,以至于天主教为应对宗教改革而召开的特伦托会议被看作是一场"赞成或反对奥古斯丁主义的战斗"。⑥ 这其中就包含针对奥古斯丁原罪论的不同意见。随着启蒙运动发展到顶峰,世俗世界对基督教的批评渐趋尖锐,哲学家们对原罪论的抨击也日趋严厉。

利科作为新教徒,对于奥古斯丁原罪概念的批评是在细致地研讨文本并理解奥古斯丁的理路之后作出的。这种批评是沿着康德将原罪概念放在纯粹理性界限内进行重建的道路,希望在摧毁原罪概念的虚假知识之后,用一种关于恶的不可替代的"理性象征"的名义来恢复其关键意图。相对于《恶的象征》中揭示的"形象化和神秘的象征",利科曾将新柏拉图主义、灵知主义和奥古斯丁神学中的概念称为"理性象征",即我们必须拒绝它们号称的虚假知识与思

---

① 保罗·利科:《解释的冲突》,莫伟民译,商务印书馆,2008,第379页。
② 周伟驰:《奥古斯丁的基督教思想》,中国社会科学出版社,2005,第207页。
③ 周伟驰:《奥古斯丁的基督教思想》,中国社会科学出版社,2005,第209页。
④ 保罗·利科:《解释的冲突》,莫伟民译,商务印书馆,2008,第335页。
⑤ 天主教与新教之争并非仅仅围绕原罪论,还包括恩典论和教会论。
⑥ 保罗·利科:《解释的冲突》,莫伟民译,商务印书馆,2008,第336页。

辨，同时保留这些"理性象征"，尤其是"原罪"的象征意义上隐晦的类比的丰富性。① 这些理性象征与形象化的象征纠缠在一起，它们必须时刻回溯到形象化象征的巨大的意义之海，描绘出人类的晦暗不明的恶之体验。原罪概念作为一种理性象征，可以刻画出罪的体验的三种关键特征：首先是罪之实在性，罪在上帝面前真实存在，不能够化约为主观的意识、意志；其次是罪无法被化约为个体罪的共同体向度，罪是人类所共同的、贯穿历史的罪；第三是罪的晦暗的力量，它束缚着人们，俘虏着人们，使人类处于根本的无能状态。② 这些关键特征已经表露在保罗经文的皈依经验中。然而我们必须警惕灵知主义的表达方式。原罪的理性象征所揭示出的这些特征并不处于概念层面，它们不解释任何事物，不构成任何知识，而是始终处于神话意象的层面。原罪只是一种理性象征的神话，它对亚当神话进行诠释，就像亚当神话对以色列的悔罪经验进行诠释一样。原罪的意义要回到教会的罪之忏悔中，回到救赎的历史中去寻找。③

四、"根本恶"：康德对于恶之伦理观的内在超越

康德的"论根本恶"进行了针对原罪虚假知识的摧毁，并以一种错综复杂的方式清洗了人性恶的观念。康德推进了奥古斯丁那里已经萌芽的非实体化的本性观，以及在主观领域重新确立本性与意志的二重区分的路线。按照康德对于本性的新定义，本性只是人的行为的主观依据，它不来自于外部客体，不是一种自然冲动，而只存在于"任性的准则"。人采纳善或恶准则的主观依据，表现出具有种族特征，这些特征使我们说"人天生是……的"，然而，"我们又总是告诉自己，应为这种特性负疚（如果特性是恶的）或者邀功（如果特性是善的），并不是本性，相反，人自己就是这种特性的创造者"。④ 这里康德

---

① 保罗·利科：《解释的冲突》，莫伟民译，商务印书馆，2008，第348页。
② 保罗·利科：《解释的冲突》，莫伟民译，商务印书馆，2008，第348-349页。
③ 保罗·利科：《解释的冲突》，莫伟民译，商务印书馆，2008，第354页。
④ 伊曼努尔·康德：《纯然理性界限内的宗教》，李秋零译注，中国人民大学出版社，2012，第5页。

采用了一个概念——"意念"（Gesinnung，英译为 disposition），它被康德定义为，"采纳准则的原初主观依据"，也就是说，人的任性到底采纳善还是恶的准则，取决于任性的属性，即意念。① 根据伯恩斯坦引用希尔伯的解释，意念就是人性的持久性的一面，它具有连续性和完整性，这也为英文译本将 Gesinnung 翻译为 disposition（性情）提供了理由。伯恩斯坦认为，康德用 Gesinnung 表示的概念接近于亚里士多德所说的"素性"。② 意念这个任性的属性，是任性所天然具有的，也就是天生的。然而，康德又强调："所谓天生具有的这种或那种意念，作为与生俱来的属性，在这里也并不就意味着意念不是由怀有它的人获得的，也并不意味着人不是意念的造成者；而是意味着，它只不过不是在时间中获得的（即人从幼年起就一直是这样）。"③ 在康德看来，"天生"并不与"由人获得"或者"被人造成"相矛盾。意念虽然是任性天然地具有的，事实上却是在自由中建立的，是人需要为之负责的。我们看到，康德在"天生的"这样以往被当作来自客体或外部的概念之中，令人颇为惊奇地置入了"自由"，通过这种"天生具有的意念"，康德进一步完善了他的"本性"定义。

康德的人性论的实质性内容可以分为两个部分，"论人的本性中向善的原初禀赋"和"论人的本性中趋恶的倾向"，然而值得注意的是，这两部分并非占有同等地位。有学者批评学界有时出现对康德人性论的误解，以为"善的禀赋"和"恶的倾向"是人性中两种并列的属性，并将康德人性论解释为人性是既善又恶的，忽视了康德那里"原初禀赋"对于人类道德的根本可能性的基础地位。④ 对此，利科虽然身处基督教新教的思想背景中，却早已准确地指出"善的禀赋"的优先，并且在他的意志哲学的整个体系内表达了与康德的善的禀赋立场近似的东西。对利科来说，意志的本质必须经过对意志恶的现实的悬搁之后，才能进行本质分析。很多利科的研究者都指出，利科在这一点明显受到了康德所说的人性原初禀赋的影响。

---

① 伊曼努尔·康德：《纯然理性界限内的宗教》，李秋零译注，中国人民大学出版社，2012，第9页。
② 理查德·伯恩斯坦：《根本恶》，王钦、朱深译，译林出版社，2015，第27页。
③ 伊曼努尔·康德：《纯然理性界限内的宗教》，李秋零译注，中国人民大学出版社，2012，第9页。
④ 谢文郁：《康德宗教哲学中的问题意识和基本概念》，《中国社会科学评价》2018年第4期。

关于原初禀赋（Anlage，英译为 predisposition）这个概念，康德将其描述为一个存在者的"必须的成分"，以及"这些成分要成为这样一个存在者的结合形式"。这些原初禀赋都是"源始的"，它们是内在于本性的根本可能性的。虽然人可以违背目的地使用某些原初禀赋，但人却绝对无法根除任何一种原初禀赋。康德对"源始的"定义是，"必然属于"一个存在者。① 那么，这种必然属于人的"原初禀赋"，总共分为三种：第一种，作为有生命的存在者，人具有"动物性的禀赋"；第二种，作为有生命又有理性的存在者，人具有"人性的禀赋"；第三种，作为有理性又能够负责的存在者，人具有"人格性的禀赋"。② 对于"动物性禀赋"，康德强调保存自身，主要包括借助性本能繁衍和一些其他的群体本能。动物性禀赋本身并不是某些恶习的根源，而嫁接在这些动物性禀赋上面的"粗野""贪婪""荒淫放荡""野蛮""无法无天"等恶习，也并非自动且必然从动物性禀赋中滋生。康德明确地反对那种将恶的来源归于肉体和肉欲的看法，虽然他又承认，使人做出不道德行为的动机，的确常常与自然偏好、欲望有联系。接下来，"人性的禀赋"指的是人的自然的自爱，人与其他人比较以判断自己是否幸福的禀赋。这种禀赋上可能嫁接"嫉妒成性""忘恩负义""幸灾乐祸"等恶习，但其作为自然禀赋本身是善的。"人格性的禀赋"，则是一种易于产生对道德法则的敬重的素质，是人把敬重这种道德情感作为动机纳入自己的准则的禀赋。"人格性禀赋"的特殊地位在于，在它之上绝不可能嫁接任何恶的东西。③ 康德主张，这些禀赋不仅不与道德法则冲突，还促使人们遵从道德法则，所以不仅是消极意义上好的禀赋，还是向善的禀赋。④ 因此，如果我们把原初禀赋看作康德人性观的根基，那么它与康德以实践理性为中心的道德哲学无疑相互呼应。康德对人性的根本可能性，抱着一种坚定不移的乐观态度。在《纯然理性界限内的宗教》一书中，康德便有这样一句名言："在我们的灵魂中有一样东西，如果恰如其分地将其收入眼底，

---

① 伊曼努尔·康德：《纯然理性界限内的宗教》，李秋零译注，中国人民大学出版社，2012，第 13 页。
② 伊曼努尔·康德：《纯然理性界限内的宗教》，李秋零译注，中国人民大学出版社，2012，第 11 页。
③ 伊曼努尔·康德：《纯然理性界限内的宗教》，李秋零译注，中国人民大学出版社，2012，第 12 页。
④ 伊曼努尔·康德：《纯然理性界限内的宗教》，李秋零译注，中国人民大学出版社，2012，第 13 页。

我们就不禁要以极大的惊讶赞叹它，此时，惊讶赞叹是正当的，同时亦是振奋人心的，而这种东西就是我们里面的一般的原初道德禀赋。"[1] 诚然，康德的人性论究竟是性善论还是性恶论，这个疑难可能无法简单而笼统地作出回答。康德的独特贡献在于，他构建了一种非实体化的、与自由意志有关的、多层级结构复杂的"本性"概念。

在康德的"本性"的概念之中，既包含"向善的禀赋"，又包含"趋恶的倾向"。我们必须注意到，"倾向"是康德的另一个重要概念。康德解释道："我把倾向理解为，一种偏好（经常性的欲望）的可能性之主观依据，这是就偏好对一般人性完全是偶然的而言。"[2] "在倾向与以熟知欲求对象为前提的偏好之间还有一个本能"，也就是说，倾向先于偏好，相对于偏好的偶然性，倾向并非完全偶然，它是一种还未实现的可能性的主观依据。在这里，康德对"倾向"与"禀赋"作出区别。"倾向与禀赋的区别在于，倾向虽然也可能是与生俱来的，却不可以仅仅被设想为与生俱来的，而是也能够被设想为赢得的（如果它是善的），或者由人自己招致的（如果它是恶的）。"康德这句话颇为晦涩，我们认为，相对于禀赋的根本必然性，康德强调了倾向在客观上的非必然性，因为它毕竟是一种"主观依据"，但相对于偏好来说，倾向又非完全偶然的。伯恩斯坦指出，这里似乎存在一个重大的困难。[3] 当我们把"意念"与"倾向"联系起来考虑的时候，就会产生一个疑问。按照康德的意思，"意念"作为任性的原初主观根据，由于任性是可以选择善恶不同的准则的，意念也就会有两种，即善的意念或恶的意念。但是康德为什么不讨论趋善的倾向（注意，它不同于向善的根本性的禀赋，而是与人的任性有关），只讨论趋恶的倾向？伯恩斯坦惊奇道："他似乎忽略了善恶两种意念之间的对称性。"康德似乎并未解释，为何不讨论趋善的倾向，甚至由于他接下来确立了一种普遍的趋恶的倾向，"这种恶是根本的，因为它败坏了一切准则的根据，同时它作为自然倾向也是不能借助

---

[1] 伊曼努尔·康德：《纯然理性界限内的宗教》，李秋零译注，中国人民大学出版社，2012，第34页。
[2] 伊曼努尔·康德：《纯然理性界限内的宗教》，李秋零译注，中国人民大学出版社，2012，第14页。
[3] 理查德·伯恩斯坦：《根本恶》，王钦、朱康译，译林出版社，2015，第30页。

于人力铲除的"①,我们可以怀疑,康德到底认为人有没有趋善的倾向?实际上,要回答这个问题,必须从"总的附释:论重建向善的原初禀赋的力量"这一节中寻找线索。在这里,康德要讨论的是一个恶人如何成为善人。康德说道:"人通过逐渐地改造自己的行事方式,坚定自己的准则,而从趋恶的倾向转到一种截然相反的倾向。"②这种与趋恶的倾向截然相反的倾向,显然就是趋善的倾向。康德接着谈到"人的意念中的一场革命(一种向意念的圣洁性的转变)",为了实现这种革命,人需要"经常激励自己的道德使命的崇高感,作为唤醒道德意念的手段"③,以便"重建各种动机中的原初道德秩序,并由此重建人心中向善禀赋的纯粹性"。我们注意到,在康德的概念框架中,趋善的倾向显然可以存在,并且它还构成了康德道德哲学所勾勒出的理想前景。不过,康德始终在讨论恶人如何变为善人,却没有讨论过现实中是否已经存在过善人(例如极端来说,圣徒)这个问题。考虑到康德当时的写作环境,康德还在小心翼翼地试图为自己重建人的向善禀赋的理论努力辩护,面对着诸如"这岂不是与关于'人相对于一切善,生而具有的堕落'的命题截然对立"这一类来自基督教原罪观的诘责,他是不太可能正面讨论这个问题的。另一方面,康德的道德哲学是一种道德严格主义的近似于苛责的学说,他对人性的看法丝毫不沿袭启蒙运动的乐观主义,这使我们推测他并不认为需要在"论根本恶"中谈论趋善的倾向和完全的善人。

对于《论恶的原则与善的原则的共居或论人性中的根本恶》这篇论文,从篇幅而言,康德讨论人类本性中的恶的部分占据了大部分。按照康德的看法,毫无疑问,人的本性的软弱、不纯、恶劣,这些趋恶的倾向,即使在最好的人身上都具有难以否认的普遍性。④ 在该论文的第三章"人天生是恶的"中,康德终于进入了探讨"人性恶究竟是否根本"这一最终环节。问题的困难之处在于,"人是恶的"与"人天生是恶的"这两个命题所要求的论证难易程度有天

---

① 伊曼努尔·康德:《纯然理性界限内的宗教》,李秋零译注,中国人民大学出版社,2012,第23页。
② 伊曼努尔·康德:《纯然理性界限内的宗教》,李秋零译注,中国人民大学出版社,2012,第32页。
③ 伊曼努尔·康德:《纯然理性界限内的宗教》,李秋零译注,中国人民大学出版社,2012,第36页。
④ 伊曼努尔·康德:《纯然理性界限内的宗教》,李秋零译注,中国人民大学出版社,2012,第15页。

壤之别。"人是恶的"仅仅描述一种经验上的偶然特征,而"人天生是恶的"却试图提出对人之本性的概括,虽然此处的本性概念需要按照康德意义上的非实体化的概念来理解。按照康德所提出的对人之本性的概括,人的趋恶倾向分为三种类型:第一,对于已经选择的善的准则,人在本性上有一种无力遵守的无能,此为脆弱;第二,把非道德的动机与道德的动机混为一谈,此为不纯正;第三,彻底接受恶的准则,此为人心的败坏、颠倒。①从这三种类型中能够看出康德道德哲学之严格主义的明显特征。也就是说,即使一个人做出律法上善的行动,如果他的行为背后所选择的准则是恶的,那么他也就因此被称为恶的。不仅如此,即使他的准则是善的,如果他并不是把实践理性的道德法则作为唯一充分的动机,而是混入了其他的动机,那么他也不能称为善的。在这种严格主义的标准下,审视人类经验,康德对于人性作出"趋恶的倾向与人的本性的交织"的论断似乎是顺理成章的。康德认为,这些存在于准则背离道德法则的主观根据中的(道德的)恶的倾向是与生俱来、普遍属于人、作为人的种族特性的,因此被称作"趋恶的自然倾向"。②趋恶倾向的普遍存在,使它就像是自然属性一般,在人的身上显示出一种"主观上的必然性",与原初禀赋不同,原初禀赋是具有客观上的必然性。③人类从自然倾向中产生的选择善的能力或无能,被康德称为"善良之心灵"或"恶劣之心灵"。④那么,康德是否充分地论证了人的根本恶的普遍性?在一定程度上,康德的论证似乎没有摆脱对人类历史经验的模糊依赖和基督教传统的人性论常识,但是,他通过对"根本恶"的"根本"之含义的重新定义,通过将"根本恶"解释为任何最小的恶在人类身上难以否认的普遍存在,论证了这种人类无法彻底严格地遵守道德法则的"主观必然性"。这种论证也付出了代价,就是将"根本恶"解释得平庸化的代价,为康德换取了"平庸之恶"的某种形式化的根本性。

虽然康德认为,趋恶的自然倾向是人性中根本的、生而具有的,然而他又

---

① 伊曼努尔·康德:《纯然理性界限内的宗教》,李秋零译注,中国人民大学出版社,2012,第14-15页。
② 伊曼努尔·康德:《纯然理性界限内的宗教》,李秋零译注,中国人民大学出版社,2012,第14页。
③ 伊曼努尔·康德:《纯然理性界限内的宗教》,李秋零译注,中国人民大学出版社,2012,第18页。
④ 伊曼努尔·康德:《纯然理性界限内的宗教》,李秋零译注,中国人民大学出版社,2012,第14页。

不断地强调，这种趋恶的自然倾向本身，亦由我们自己给自己招致。①伯恩斯坦因此认为，康德所谓普遍的、根植于本性的趋恶的自然倾向，需要由人类自己为此承担罪责，这一观点极为悖谬。②利科却恰恰由此貌似悖谬之处入手，诠释了康德对于恶之伦理观的内在超越。利科说道："不可思议之处正在于，那总是由自由而开始的恶，对自由而言，却又总是早已存在的。"③康德的恶之伦理观由此坠入恶之晦暗经验。利科指出，康德已经将这个恶之谜题，凝缩在了《圣经》堕落神话中蛇所扮演的角色中。那蛇的形象，就代表着恶的早已存在，而那早已存在的恶又恰恰如谜题一般悖谬，必须依靠人的自由才开始真正地存在。由此，利科认为康德的反思哲学暗中接续了奥古斯丁的传统。也即，人的根本恶就处于意志自身之中，恶是意志之内的某种非意志。这就是奴隶意志。奥古斯丁和康德代表的恶之伦理观路线，实际上存在着一种双向的反思运动。首先是"突显运动"，其次是"重新投入运动"。恶之伦理观"突显于先验世界之清晰性，又重新投入于未知世界之晦暗性"④。最终，康德对于"根本恶"的起源还是保持了沉默，并将其划入未知且不可探究的地带。对利科来说，这种康德主义的界限意识，正是哲学限度内所应当承担的意义重大的任务。⑤

利科却不想停留于此，他批评了反思思想的奥古斯丁—康德的恶之伦理观路线对于恶之象征的丰富性的削弱和缩减。萌芽于古代哲学中的反思思想，是一种有关灵魂、主体、自我的象征思想，这种反思思想从诞生开始，便带有破除偶像的、反象征的目的。它是一种"主体性的象征"，从象征的广泛功能中，分裂出"心理"功能，因而与象征的总体发生了决裂。主体性的象征致力于排斥那些宇宙的、梦的、诗的象征，从而走向对神话的寓言式的化约和"解神话"操作。而利科在《恶的象征》中的工作，旨在重新恢复诸多受到排斥的恶之象征，以一种谦卑而抗拒的姿态，用象征标明对"解神话"的抗拒，用原罪标明悲剧对伦理的抗拒。悲剧的维度对利科来说是无比重要的。它是一个不能化约成伦

---

① 伊曼努尔·康德：《纯然理性界限内的宗教》，李秋零译注，中国人民大学出版社，2012，第18页。
② 理查德·伯恩斯坦：《根本恶》，王钦、朱康译，译林出版社，2015，第36页。
③ 保罗·利科：《解释的冲突》，莫伟民译，商务印书馆，2008，第381页。
④ 保罗·利科：《解释的冲突》，莫伟民译，商务印书馆，2008，第381-382页。
⑤ 保罗·利科：《解释的冲突》，莫伟民译，商务印书馆，2008，第382页。

理学的维度，也是一个可以对伦理学进行弥补的维度。利科强调："悲剧的功能，是要质疑自信、自我确定性、批判的抱负，我们甚至可以说，它要质疑那担负恶的全部重担的道德意识的推定。"悲剧甚至也要质疑神学，也要质疑"被伦理观化约成审判者之道德功能的神圣"，以及古往今来的神正论的企图。在悲剧的质疑声中，不断回荡着《圣经》里约伯的控诉。[①]

第二节　恶的思辨型路线

一、恶的思辨哲学的成败

利科在《象征符号的诠释学与哲学反思Ⅰ》中分析的另一条通向恶的哲学的路线，就是恶的思辨哲学路线。首先值得注意的是，在发表这篇文章之前，利科对恶的思辨哲学路线的评价是颇为负面的，尤其对神正论表现出了激烈的批评。对此我们要抱着小心谨慎，去考虑利科的激烈批评是否有些言过其实。在利科前期看来，所谓恶的思辨哲学路线所提出的哲学体系，无论最后构造得多么缜密和宏大都注定是失败、徒劳的。这种负面态度值得我们在随后的章节中继续思考。实际上，利科的负面态度也并非一成不变的。随着利科的视域进一步拓宽，这种较为狭隘的负面态度也发生了变化。在利科八十年代出版的《恶：对哲学与神学的挑战》中，针对相似的问题，利科就提出了某种自我修正。[②] 这本利科后期的著作围绕着当时美国学术界关于"恶的问题"的争论，提出了独特的回应，它主要聚焦于恶的挑战并反思了相关的神正论历史谱系。在这里，不同于前期，利科对西方思想史上源远流长的神正论传统，做出了更加公允的处理。神正论虽然依然面临恶的挑战，其逻辑融贯性的自负追求也受到了批评，然而利科前期十分严厉、缺少理解的批判语调，在利科后期著作中明显渐趋温和，也增补了一些细致的文本解读。利科得以补上前期观点的短板，承认神正

[①] 保罗·利科：《解释的冲突》，莫伟民译，商务印书馆，2008，第383页。
[②] Paul Ricœur, *Le Mal: Un défi à la philosophie et à la théologie*（Genève: Labor et Fides, 2004）.

论是面对恶的挑战的重要话语类型之一,并与莱布尼茨、黑格尔和卡尔·巴特为代表的"神正论"路线进行正面论辩。也就是说,利科后期的《恶:对哲学与神学的挑战》在重新处理恶的思辨哲学体系的时候变得更加多元与开放。当然,对利科来说,恶之疑难是一以贯之的。利科的思想虽有发展,但他的根本洞见并未改变,在恶的挑战面前,他始终坚持理性的局限性以及恶的问题的疑难性,并呼唤着其他维度的回应。

在前期的《象征符号的诠释学与哲学反思Ⅰ》之中,利科所谓的"恶的思辨哲学"是指以普罗提诺、斯宾诺莎以及黑格尔为代表伟大的体系哲学,他们都试图将恶容纳进一个统一的哲学体系中。按利科的分析,这些恶的思辨哲学试图解决的根本问题就在于:恶对于人类、存在及历史来说具有什么意义?恶的历史会走向何处,最终命运是什么?人类如何克服恶,或者如何与恶和解?对于有关恶的必然性与总体性的哲学使命,利科将其评价为兼具"最伟大"与"最危险"的特征。[1] 在利科看来,这些思辨哲学的危险之处在于,思辨思想就行进在"灵知"的边缘,稍不谨慎就很可能落入新的教理神话学。而这些思辨哲学的伟大之处又在于,它们对人们来说似乎是不可避免的,人们总是不得不从恶的开始与终结的整体运动中寻找意义和希望。利科对恶的思辨哲学提出了十分尖锐的批评,正如他对基督教的神正论传统的总体批评一样,着眼于那不应被抹消的恶的悲剧维度。利科断言道:"我们必须承认,没有任何有关总体性的伟大哲学,能够解释说明恶的偶然性如何包容在一个有意义的图式之中。"[2] 也就是说,在他看来,所有恶的思辨哲学都遭遇了最终的失败。这里有两种失败的可能:第一种失败是必然性的思想不能公正地对待恶的偶然性并将真正的偶然性纳入体系,这一类失败属于那些"伟大的非辩证系统",例如普罗提诺和斯宾诺莎。[3] 第二种失败则是必然性的思想如此彻底地将恶的偶然性纳入了系统,以至于反过来消灭了它,也消灭了恶的悲剧维度,这一类失败

---

[1] 保罗·利科:《解释的冲突》,莫伟民译,商务印书馆,2008,第384页。
[2] 保罗·利科:《解释的冲突》,莫伟民译,商务印书馆,2008,第385页。
[3] 保罗·利科:《解释的冲突》,莫伟民译,商务印书馆,2008,第385-386页。

属于"辩证性系统",代表人物是黑格尔。[①] 毋庸置疑,利科想要对普罗提诺、斯宾诺莎和黑格尔之中的任何一位哲学家作出诠释都是困难的。我们发现利科对恶的思辨哲学的分析与前面的反思哲学部分相比较为粗略,这就是利科对恶的思辨哲学持有强烈负面态度的结果。

二、普罗提诺和斯宾诺莎的恶的难题

在第一种失败,即"非辩证系统"的部分,利科主要讨论了普罗提诺和斯宾诺莎的思想体系。利科认为,普罗提诺和斯宾诺莎都或多或少意识到了恶的难题,但是他们都没有办法在其体系内部很好地解释恶。[②] 在恶的思辨哲学历史谱系之中,普罗提诺无疑是古代哲学最著名的代表。普罗提诺(约公元205年—270年)是罗马帝国时期的哲学大师,他的著作《九章集》由弟子波斐利编辑而成,他的生平也主要记录在由波斐利所写的《普罗提诺的生平和著作顺序》中。据说由于普罗提诺本人对传记的轻视[③],波斐利的传记缺少关于普罗提诺的出生地与早年经历的信息。据现代学者推测,普罗提诺生于埃及,自小受到古希腊文化的熏陶,在他28岁的时候,他来到埃及名城亚历山大里亚,打算追寻哲学智慧,然而那些久负盛名的哲学大师都不能使他信服,最终他拜倒在一位名不见经传的新毕达哥拉斯主义者阿摩尼乌斯脚下。[④] 对于这位阿摩尼乌斯,我们所知甚少,他并未留下著作,他的学生们包括普罗提诺在内,又共同约定对老师的学说保密,因此我们难以追索阿摩尼乌斯的教导,只知道普罗提诺在追随他学习的过程中逐渐萌生了一种对东方的渴望。普罗提诺对波斯和印度的哲学兴趣之浓厚,导致他在39岁时参加了罗马皇帝戈尔迪安三世对波斯的远征。戈尔迪安三世很快于美索不达米亚被杀,普罗提诺的远游被迫中止。归国的道路十分艰辛,他先是辗转回到叙利亚的安条克,后来又长途旅行

[①] 保罗·利科:《解释的冲突》,莫伟民译,商务印书馆,2008,第387-388页。
[②] 保罗·利科:《解释的冲突》,莫伟民译,商务印书馆,2008,第385页。
[③] 普罗提诺:《九章集(上)》,石敏敏译,中国社会科学出版社,2009,第1页。
[④] 普罗提诺:《九章集(上)》,石敏敏译,中国社会科学出版社,2009,第4页。

到罗马，并在那里定居，持续讲学直到去世。《九章集》的整体结构和标题并非由普罗提诺亲自拟定，而是由弟子波斐利按不同的主题整理形成，这些文章分为六组，每组包含九篇，总计 54 篇。①《九章集》第一卷第八篇"论恶的本性和恶的起源"是普罗提诺最著名的论恶文本之一，此外关于恶的论述还散布于《九章集》其他各卷。

如前所述，对西方世界来说，普罗提诺的新柏拉图主义的恶论曾经通过奥古斯丁对后世发挥了巨大的影响。然而，在利科漫长的思想生涯中，似乎他对普罗提诺以及整个新柏拉图主义总是兴趣寥寥。新柏拉图主义对恶的问题的思考远远早于奥古斯丁，并为奥古斯丁提供了重要思想资源，对此利科并非不了解。利科了解普罗提诺能够为奥古斯丁反驳摩尼教提供思想资源，乃是因为普罗提诺处于一场基督教诞生之初在希腊化世界中激烈展开的思想运动，这场关于灵知主义与反灵知主义的思想运动横跨东西方，糅杂宗教与哲学，将恶的问题带到了古代思想舞台的中央位置。然而，因其独特的思想和宗教立场，利科始终欠缺对这场灵知与反灵知的思想运动及新柏拉图主义的积极评价。这倾向在《象征符号的诠释学与哲学反思Ⅰ》中显得格外突出。利科在这里着重批评了普罗提诺体系在恶的问题上的失败，认为普罗提诺的体系就类似于行走在灵知的虚假知识的边缘，但是他的批评并不特别详细诠释普罗提诺的文本，似乎主要带着义愤。我们似乎可以认为义愤的情绪在一定程度上遮蔽了利科作为尊重文本的哲学家对普罗提诺应有的细致处理。前期的利科在这里更看重控诉的表达，只是不断对恶的思辨哲学或神正论的虚伪无力作出激烈的诘责，这些诘责不仅有其道理，亦颇能以情服人。利科悲叹道："它（恶的思辨哲学）诉诸于这么多论证，它们愈弱，论证的数量也就愈多，这绝非出于偶然。实际上，思想怎能够达到有关整体的观点，并说出'因为有秩序，所以有无序'这样的话呢？"②利科深深地感到，这样的神正论仅是一种欺诈，并不能战胜真实的恶，只能麻醉于其美感的幻象，只能停留于一种理性的自我安慰。在这种理性幻觉

---

① 普罗提诺：《九章集（上）》，石敏敏译，中国社会科学出版社，2009，第 5-8 页。
② 保罗·利科：《解释的冲突》，莫伟民译，商务印书馆，2008，第 386 页。

中，恶的存在理由似乎可以被哲学论证，在不调和中也能重获美感，不过这些都只是幻觉而已。在讨论普罗提诺时，利科就主要致力于诸如此类的尖锐质疑。令人遗憾的是，后期的利科虽然在许多别的相关问题上扩充了思路，却并未重新审视他对新柏拉图主义的看法。

在《象征符号的诠释学与哲学反思Ⅰ》中，利科并没有分析《九章集》第一卷第八篇"论恶的本性和恶的起源"，他也没有解释为何跳过这篇最长的论恶的文章不谈。利科这样做很可能是认为"论恶的本性和恶的起源"并没有真正考虑恶的现实性、偶然性，也没有彻底地回答恶的根源。我们发现，普罗提诺的著名观点即质料是灵魂堕落的原因，是恶的原因，而灵魂并不是恶的原因。但是最终普罗提诺必须要回答：灵魂为何要堕入肉体？利科似乎认为这才是恶的根源的终极问题，而这就指向了第四卷对灵魂的讨论。利科提到普罗提诺在第四卷第三篇中给出了恶的根源的答案，也就是迷恋于肉体的灵魂之"偏斜"，灵魂反应在肉体中的自恋的诱惑。更进一步，令利科更加强调并反感的是普罗提诺试图使灵魂堕落符合神的必然性，将其归结为灵魂向普遍律法臣服的冲动。在第四卷的第三篇中，普罗提诺说："我们会相信它是受到不可抗拒的吸引的神奇力量所推动和牵引的。"利科认为这句话说明普罗提诺把恶的根源放在了我们之外，恶先于我们存在，恶支配了我们，然而这种恶又来自于神的必然性或者说神意。在第三卷第二、三篇中，普罗提诺重新沿用了古老的从赫拉克利特到斯多亚学派、斐洛的论题，即秩序始于无序，秩序甚至是无序的理由。神意因而利用了并不由自己产生的恶，虽然经过斗争却最终达到和谐。在利科看来，普罗提诺的这套复杂的解释只是勉强在体系内部消除矛盾，"有谁看不到神正论从未超越一个雄辩的似乎有说服力的修辞学层面？"接下来利科很快转向了"非辩证的系统"的另一个代表，即斯宾诺莎。利科对于斯宾诺莎明显更为钟爱，相比于对普罗提诺的激烈诘责，他强调斯宾诺莎至少对神正论的可疑论证是完全否定的。利科认为，在斯宾诺莎哲学中，有限性在一定程度上在体系内享有某种地位，但是我们必须承认，即便是在斯宾诺莎那里，恶的偶然性和现实性，或者说"源于对整体无知的恶"依然是付诸阙如的。斯宾诺莎体系最终的神秘之处隐藏着和普罗提诺在《九章集》第四卷论灵魂时所说出的惊人理论相似的吊诡。"世界上没有任何个体事物不会被别的更强大的事物所超越，对任何一个事物，总有另一个更强大的事物可以将其毁灭。"因此，在斯宾诺莎和普罗提诺这样的"非辩证系统"之中，总是飘荡着一种内在矛盾的法则的阴影，这法则的运动与其内在矛盾一样都被勉强说成是必然的。这些体系当然不能公正地对待恶的偶然性并将真正的偶然性纳入体系，因为偶然性本就意味着一个必然性体系的破裂。

三、抵御黑格尔辩证法的诱惑

接下来利科讨论了第二种也即"辩证系统"的代表黑格尔。利科主要解读的文本是黑格尔的《精神现象学》的"苦恼意识"和"恶及其宽恕"这两个相距较远又密切相关的章节。我们看到在《象征符号的诠释学与哲学反思Ⅰ》中，利科对黑格尔的解读显然依赖让·伊波利特的《<精神现象学>的发生和结构》。[①] 利科对黑格尔的解读当然是颇有局限性的。我们知道，法国哲学在受到德国现象学的影响的同时，也受到了一种比较特殊的黑格尔主义的影响。这种 3H 时代的法国哲学图景在某种程度上表现为"现象学与黑格尔主义的结盟"。[②] 毫无疑问，利科也处于这种对于黑格尔主义的法国式挪用或创造性误读的广阔背景中。黑格尔对于 19 世纪德国哲学的影响无论正面反面自然根深蒂固，而这种强大的支配地位在德国之外的其他国家中就未见得顺理成章。至今为止，如何评价黑格尔哲学以及是否承认黑格尔的地位也构成了某种意义上欧陆哲学与英美哲学之间 19 世纪哲学史叙事的关键区别与正在解决的难题。在 19 世纪的法国，黑格尔的影响力几乎并不存在，到了 20 世纪，他的影响力才姗姗来迟地获得一种魔力。20 世纪之初，黑格尔借助法国工人运动已经获得一定传播，然后从 20 世纪 30 年代开始爆发式地占据了"法国理智生活的中

[①] Jean Hyppolite, *Genesis and Structure of Hegel's Phenomenology of Spirit*（Evanston: Northwestern University Press, 1974）.
[②] 杨大春：《20世纪法国哲学的现象学之旅》，社会科学文献出版社，2014，第207页。

心"。亚历山大·科耶夫的黑格尔研讨班和伊波利特翻译及解读的《精神现象学》，在黑格尔哲学的法国热潮中扮演了关键的角色。利科在对黑格尔的恶的思辨哲学的批评方面，是按照伊波利特对黑格尔的理解："由人类发展呈现以及由《精神现象学》所追踪的整个漫长的谬误历史的确是一种原罪，但是我们要懂得这种原罪是绝对自身的一部分，它是全体真理的一个契机。"① 总体而言，利科对黑格尔的态度可谓充满矛盾暧昧，他直接将黑格尔的辩证哲学称赞为"解释历史悲剧的最伟大的企图"，另一方面又不断强调我们要抵御黑格尔的诱惑、辩证法的诱惑②。黑格尔的对精神所展开对历史进程的宏大叙事代表着来自"最伟大企图"的最难抗拒的诱惑。利科后来也一直保持着对黑格尔的这种双重态度。在《精神现象学》中，任何事物都有其意义，意识必须经历战争和苦恼意识，经历过高贵的灵魂，经历过康德式的道德，经历过有罪意识和审判意识之间的分裂。在这个过程中，恶虽然被真实地确认，却又被超越了，恶最终不再是恶，而是作为矛盾被超越。恶的偶然性、特殊性、现实性就消失在作为辩证法的普遍功能的"否定性"之中，否定性成为特殊在普遍之中的翻转，所有特殊的否定性也即暴力、死亡、冲突、过错等包含的恶都被这个普遍的否定性掩盖了。利科十分钟爱克尔凯郭尔所谓的否定性如同黑格尔的管家的比喻。《精神现象学》的第三部分"精神"讨论道德的章节之中的"恶及其宽恕"是利科所认为的黑格尔恶论的最终归宿。③ 利科对黑格尔式的"恶的宽恕"显然难以满意，在他看来，以黑格尔的方式，恶与其说是被宽恕了，还不如说只是被超越而取消。实际上，利科对黑格尔的道德批判是有一定赞同的，宽恕就代表着对审判的审判，黑格尔摧毁了审判意识，这种"对指控的指控"在利科的《指控的解神秘化》④ 文章中亦有正面作用。宽恕是审判的毁灭，被审判意识与审判意识的对立正是在绝对知识中被超越。利科从这种赦免与和解中读出了类似于基督教的圣保罗主义的反律法精神。但是，黑格尔的"和解"并非真正的

---

① 保罗·利科：《解释的冲突》，莫伟民译，商务印书馆，2008，第388页。
② 保罗·利科：《解释的冲突》，莫伟民译，商务印书馆，2008，第387页。
③ G. W. F. 黑格尔：《精神现象学》，先刚译，人民出版社，2016，第388-414页。
④ 笔者倾向于把 accusation 翻译为"指控"，而不是翻译为"归罪"。参见 Paul Ricœur, *Le Conflit des Interprétations: Essaisd'herméneutique I* (Paris: Éditions Du Seuil, 2013), p.449.

和解，恶的所有的象征维度，包括赦免的象征与和解的象征都在绝对知识中被取消了。利科还认为黑格尔实际上瓦解了"悲剧"，虽然黑格尔哲学在讨论悲剧方面也是独树一帜的。在黑格尔那里，悲剧的重点发生了转移，从道德的恶的关注点，转移到更关注精神自身的外在化以及外化的运动。然而在这关注点的转移过程中，恶就永久失落了。"既然人类历史是上帝的一个启示，无限便接纳了有限之恶。"[1] 无限对有限的恶的接纳，不如说就是将其碾碎。

利科在认为普罗提诺和斯宾诺莎的非辩证的必然性与黑格尔的辩证的必然性都失败了之后，遇到了一个重要的问题：我们去哪里寻找对于恶的可理解性探究的答案呢？利科对此的回答是，我们不能在存在的逻辑中去寻找恶的起源与终结，应当排除一种无论是辩证的或非辩证的逻辑的运动，恢复到实践智慧的角度。利科所谓的智慧是指来自从原罪到拯救的运动的智慧，这并非依靠信仰和宗教，而是要从其中重新将智慧充满了意义的运动吸纳进哲学的范围。在其中，恶的偶然性与转化（conversion）的积极性都会被保存。利科问道："是否有可能构想一种存在的生成，在其中恶的悲剧，有关早已存在的恶的悲剧既能被确认又能被克服？"这种解决问题的可能性是十分困难的。利科表示，"我不能回答这个问题；我只是窥见一条沉思的方向。"需要注意，这里利科提示的归宿显然并不是宗教，而是一种从宗教经过诠释学的解读的"理性象征"[2]。我们要寻找的恶的归宿与终结的哲学话语，就是由这种对希望的理解所产生的最高的理性象征。

四、被忽视的灵知主义和柏拉图主义视角

我们看到利科这一时期对恶的思辨哲学表现出了负面的态度，由此似乎必须重新思考利科从整体上否定恶的思辨哲学的合理性问题。我们要问，恶的思辨哲学真的失败了吗？恶的思辨哲学必然失败吗？普罗提诺的恶论的价值难道

---

[1] 保罗·利科：《解释的冲突》，莫伟民译，商务印书馆，2008，第388页。
[2] 保罗·利科：《解释的冲突》，莫伟民译，商务印书馆，2008，第389页。

不是被利科直接忽视了吗？实际上，利科对普罗提诺以及整个恶的思辨哲学路线的批判，都无法摆脱他这一时期对灵知主义、柏拉图主义的基本态度。我们如果要对利科的解读进行批判性反思，就必须从灵知主义和柏拉图主义的角度反思利科的恶论。作为普诺提诺的思想背景的古典晚期的灵知与反灵知主义运动，是一场催动了恶的哲学与宗教的诸多领域的思考的重要运动。这里还牵涉到另一个争论已久的关键问题，即灵知主义与柏拉图主义的关系。德国学者阿道夫·冯·哈纳克有一个著名的观点，认为灵知主义其实就是"基督教的急性希腊化"[1]，这一观点本身来自基督教的早期教父和普罗提诺，他们都强调柏拉图和被误解的希腊哲学就是灵知主义的来源[2][3]。所谓"基督教的急性希腊化"，着眼于追溯狭义的作为基督教异端的灵知派的起源论。但是约纳斯提出了另一种看法，强调灵知主义的复杂的不同起源："现代学者们陆续提出了希腊、巴比伦、埃及与伊朗起源论，以及这些因素互相之间，及其与犹太教、基督教之间的每一种可能结合。"[4]约纳斯反对哈纳克的看法，认为希腊起源论只是古典哲学传统的误会，早期教父和普罗提诺之所以从灵知主义之中看出柏拉图和希腊哲学的影子，主要是因为二者之间表面相似实则差异极大的"知识"概念以及灵知主义的抽象化、理性化的倾向[5]。约纳斯则倾向于另一种东方起源论，把灵知主义的起源与柏拉图主义拉开距离。不过这个问题至今聚讼不已。关于灵知主义与古希腊的关系的争议并未消散，反而随着20世纪伊朗起源论的退潮，又获得了积极的扩展，进而重新将灵知主义的起源重新回溯到希腊的根基，即柏拉图主义。关于灵知主义与柏拉图主义的密切关系，在此领域颇有贡献的法国学者佩特莱蒙和比安奇认为，希腊哲学实际上比普罗提诺和传统所认为的

---

[1] 汉斯·约纳斯：《诺斯替宗教：异乡神的信息与基督教的开端》，张新樟译，上海三联书店，2006，第29页。
[2] 汉斯·约纳斯：《诺斯替宗教：异乡神的信息与基督教的开端》，张新樟译，上海三联书店，2006，第27页。
[3] 值得注意的是普罗提诺并没有特别关注基督教。参见普罗提诺：《九章集（上）》，石敏敏译，中国社会科学出版社，2009，第32页。
[4] 汉斯·约纳斯：《诺斯替宗教：异乡神的信息与基督教的开端》，张新樟译，上海三联书店，2006，第27页。
[5] 汉斯·约纳斯：《诺斯替宗教：异乡神的信息与基督教的开端》，张新樟译，上海三联书店，2006，第29页。

更加接近于灵知主义的二元论，甚至于与哈纳克"灵知主义是基督教的急性希腊化"的著名说法相反，更确切的说法倒应当是："灵知主义是希腊化的急性基督教化"。① 在佩特莱蒙的著作《柏拉图、灵知主义和摩尼教的二元论》之中，佩特莱蒙分析了柏拉图的二元论。比安奇则将柏拉图的二元论继续向前挖掘，直到毕达哥拉斯、恩培多克勒乃至俄耳甫斯的久远传统。②

作为《剑桥晚期希腊与早期中世纪哲学史》主编的新柏拉图主义学者 A. H. 阿姆斯特朗，在《柏拉图主义、灵知派、基督教的二元论》论文中，梳理了灵知主义与柏拉图主义关系问题的争论。问题的关键在于，究竟是新柏拉图主义受到了灵知派的实质性影响，还是灵知派其实受到了新柏拉图主义的影响？又或者柏拉图主义与灵知主义共同起源于一种古老传统？普罗提诺的确显示出与他的灵知主义对手之间的重要相似，也许，他的思想与灵知派之间的距离并没有他所声称的那么远。③ 普罗提诺曾激烈地反驳灵知派，这些反驳汇集在《九章集》第一卷第九章"驳灵知派"的文章中。当时摩尼教还尚未诞生，摩尼教的先知摩尼与普罗提诺处于同一时代。据说在普诺提诺的学生圈子中就有诺斯底派的人④，按照美国宗教史学者库里亚诺的研究，这里所指的应该是瓦伦廷派。⑤

五、利科对柏拉图主义的解读及其缺陷

在《恶的象征》中，利科曾讨论过这种与灵知主义有所牵连的柏拉图传统，也即俄尔甫斯教、毕达哥拉斯、恩培多克勒的柏拉图主义传统。俄尔甫斯教神

---

① 约安·库里亚诺：《西方二元灵知论：历史与神话》，张湛、王伟译，上海人民出版社，2009，第 66-67 页。
② 约安·库里亚诺：《西方二元灵知论：历史与神话》，张湛、王伟译，上海人民出版社，2009，第 8-9 页。
③ Wallis &Bregman(ed.), *Neoplatonism and Gnosticism*（New York : State University of New York Press, 1992），p.4.
④ 普罗提诺：《九章集（上）》，石敏敏译，中国社会科学出版社，2009，第 28 页。
⑤ 瓦伦廷是被基督教指认为异端的灵知主义者之中最著名的一位，他本人的文字已经散轶，残篇只保留在教父对灵知主义的反驳中，从他的学说中诞生了两个学派：托勒密（Ptolemy）、赫拉克里翁（Heracleon）的西方学派；马库斯（Markos/Marcus）、安提阿的阿克西奥尼库斯（Axionicus）、狄奥多图（Theodotus）的东方学派或纳托利亚学派。约在 215—217 年间，奥利金（Origen）在作品中就曾提过一位倾向于瓦伦廷派灵知主义的朋友。参见库里亚诺：《西方二元灵知论：历史与神话》，张湛、王伟译，上海人民出版社，2009，第 42 页。

话，被利科认为是四种恶的起源与终结神话类型之一，即"灵魂放逐神话"。①利科认为这种灵魂放逐神话是十分特殊的神话类型，因为它在西方文化中起了重要作用，支配了古希腊哲学的形成②。灵魂放逐神话直接指向了希腊哲学的理论本身——柏拉图主义的灵魂与肉体二元论。以灵魂放逐神话来诠释柏拉图和新柏拉图主义哲学的根本要旨③，也就是将其作为整个人类学灵肉二元论的根源，从这种溯源之举中，我们看到了利科对柏拉图哲学的批判意图。然而，在《恶的象征》中，利科主要花费笔墨在新柏拉图主义重构文献影响之下的俄尔甫斯教灵魂放逐神话的象征分析，仅仅粗略地涉及了他对柏拉图主义哲学的直接批评，他表示这部分关于柏拉图主义的理论思考内容将会留待下一册书解决，不过最终并没有真正写出来。我们需要注意到，利科在这一时期对柏拉图主义的基本态度就是负面的，柏拉图主义被利科看作是某种扭曲了基督教的异教哲学。柏拉图主义对基督教施加了某种消极影响，表现在基督教的恶之神话的方面，即基督教受新柏拉图主义影响而使堕落神话之中掺入了俄尔甫斯教的灵魂放逐神话。④这种混杂和扭曲使圣经的堕落神话中有关罪的主题趋向于"被分裂和疏远的内在体验所认可的准二元论"的方向⑤。在利科看来，这种对灵魂放逐神话的迷恋，体现在圣保罗、奥古斯丁、路德等人那里，甚至可以说接近于作为新俄尔甫斯教的灵知主义⑥。利科攻击的矛头指向了柏拉图化的基督教的禁欲主义，理性与欲望的对立，我自身的分裂与对立，以及由此导致的对肉体的恐惧态度⑦。利科认为，正是受到柏拉图主义的影响，基督教才会萌生将恶与身体等量齐观的倾向，因此必须弄清这混杂的原因和动力，以便澄清这种柏拉图主义与基督教的混杂。因此，利科试图恢复柏拉图那里所铸造的灵魂囚禁在身体中的初级象征。这并非对其彻底拒斥，而是对其重新解释，以对抗

---

① 《恶的象征》第四章"灵魂放逐的神话和经由知识的拯救"。参见保罗·里克尔：《恶的象征》，公车译，上海世纪出版集团，2005，第288页。
② 保罗·里克尔：《恶的象征》，公车译，上海世纪出版集团，2005，第175页。
③ 保罗·里克尔：《恶的象征》，公车译，上海世纪出版集团，2005，第307页。
④ 保罗·里克尔：《恶的象征》，公车译，上海世纪出版集团，2005，第341页。
⑤ 保罗·里克尔：《恶的象征》，公车译，上海世纪出版集团，2005，第344页。
⑥ 保罗·里克尔：《恶的象征》，公车译，上海世纪出版集团，2005，第343页。
⑦ 保罗·里克尔：《恶的象征》，公车译，上海世纪出版集团，2005，第345页。

受到柏拉图主义影响的对身体的谴责。

在利科看来，身体作为囚禁灵魂的牢笼或者灵魂的坟墓的象征，在柏拉图那里实际上被转换为灵魂之"被动性"的象征[1]。通过分析柏拉图的哲学对话中肉体象征的前后演变，利科看出在这种演变中，柏拉图虽然试图恢复某种古老的俄尔甫斯教神话，却朝着一种高度抽象化的新象征发展[2]。灵魂囚禁在身体中，越来越接近于灵魂将自己囚禁在身体中，正是灵魂自己对自己施加着折磨。利科认为，在这一诠释之下，柏拉图实际上重新解释了"身体"的象征。身体并非其字面义所指涉，而是一种比喻和象征，身体象征着灵魂之对手，灵魂之对立面，灵魂之疾病。身体是一个"反向类比"[3]。也就是说，柏拉图试图把身体朝向非正义方向理解，而不是理解为字面义的身体。[4]利科曾提及在《有限与犯罪》第三册会详细讨论柏拉图的形而上学，以及基督教、新柏拉图主义和灵知主义之间的"辩证法"，可惜这本预定要撰写的著作无疾而终[5]。柏拉图主义的形而上学将更高级的象征建立在欲望与非正义的现象学之上，并在对俄尔甫斯神话的利用与转换中，找到了新的表达方式的演进[6]。总的来说，经过利科诠释的柏拉图主义灵魂囚禁象征，越来越远离俄尔甫斯教或灵知主义的二元论，而是作为一种灵魂的主动堕落更加接近于基督教堕落神话[7]。如前所述，利科也受到法国哲学传统影响的身体哲学倾向，捍卫身体的正面意义。利科重新思考了柏拉图的身体哲学与希腊伦理学对身体、欲望的观点。尤其独特的是，利科批评希腊哲学所选取的角度，正是辨析柏拉图主义与俄尔甫斯神话之间的联系与距离。利科这种对柏拉图主义的态度，也主导了他对灵知主义和新柏拉图主义者比如普罗提诺的诠释。

灵魂放逐神话与柏拉图主义体系的分殊，恰恰在利科前期思想中标志着象征与思辨之间的矛盾张力，成为他对恶的思辨哲学的负面态度的原因。与此类

---

[1] 保罗·里克尔：《恶的象征》，公车译，上海世纪出版集团，2005，第347页。
[2] 保罗·里克尔：《恶的象征》，公车译，上海世纪出版集团，2005，第348页。
[3] 保罗·里克尔：《恶的象征》，公车译，上海世纪出版集团，2005，第350页。
[4] 保罗·里克尔：《恶的象征》，公车译，上海世纪出版集团，2005，第351页。
[5] 保罗·里克尔：《恶的象征》，公车译，上海世纪出版集团，2005，第346页。
[6] 保罗·里克尔：《恶的象征》，公车译，上海世纪出版集团，2005，第359页。
[7] 保罗·里克尔：《恶的象征》，公车译，上海世纪出版集团，2005，第351页。

似，利科赞扬圣经中的亚当神话，但却批判后来的基督教神学，这也表明了象征与思辨之间的矛盾张力。利科在这一时期始终比较坚定地站在象征的立场，捍卫着先于理性的、更初级也更原初的象征领域。他从理性对象征的削弱、扭曲或消解的角度，提出了一种隐含的反逻各斯中心主义。这种态度被利科认为是诠释学所要求的态度。显然，在这种意义上，利科所致力的象征符号的诠释学正是来源于一种实存论现象学的要求。总体来说，利科认为从初级象征发展到思辨哲学或神学体系的过程是理性扩张的过程，充满了堕入虚假知识的诱惑与危险。利科对灵知主义的看法，就关联于这种对思辨哲学堕入虚假知识的危险的警惕。这一时期利科并没有整体性地考虑灵知主义与反灵知主义的古代思想运动，以至于普罗提诺的思辨哲学、灵知主义、柏拉图传统这些分散于他不同著作、不同部分中的问题，保持着松散的互相勾连、遥相呼应。《恶的象征》尚未像《解释的冲突》相关文章那样涉入分析灵知主义的文献，也没有深入讨论俄尔甫斯教与灵知主义的关系问题。在《恶的象征》中，利科主要将"灵知说"作为象征神话的一种歧途[1]，而对其伪装成理性和知识的企图，加以比较激烈的批判。在《象征符号的诠释学与哲学反思 I》中，利科对于从象征到思辨哲学或神学的恶的体系化的消极评价，也就关联于对灵知主义作为恶的神话的思辨体系化的批评。我们需要注意到，利科前期的灵知观，似乎受到了基督教传统批驳灵知主义的影响。灵知主义属于更高的思辨性，一种伪知识、伪哲学，在这方面它与柏拉图主义哲学关系更近[2]。理性的危险，思辨的危险，体系的危险，就是一种接近于灵知主义的危险。包括柏拉图主义在内的源远流长的思辨哲学，就行进在"灵知"的边缘，随时都可能逾越边界。"灵知"成为虚假知识与理性傲慢的符号。虚假知识就是对不能用理性解释的恶的起源进行穿凿附会，将知识与神话混合起来，并且混淆了知识与神话的界限。

---

[1] 保罗·里克尔：《恶的象征》，公车译，上海世纪出版集团，2005，第166-172页。
[2] 保罗·里克尔：《恶的象征》，公车译，上海世纪出版集团，2005，第346页。

六、对灵知及恶的"思辨"的重新反思

我们认为利科的这种灵知观是比较成问题的,而且也构成了利科的对恶的象征与神话的研究的薄弱之处。首先,利科对灵知主义的看法与更新的研究相比,缺少了对灵知主义考古文本证据的关注。从现代学者对灵知主义定义、范围、起源的研究来看,正如新柏拉图主义学者 A. H. 阿姆斯特朗所见[1],灵知派的文本无论从风格上还是从二元论的类型上,都与新柏拉图主义哲学或者与希腊哲学相去甚远。无论是所谓的"基督教的急速希腊化",还是"希腊化的急速基督教化",无论柏拉图主义是否构成灵知派的来源,灵知主义作为一种横跨东西、糅杂宗教与哲学的驳杂思想潮流已经不像古代那样以"灵知"或秘传的、虚假知识为标签。利科前期所认为的灵知主义作为恶的思辨体系化诱惑的观点,实际上是一种对灵知的狭隘看法。灵知主义和思辨哲学之间的关系,可能并没有像"灵知"的希腊词语所表现的那么接近。灵知主义在其被视为思辨和虚假知识之外,主要还是在神话与宗教文本的层面的言说,这里其实也包含着一种恶的起源与终结神话的重要类型,而这部分神话类型就被利科排除于《恶的象征》的神话分析之外,这不能说不是一种缺憾。这就对前期利科的恶的象征的系统提出了新的挑战,甚至将会提出更新或者颠覆它的基础框架的要求,如要求利科重新考虑灵知主义及其神话、象征的位置。由此出发,新柏拉图主义以及整个恶的思辨哲学路线也呼唤着更深层的理解。

正如我们已经说明的那样,后期的《恶:对哲学与神学的挑战》提供了利科在这些方面观点的部分补充和修正。在《恶:对哲学与神学的挑战》中,利科所强调的主要是承认恶的问题所带来的挑战,即将会挑战一种思维方式:将恶整合进一个逻辑上融贯的系统的思维方式。这一论题基本上延续了前期的态度。这种对逻辑融贯性的追求,实际上就是形形色色的神正论的共同特征。也就是说,对于这三个命题:"上帝是全能的""上帝是绝对善的""然而恶存在",

---

[1] Wallis &Bregman(ed.), *Neoplatonism and Gnosticism*(New York: State University of New York Press, 1992), p.43.

第三章　恶的哲学之旅

无论是旧的还是新的神正论,无论通过何种论证方式,都试图消除三个命题间的矛盾。利科正是要质疑这种执着于寻求逻辑融贯性的解题方式,他指出,为了克服提问方式的局限,我们需要通过一种"恶的体验的现象学"的帮助,以便恢复恶之问题的真正开阔的视域,与其深邃复杂性[1]。恶的现象学构成利科在这里处理恶的问题的第一阶段。对照我们已经讨论过的利科的早期著作来看,所谓恶的现象学的第一阶段,对利科来说也是一以贯之的,使我们回想起利科自己的意志现象学。至于利科第二阶段的工作,则是要"穿过话语的诸多层面"。这些分散在不同层面、理性程度递增的话语,都致力于对恶的起源及存在理由进行思辨。[2] 正是在这部分,利科对"思辨"的看法显得不同于前期。"思辨"不再是归属于恶的思辨哲学的负面特征,而是包含神话在内的各种不同层面的话语共同具有的因素,虽然它们的思辨程度有所区别。具体来说,这些不同层面的话语包括四种类型:神话、智慧、灵知与反灵知、神正论。《恶:对哲学与神学的挑战》这篇文章主要致力于与神正论的争论,因此在四个话语层面中利科讨论神正论的部分较多。但是利科强调:"在没有经过理性程度逐渐增加的一系列话语层面之前,我们不会转向严格来说的服从不矛盾原则与系统总体性的神正论。"神话、智慧与灵知这三个"前神正论"的层面,在理性程度上逐渐递增,直到抵达理性程度最强的神正论层面。这前后递进的话语层次分析,可以认为构成了利科所简要勾勒的神正论的历史谱系。总的来说,作为一种恶的思辨哲学体系的分支,神正论得到了比前期更直接、更正面的讨论。利科前期在简要分析了普罗提诺,斯宾诺莎和黑格尔的体系将恶整合入必然性的最终失败之后,得出的结论是,古老的神正论只是虚假知识的权宜之策。[3] 而利科后期的观点就发生了变化,虽然同样致力于揭示神正论的局限,却更加开放包容。神正论虽有局限,但也还是一种恶的话语类型,与其他类型共同发挥作用。神正论不再是众矢之的,因为理性思考在恶的挑战面前总是有未尽的遗憾。在《恶:对哲学与神学的挑战》中,在理论性思考的层面,恶的问题始终是一个

---

[1] Paul Ricœur, *Le Mal: Un défi à la philosophie et à la théologie*（Genève: Labor et Fides, 2004）, p.21.
[2] Paul Ricœur, *Le Mal: Un défi à la philosophie et à la théologie*（Genève: Labor et Fides, 2004）, p.26.
[3] 保罗·利科:《解释的冲突》,莫伟民译,商务印书馆,2008,第389页。

永远无法完全战胜的挑战。① 这就是"纯粹思辨的失败",然而这种失败并不会让我们止步不前,恰恰会激励我们呼唤着另外的回应,即行动与感受层面的回应。从理性思考的失败之处,我们进入利科处理恶的问题的第三阶段,即致力于将思考的工作重新连接到行动与感受的层面。思考、行动与感受的三元组合,必须共同构成对恶的挑战的解决方案。

《恶:对哲学与神学的挑战》已经淡化了对于灵知主义和神正论的批评口吻,而是试图将其整合进一个解决恶的问题的新的框架中,这对于利科前期的恶的思想史的梳理起到了修正和补充的作用。尤其是其中的第二阶段对恶的四种话语层面的讨论,是对前期的恶的思想史分为反思和思辨路线的重新整理。灵知主义及神正论诞生的过程,在此过程中被重新评价,不再被利科作为消极的"思辨"与理性化的衰败过程,而是被利科融入了恶的思想史的整体发展中,充当必不可少的环节。在灵知主义的方面,利科的看法发生了比较明显的变化,在这本之后的著作中他主张道:"思想本来可能无法从智慧演进到神正论,如果不是灵知主义把思辨提升到某种巨人与神之战的层面,在那里善的势力深深卷入与恶的军队的残酷斗争,奋力去释放所有囚禁在恶的阴翳中的光明粒子。从这个角度来看,我们可以说西方思想受惠于广义来说的灵知主义,因为正是灵知主义将恶的问凝缩至一个无所不包的难题:恶从何而来?但更重要的是,奥古斯丁与灵知主义的悲观世界观斗争之时所奠定的基础,在哲学的范畴融入了恶的思辨。"② 利科承认了灵知主义对西方思想的贡献,尤其是灵知主义在恶的思想史上难以忽视的影响力。同时,利科也部分修正了他在前期曾经对奥古斯丁的负面评价,即恢复了奥古斯丁在恶的思想史上的伟大地位,承认了这种"哲学的范畴融入了恶的思辨"以及对西方思想的重要贡献。我们对比利科的前期版本,就可以明显感到其中所作出的修正。在《恶的象征》《解释的冲突》时期,从最初级的象征符号到神话再到神话学也是一种历史过程,然而这总是一种象征意义的丢失、耗尽和贫乏化的沉落过程。"初级象征符号的意义宝库

---

① Paul Ricœur, *Le Mal: Un défi à la philosophie et à la théologie*(Genève:Labor et Fides, 2004),p.56.
② Paul Ricœur, *Le Mal: Un défi à la philosophie et à la théologie*(Genève:Labor et Fides, 2004),pp.33-34.

似乎比神话象征符号的意义更丰富，尤其比理性化的神话学的意义更丰富。"[1] 所谓意义最为贫乏的理性化的神话学的阶段，即指高度思辨化的阶段，即灵知主义和奥古斯丁所肇始的原罪的教义神话学。对前期的象征诠释学来说，当西方传统从象征符号向下沉落向独断的教义神话学的时候，西方传统就耗尽了自己，转变成了死气沉沉的遗产和沉淀，而象征诠释学的任务，在于借助解释使西方传统获得新生，即从独断的教义神话学那里恢复初级的象征符号及其意义宝库。[2] 我们发现，利科后期的这种修正伴随着他的诠释学思想的拓展，即由前期的象征诠释学拓展到隐喻诠释学和文本诠释学，而使象征符号不再成为利科诠释学的唯一焦点。

---

[1] 保罗·利科：《解释的冲突》，莫伟民译，商务印书馆，2008，第33页。
[2] 保罗·利科：《解释的冲突》，莫伟民译，商务印书馆，2008，第34页。

第四章　恶的诠释背景

第一节　恶的诠释学方法

一、象征诠释学

事实上，利科作为 20 世纪最有影响力的诠释学家，其"秘密的家园"正坐落于前期的恶的象征诠释学之处。象征诠释学是一面姗姗来迟的崭新旗帜，这对利科来说，正如对我们来说一样。在恶的研究中，我们穿越了无数纷繁复杂的学科与方法，历经了整个恶的哲学史的停滞不前，古老哲学的伪饰和虚妄纷纷开始崩解，陷入了恶的现实性的沉默无言的困境。恶的可能性和恶的现实性之间有一道深渊，这就是恶的现实性研究面临的方法论困境。正是在这困境中，象征诠释学发出了一道微光，展现了独特的力量，为恶的现实性研究提供了新的方法。在《恶的象征》之中，利科依然秉持着一种信念：语言是光，一束微弱的光，哪怕在恶的黑暗的周围，仅仅照亮模糊不清的轮廓。利科并不同意以隔岸观火的方式停留在克尔凯郭尔式的"跳跃"的一侧，止步于作为纯粹荒谬的恶的现实性，类似于"凡是不可说的，应当保持沉默"。在利科看来，语言注定已经开始了表达，表达已经言说了黑暗，满怀痛苦又满怀希望地试图穿透黑暗。因此我们才能探索一种通过象征诠释学对恶的现实性的穿透。紧随着《意志哲学》第二卷的《恶的象征》，利科在 1965 年出版了一本展示其诠释学及语言哲学野心的著作《论解释：弗洛伊德研究》，在这本著作中，利科将《恶的象征》时期开始的具体研究综合提炼为一种全面的象征诠释学理论。实际上，《恶的象征》与《论解释：弗洛伊德研究》共同构成了利科前期的象征诠释学的整体。前者从具体的恶的象征研究的领域出发，通往诠释学方法论的新方向；后者则立足于前者的具体研究，扩展这种象征诠释学的适用范围。

我们在这里首先着眼于《论解释：弗洛伊德研究》的理论提炼，来考察利科在《恶的象征》时期的诠释学方法。这种象征诠释学作为利科后来漫长的诠释学思想历程的开端,不仅受到恶的沉默无言困境的激发,而且在诠释学史的流派纷争中找到了其理论突破口。我们与其说《论解释:弗洛伊德研究》[1]是专注于提出弗洛伊德研究的新思路,不如说这本著作是一本以弗洛伊德为引子涉入语言哲学的争论的诠释学奠基之作。利科在这里将象征诠释学放入20世纪语言哲学转向的背景中:"语言是一个常见的集会点,汇集了英国哲学家维特根斯坦的讨论,英国的语言哲学,源于胡塞尔的现象学、海德格尔的研究、布尔特曼学派和其他《新约》注释学派的工作,还涉及神话、仪式和信仰的比较宗教学史和人类学的工作,以及精神分析。"[2]利科形成了一种语言观,不同于英美传统,实际上可能恰恰与维特根斯坦背道而驰。这种语言观的核心概念就是对"象征"重要性的捍卫。"象征"也即"symbole",symbole常被理解为"符号"。但是利科认为,symbole绝对不可以被化约为"符号",尤其是化约为以符号逻辑为基础的单义的符号概念。日常语言的多义性或者说模糊性是不可摆脱的,它所意指的东西往往包含言外之意,它具有双重意义或者多重意义,这种双重或多重意义的领域是一个复杂意指的场所,总有第二种或更多意义在一种直接意义的背后,既被给予又被隐藏。在利科看来,这就是象征的领域。象征并非狭义的比喻问题,象征当然不仅仅限于语言层面,但不可否认日常语言中广泛存在象征的双重意义现象。按照《论解释:弗洛伊德研究》时期的侧重点,这个双重意义领域尤其包含精神分析在内,也包含《恶的象征》所处理的宗教现象学,与此同时,宗教现象学与精神分析在对待象征的态度上有所区别,精神分析将象征解读为欲望的扭曲,宗教现象学却将象征看作深层内容的启示。

利科承认,这种象征的语言观,存在一种最尖锐的质疑,涵盖双重意义领域的整体:这种既显示又隐藏的双重意义,难道不就是虚假的、错误的模糊性,需要被消除吗?我们看到逻辑学家们就是这样提出攻击的。利科认为,逻辑学家们正是为了消除语言的歧义性而发明了符号逻辑。相比于完善的符号系统,

---

[1] 英译本《弗洛伊德与哲学:论解释》倒转了主标题和副标题的顺序。从法文版的题目《论解释:弗洛伊德研究》可见,本书的主题是在"论解释",而不是"弗洛伊德研究"。
[2] 保罗·利科:《弗洛伊德与哲学:论解释》,汪堂家、李之喆、姚满满译,浙江大学出版社,2017,第3页。

语言的模糊和象征的歧义性总是被作为错误的论证根源而受到谴责。这可以说是象征诠释学所面临的生死存亡的问题。在利科看来，象征诠释学的基础就是承认语言的歧义性和双重意义，这也是《恶的象征》的方法论的基础。象征诠释学的首要任务就是反驳这种对语言的模糊和象征的歧义性的激烈攻击，并且揭示象征在语言中有其不可替代的语义学功能。然而该如何反驳呢？利科说道："只有当人们在反思的本性中找到双重意义的逻辑的原则，诠释学的辩护才是彻底的，这种逻辑是复杂的，但不是武断的，在表达上是严格的，但不能归结为符号逻辑的直线性。"[1] 简单地说，象征的双重意义或多重意义的逻辑是不同于符号逻辑的，我们只能选择一种不同于符号逻辑的立场，这就是诠释学的立场。

从后期的视角来回顾，利科的象征诠释学可能受到了很大程度的低估。在《恶的象征》和《论解释：弗洛伊德研究》的时期，利科已经基于对历史上的诠释学传统的批判性继承，提出了一种新的关注象征及语言歧义性的诠释学。通常来说，诠释学被认为是关于文本解释的规则和方法的理论，诠释所对应的领域也就是文本的领域。在利科看来，我们需要解释的并不仅是文本，而是所有类似于文本的需要解读的象征或符号。象征就是一种扩大的文本概念。而利科诠释学的核心问题，正是广泛的象征问题，以及象征所要求的对双重意义的理解与解释。[2] 利科从诠释学的传统，即解经学中发现并提供了这种文本概念扩大的先声。在诠释学传统中，文本概念也曾在一种类比意义上被使用。"自然之书"的比喻是中世纪的诠释学所习惯的，通过解读自然之书，人们谈论一种自然的解释，在这种用法中，文本的概念无疑已经超越了经文的维度，而从文艺复兴以后，新的以斯宾诺莎为代表的诠释学用这种自然的解释建立了圣经注释的新模式，更加使诠释学摆脱了经文的限制。[3] 利科强调，在弗洛伊德那里也出现了这种诠释学的扩展，因为弗洛伊德经常把精神分析比作在不同语言

---

[1] 保罗·利科：《弗洛伊德与哲学：论解释》，汪堂家、李之喆、姚满林译，浙江大学出版社，2017，第40页。
[2] 保罗·利科：《弗洛伊德与哲学：论解释》，汪堂家、李之喆、姚满林译，浙江大学出版社，2017，第7页。
[3] 保罗·利科：《弗洛伊德与哲学：论解释》，汪堂家、李之喆、姚满林译，浙江大学出版社，2017，第20页。

之间的翻译，梦的语言就类似于文本。①利科提出，作为双重意义表达式的象征，构成了诠释学需要扩展的主要领域。"象征问题借助于解释行为进入语言哲学。"②对于这个时期的利科，象征诠释学并非许多诠释学的一种，实际上，象征与诠释学甚至可以认为是互相定义的关系。这是利科比较独特的诠释学规划，它将象征问题与诠释学问题结合在一起。象征因此就意味着一种广泛有待解释的双重意义的表达方式；与此同时，诠释学的工作也就意味着对双重意义即象征进行理解。

我们会提出疑问，这样的诠释学定义是否有些狭窄呢？相比于利科诠释学的后续发展，这种象征诠释学似乎也受到了他本人的轻视，并被评价为"过于狭窄"。当然，我们必须弄清所谓"狭窄"的意思，这里并不是指它粗陋简单，缺乏创见。因此，我们只有先弄清利科诠释学后来做出了何种"拓展"，才能理解后来的文本诠释学是在什么意义上"更加广阔"，以及前期的象征诠释学是在什么意义上"过于狭窄"。这个问题可以通过利科1986年的重要诠释学文集《从文本到行动》，获得一个简要的答案。在文集中，利科通过《论诠释》的论文提纲挈领为自己的诠释学发展勾画了"地图"。他总结回顾了自己三十几年的诠释学研究的每个关键阶段。因为要向非欧陆哲学方面的读者介绍自身，因此利科采用了倒叙的顺序，从20世纪80年代的叙事研究开始讲起，循着返回的道路逐渐回顾他的诠释学由来的传统。在回顾的终点，利科就重返了他的象征诠释学起点。对于这个曾经富于开拓性的起点，他仅仅轻描淡写地回顾道："通过象征诠释来界定诠释学，今天在我看来太狭隘了。"③

值得注意的是，前期的利科在《论解释：弗洛伊德研究》里面谈论过，诠释学应该从文本扩展到象征，如今在《论诠释》中却遭遇了一次奇妙倒转。利科现在谈论从象征向文本的扩展，也就是从象征诠释学走向一种独特意义上的文本诠释学的扩展。这是为什么呢？"有两个原因将把我们从象征媒介引向文

---

① 保罗·利科：《弗洛伊德与哲学：论解释》，汪堂家、李之喆、姚满林译，浙江大学出版社，2017，第21页。
② 保罗·利科：《弗洛伊德与哲学：论解释》，汪堂家、李之喆、姚满林译，浙江大学出版社，2017，第7页。
③ 保罗·利科：《从文本到行动》，夏小燕译，华东师范大学出版社，2015，第29页。

本媒介。"象征系统总是内在于某种适当的语境,因此总是在整个文本的层次上的,而且诠释学之间的冲突以及对象征系统的竞争性的对立的解释,同样也依赖文本语境。由此,一种象征诠释学就不可能脱离对文本的解释而得到定义。利科现在将象征诠释学看作一个中间阶段,"这个定义必须作为在对经验语言特征非常广泛的认可,和通过文本诠释对诠释学更加专门的定义之间的阶段而得到保存"。作为中间阶段的象征诠释学能够连接到我们文化传统的象征遗存,从而进行一个富于成果的文化迂回运动。但是利科这时更强调从象征诠释学向着文本诠释学的扩展,更强调文本媒介相对于象征媒介具有一种优势。那么我们就要问,从《论解释:弗洛伊德研究》到《论诠释》,思路倒转是怎么发生的?难道不包含矛盾吗?为什么利科曾经说过诠释学需要从文本扩展到象征,而如今又说要从象征扩展到文本呢?利科对此做出了解释,这里并不存在矛盾。思路的倒转其实取决于我们对文本概念的不同理解。按照传统的狭义文本概念,文本必须是书面语言的作品,那么象征和符号就要比文本的范围宽一些,因为象征和符号可以是非语言的、形象的、口头的,超出了书面语言的作品的范围。从表面上来看,"文本媒介似乎把诠释范围限制在文字和文学而不利于口头文化。"[1]但是,文本的概念已经发生了转移。利科在《论诠释》中,着重强调了文本的间距功能。在这里,文本的概念就包含一个关键特征,即通过间距摆脱面对面对话的限制,获得了三重意义上的独立性。这种的独立性就在于,"独立于说话者的意图,独立于初始听众的接受,独立于产生它的经济、社会和文化环境"。文本终结了主体关于直接性的僭越迷梦,使诠释学的迂回达到了最遥远的极端。从这种意义上来说,文本的概念已经不同于传统的狭窄文本的概念。利科通过将文本的间距功能普遍化,使文本不限于书面语言作品,而是成为一种客观性的迂回。除此之外,利科还试图通过把文本理论融入行动理论,实际上使传统的狭义的文本概念再次拓宽。在实践领域中,作为施动者和受动者的人的行动的构造,显示了文本的塑形特征,在利科看来就可以包含在广义的文本概念之中。"话语本身就是行动,这就是为什么言说(和阅读)

---

[1] 保罗·利科:《从文本到行动》,夏小燕译,华东师范大学出版社,2015,第 30 页。

行为与实际行动之间的比拟联系——在这个词最积极的意义上——从来没有完全断裂。"① 实际上,《从文本到行动》这本诠释学论文集的最新主题就在于揭示文本与行动的联系。也就是说,我们要逐渐颠覆语言和狭义的文本的优先性,而使行动纳入广义的文本范围并重新获得优势。文本的诠释学就这样超出狭义的文本概念,在利科看来,这就是从象征诠释学向文本诠释学的再次扩展。

二、诠释学史视野下的利科诠释学贡献

由于写作较早,利科的《论解释:弗洛伊德研究》经常被研究者看作是利科的诠释学的不成熟阶段。然而我们认为,仅就独立的语言观和诠释学思想而言,这部前期著作兼具明晰与深刻的优点。我们能够从中发现利科对诠释学的全部激情的根源。《论解释:弗洛伊德研究》堪称一部简明而有力的诠释学范本,它应当在利科的整个诠释学中占有重要地位。② 从诠释学流派历史的角度来看,《论解释:弗洛伊德研究》和《恶的象征》的整体还能够显示出利科在诠释学方面的独创性。我们认为,利科的诠释学是在完全独立于伽达默尔影响的情况下诞生的。它来源于另一条德国诠释学传统,走的是象征的路线,这一传统不同于海德格尔、伽达默尔及其后继者。当然,利科本人后来明确表示无意与伽达默尔相争。在《从文本到行动》的诠释学文集中,利科致敬了伽达默尔,那时候他对伽达默尔的研究已经十分熟悉,并且还详细辨析了他自己的诠释学观点与伽达默尔的异同之处。但实际上利科与伽达默尔形成自己的诠释学思想几乎是在同一时期,他们是互相独立的。一方面,在德国,伽达默尔的《真理与方法》出版于 1960 年;另一方面,在法国,利科的《恶的象征》作为诠释学的先期探索也出版于 1960 年,而作为完整的诠释学理论

---

① 保罗·利科:《从文本到行动》,夏小燕译,华东师范大学出版社,2015,第 2 页。
② 保罗·利科关于弗洛伊德的解读曾经与拉康的精神分析学派发生过矛盾。利科曾说:"我认为当前哲学家们对胡塞尔的阅读也导致了精神分析的衰落。它的黄金时代已经过去了……事实上,现在是哲学家们在给精神分析注入生命力,从光顾精神分析学家的人大为减少就看得出这一点……到最后,还是哲学分给精神分析以荣耀。这是一段相当奇特的历史。拉康死了,而我还活着。"参见杜小真:《利科北大演讲录》,北京大学出版社,2000,第 67-68 页。

的书籍《论解释：弗洛伊德研究》出版于 1965 年。诚然，利科的诠释学的确受到德国的影响，利科的象征诠释学思想的德国师承应当归于德国路德派神学家鲁道夫·布尔特曼的圣经诠释学，神话、仪式和信仰的比较宗教学史和人类学以及弗洛伊德的精神分析等，这些影响的线索就显示在《论解释：弗洛伊德研究》《恶的象征》之中。海德格尔的《存在与时间》及其早期诠释学作品在利科这里未必没有影响，只是利科选择的诠释学方向明显不同于海德格尔的存在论的诠释学。

我们将利科放置在更广阔的诠释学史中，才能回过头来评价利科诠释学的独创性。从诠释学史的角度来看，诠释学最初诞生于注释和解经的实际操作与学问，而在德国哲学家弗里德里希·施莱尔马赫与威廉·狄尔泰手中逐渐跃升为一种普遍的诠释学。这是诠释学自我扩大与纵深发展的一面。诠释学的范围最初就涵盖着类似于我们今天人文领域研究的一大部分，即对前人著作的解读与研究。人文领域的诠释传统对于哲学研究一以贯之的影响，使人们在进行哲学研究的时候几乎总是牵涉到诠释学的问题。伽达默尔版本的诠释学史叙事总是强调海德格尔的《存在与时间》，并将其作为诠释学的一个划时代的转折点。在这种叙事中，海德格尔将诠释学带离了一种普遍的诠释方法和认识论的范围，将其转化为此在本身的存在结构的问题。在《存在与时间》提出诠释学的存在论的转向之前，早期的海德格尔同样在进行着多年的专题性文本诠释工作，比如对狄尔泰、基督教，尤其是对于亚里士多德的诠释研究。可以说，海德格尔的诠释学是他在进行哲学诠释工作的时候提出的。在 1922 年的《对亚里士多德的现象学解释：对解释学处境的指引》中，海德格尔提出了"诠释学处境"的雏形。他试图对亚里士多德进行"现象学解释"，虽然该著作到最后因为要扩展为另外更宏大的哲学计划而没能成书，但其诠释学的思想却有迹可循。

海德格尔将诠释学处境划分了三个要素："视位""视向""视域"[①]。这些海德格尔早期使用过的概念即"诠释学处境""视域"等，后来被伽达默尔的

———
[①] 马丁·海德格尔：《形式显示的现象学》，孙周兴编译，同济大学出版社，2004，第 76 页。

诠释学重新发掘激活。① "视域"与伽达默尔理解的"前结构"都是重要的概念。《存在与时间》将解释作为此在的实存论建构的环节: "把某某东西作为某某东西加以解释,这在本质上是通过先行具有、先行视见、先行掌握来起作用的。解释从来不是对现行给定的东西所作的无前提的把握。"② 理解的前结构包含"先行具有(前有)""先行视见(前见)""先行掌握(前把握)"。"先行具有"是对被领会了但还隐约未见的东西的占有。"先行视见"是瞄准着某种可解释状态的眼光。"先行掌握"则决定好了对某种概念方式的态度。一切解释都活动在这种"先"结构中,同时,"先"结构往往被科学认识判定为恶性循环论证。海德格尔对诠释学的洞见正在于反对所谓的恶性的诠释学循环,而主张进入这种诠释学循环,在此基础上历史认知反过来超越自许严格精密的科学认识。伽达默尔的诠释学则在捍卫诠释学循环的方面继承了《存在与时间》。这也就意味着对于"先见"的维护,对于理解的历史性的维护。伽达默尔因此坚定地在人文科学与自然科学认识方式的存在论基础之间划出界线。

按照利科的看法,"视域"这个海德格尔早期使用的概念,实际上与"前结构"是有所区别的。"视域就是看视的区域"③,这个区域包含从某个立足点出发所能看到的一切范围。"视域"的含义并不直接包含在"前结构"之中。早期围绕着"视域"的三重结构"视位""视向""视域",并不是"先行具有""先行视见""先行掌握"的三重结构的对应物。这种从"视域"到"前结构"的概念变化,显示出将所有先行的理解和解释的可能都集中在出发点的那种倾向。似乎诠释学"视域"并不是一种方法,也并不是主观任意的或者主动的选择,"视域"是不能够被选择的。这样一来,"视向""视域"都变得更加依附于"视位",理解的方向和理解的范围都必须依附于"前结构"。在利科看来,这种对"前结构"的津津乐道使得海德格尔、伽达默尔的存在论诠释学遭遇方法论的困境。似乎这种诠释学并不打算承担为认识论与方法论提供教导的任务,因此它很难

---

① 汉斯-格奥尔格·伽达默尔认为,"处境"概念的结构主要来自雅思贝尔斯在《时代的精神状况》中的相关讨论,"视域"概念除了显而易见的现象学根源之外亦与尼采有关。参见伽达默尔:《诠释学:真理与方法》,洪汉鼎译,商务印书馆,2016,第387页。
② 马丁·海德格尔:《存在与时间》,陈嘉映、王庆节译,生活·读书·新知三联书店,2006,第176页。
③ 汉斯-格奥尔格·伽达默尔:《诠释学:真理与方法》,洪汉鼎译,商务印书馆,2016,第388页。

被诠释工作的广泛读者理解和应用,也就面临着尴尬的局面。说到底,难道我们在进行诠释的时候,对于诠释策略和方法的考量都是彻底无关紧要的吗?

利科不同于伽达默尔之处,首先在于他对认识论和方法论的格外坚持。利科寻求一条在存在论与认识论之间维持平衡与中介的道路。对海德格尔的存在论,利科总是不乏含蓄的批评;对伽达默尔的诠释学,利科则倾向于对其重新诠释,尤其是强调其思想中本就存在着真理与方法的张力:"伽达默尔的哲学表达了我们上面已经描述过的两个运动的综合,从区域性诠释学到普通诠释学,从精神科学的认识论到存在论。诠释经验这个表达法很好地表述了这种综合特征。但是,与海德格尔相比,伽达默尔也标志着从存在论向认识论问题的回溯运动的开始。"[①]利科认为,诠释学史本身就包含着对认识论的要求,以此重新定向,诠释学需要一种有悖于所谓存在论转向的逆向运动。也就是说,诠释学在历经过从认识论向存在论转向之后,应当并且已经重新向认识论问题进行回溯。这并不是取消存在论转向,而是重拾诠释学史上一直存在的动力,也是在施莱尔马赫与狄尔泰身上关于古典诠释学的未尽之意,以便继续为诠释学寻求新的可能。不可避免地,在具体的或者说区域性的注释和诠释工作中,总是不能消除客观性与批判性的需求。我们需要回答如何诠释、诠释之真理与批判标准的问题。

利科认为伽达默尔的"视域融合"概念中本就包含着他的诠释学的内在张力:"这个概念意味着我们既不生活在封闭的视域里,也不在唯一的视域里。由于视域融合排除了关于整体而同一的知识的观点,这个概念蕴含在自己与陌生之间,在附近与遥远之间的张力。"[②]如果我们试图回归到诠释方法的角度,就会发现"前结构"更多地关系着基础,而"视域"更多地关系着应用。虽然"视域"基于理解的前结构而被解释所选择和敞开的范围,它的边界和有限性植根于立足点,然而"视域"又标志着诠释策略产生的影响而可以有所差异,因而有"视域融合"的问题。因此,可以说"视域"概念作为一种向着认识论的回

[①] 保罗·利科:《从文本到行动》,夏小燕译,华东师范大学出版社,2015,第100页。
[②] 保罗·利科:《从文本到行动》,夏小燕译,华东师范大学出版社,2015,第103页。

溯运动，它的包容力更强，伽达默尔的"视域"概念实际上为方法论留下了空间。此外，利科也从伽达默尔《真理与方法》最后的"语言哲学"中读解出面向认识论的开放性："人类经验的普遍语言性特征（伽达默尔称为 Sprachlichkeit）意味着我向一种传统或者一些传统的归属，总是通过对符号、作品、文本的诠释而达成，而文化遗产正是在符号、作品、文本中得到了记载，并呈现给我们去解读。"利科认为，伽达默尔的"视域融合"和"对话"概念，已经开启了诠释学从存在论向认识论的回溯运动，因而成为诠释学史的一座高峰。伽达默尔的"对话"概念首先基于"把诠释学任务描述为与文本进行的一种谈话"[①]，一种"问答辩证法"，然后扩展到人与人之间对话模式的分析。对话的每一方都需要意识到自身的局限性，努力发现对话者的观点的力量所在，以达到一种并非把观点强加于别人的共通理解。伽达默尔的"语言哲学"就展开在诠释者与文本间的"对话"、诠释者彼此之间的"对话"之中。在这种言语和语言系统之间的辩证关系中，批评和论辩的认识论要求获得了诠释空间。

三、认识论和存在论之间的张力：重新评价狄尔泰

在《从文本到行动》的诠释学论文集里，利科针对伽达默尔版本的诠释学史叙事发起了挑战。通过对诠释学史关键阶段的重构，尤其是《诠释学的任务：从施莱尔马赫到狄尔泰说起》详细讨论了这两位 19 世纪诠释学巨擘及其文本细节，利科着重强调了诠释学晚近史的两种倾向之间的张力。第一种倾向是"去区域化的运动"[②]，也就是使所有具体的区域性诠释学都被囊括进普遍的诠释学之中。第二种倾向则是"极端化的运动"[③]，也就是要求向更根本的存在论的极端化运动。利科认为，第一种去区域化的运动最终在第二种极端化的运动那里受到了阻力，诠释学的认识论和存在论关注没有办法结合起来，去区域化的运动就无法进行到底。在这两种倾向或运动之间，利科识别出了一种始终存在的

[①] 汉斯-格奥尔格·伽达默尔：《诠释学：真理与方法》，洪汉鼎译，商务印书馆，2016，第 620 页。
[②] 汉斯-格奥尔格·伽达默尔：《诠释学：真理与方法》，洪汉鼎译，商务印书馆，2016，第 77 页。
[③] 汉斯-格奥尔格·伽达默尔：《诠释学：真理与方法》，洪汉鼎译，商务印书馆，2016，第 90 页。

紧张关系，他并不认为第二种运动完全取代了第一种，而按照伽达默尔版本的诠释学史叙事，向存在论的发展就仿佛是一种线性的进步和取代。利科还特别强调施莱尔马赫和狄尔泰的当代意义，由他们所实施的诠释学的去区域化运动的强大推动力依然召唤我们。施莱尔马赫的开创性工作使各种现存的区域性诠释学的前身，诸如古典语文学和解经学这两大分支，超越具体注释规则和方法的特殊性，提升到一种普遍诠释技艺的层面。"这构成了一个颠覆，这个颠覆与康德哲学引起的针对自然科学的颠覆非常相似。"[1] 在利科看来，诠释学的这种去区域化运动就内在于 19 世纪康德哲学的大背景，认识论的普遍要求的根基就在康德的《纯粹理性批判》。更进一步，在新康德主义哲学的背景之下，哲学家狄尔泰推进了这种哥白尼式的革命，他把诠释学置入了历史科学的内部，"诠释学像是给康德哲学的巨大漏洞带来一个全面回答"。[2] 然而，与康德主义相对的，19 世纪的浪漫主义运动也是诠释学的泉源。诠释学对待浪漫主义怀有一种矛盾的双重态度，从施莱尔马赫开始，诠释学就一方面被浪漫主义的精神席卷，一方面又对浪漫主义提出批判。利科认为，浪漫主义哲学的根本信念即"精神是在天才个体性里运行的创造性无意识"，它是一种对主体的迷恋，这使浪漫主义提出了"像作者理解他自己一样或者甚至更好地理解作者"的理想。对浪漫主义的矛盾态度在施莱尔马赫那里已经显现出来，诠释的两种方式，即"语法诠释"和"心理诠释"之间的关系困扰着他，这两种诠释方式似乎互相排斥，一种关注客观的语词，一种则关注作者的主体性。利科指出，施莱尔马赫的诠释学思想发展中，最初两种诠释方式是互相平等的，直到他的后期著作中"心理诠释"才占了上风。[3]

在利科看来，狄尔泰的重要性是无论如何都不能忽视的。他是"诠释学史中的里程碑式的人物"，可谓是海德格尔、伽达默尔、贝蒂和哈贝马斯等人的不同的诠释学理论的共同鼻祖。[4] 伽达默尔在《真理与方法》中就大量引用了

---

[1] 汉斯-格奥尔格·伽达默尔：《诠释学：真理与方法》，洪汉鼎译，商务印书馆，2016，第 79 页。
[2] 汉斯-格奥尔格·伽达默尔：《诠释学：真理与方法》，洪汉鼎译，商务印书馆，2016，第 80 页。
[3] 汉斯-格奥尔格·伽达默尔：《诠释学：真理与方法》，洪汉鼎译，商务印书馆，2016，第 81 页。
[4] 潘德荣：《西方诠释学史》，北京大学出版社，2016，第 270 页。

狄尔泰卷帙浩繁的文集。在利科看来，继施莱尔马赫的浪漫主义诠释学之后，正是狄尔泰将浪漫主义诠释学发展成了一种历史学方法，进而成为全面的精神科学认识论。狄尔泰是后浪漫主义的德国历史学派的杰出解释者，他把兰克、德罗伊森等历史学家的洞见与诠释学结合起来。[1]"历史学派里存在的审美—诠释学因素和历史哲学因素之间的对抗，在威廉·狄尔泰这里达到了顶点。"[2]利科评论道："伽达默尔的《真理与方法》这部作品的题目就对海德格尔的真理概念与狄尔泰的方法概念进行了对比。如果说海德格尔可以通过强大的超越运动回避与人文科学的争论，伽达默尔反而只能投身于一个总是很艰难的争论，准确来说因为他认真地对待狄尔泰的问题。"[3]伽达默尔分析了狄尔泰思想中无法解决的冲突和内在矛盾，这首先表现为观念主义与经验主义的历史观的冲突，狄尔泰试图通过一种历史理性批判去补充康德的纯粹理性批判，"即在历史学派的历史经验和观念主义遗产中间建立一个新的认识论上可行的基础"。[4]历史学派尖锐地反对黑格尔的思辨的历史哲学，将其斥为"粗鄙的独断论"，这使得狄尔泰需要在历史学的认识问题方面像康德那样寻求批判。著名的狄尔泰与约克伯爵的通信正是围绕着"历史经验怎样可能成为科学"的问题[5]。狄尔泰是从"生命概念"出发解决这个问题的。"体验"就是历史科学可能性的最终前提："历史科学可能性的第一个条件在于：我自身就是一种历史的存在，探究历史的人就是创造历史的人。"[6]在伽达默尔看来，狄尔泰迈出的关键步伐正在于，他发现了"从构造个人生命经验的联系到一种超越个人经验的历史联系的这种转变"。历史学或精神科学的可能性就在于生命本身是时间性的，即有着诠释学的结构，这是伽达默尔著名的说法："生命本身解释自身。"[7]伽达默尔对此并非全盘同意，狄尔泰虽然自以为超越了黑格尔，但是伽达默尔从他的生命概念中显示了黑格尔客观精神的观念主义的阴影。"我们不仅听到了费

---

[1] 汉斯-格奥尔格·伽达默尔：《诠释学：真理与方法》，洪汉鼎译，商务印书馆，2016，第285页。
[2] 汉斯-格奥尔格·伽达默尔：《诠释学：真理与方法》，洪汉鼎译，商务印书馆，2016，第312页。
[3] 保罗·利科：《从文本到行动》，夏小燕译，华东师范大学出版社，2015，第100页。
[4] 保罗·利科：《从文本到行动》，夏小燕译，华东师范大学出版社，2015，第314页。
[5] 保罗·利科：《从文本到行动》，夏小燕译，华东师范大学出版社，2015，第316页。
[6] 保罗·利科：《从文本到行动》，夏小燕译，华东师范大学出版社，2015，第318页。
[7] 保罗·利科：《从文本到行动》，夏小燕译，华东师范大学出版社，2015，第323页。

希特的声音,甚至还在语词本身中听到了黑格尔的声音。"① 于是,狄尔泰思想的内在冲突最终就表现为关于历史意识的分析之中科学和生命哲学的冲突。按照利科的理解,这冲突也意味着一种非理性主义的生活哲学与一种类似于黑格尔的客观精神哲学的意义哲学之间的冲突。② 为了解决冲突,狄尔泰试图通过生命所包含的在赋予意义的过程中超越自身的力量,以诠释学的方法超越个人体验的有限性。这种方无须求助于黑格尔的绝对知识,也有自行克服历史主义困境的希望。伽达默尔的《真理与方法》对狄尔泰的讨论其实是以批判态度结束的。从狄尔泰到胡塞尔,以及从胡塞尔到海德格尔的思想发展中,伽达默尔强调了狄尔泰的局限性。他认为狄尔泰始终禁锢在方法论的冲突中,无法摆脱传统的认识理论,这种缺陷同样表现在胡塞尔身上。对于这两个人,"生命概念的真正内容是否受到这种由最终意识给予而进行推导的认识论模式的过度的影响",这是值得怀疑的。③ 在伽达默尔版本的诠释学史中,狄尔泰的生命的诠释学似乎本应被海德格尔的存在论取代。"正是通过海德格尔,狄尔泰的哲学意旨才被发挥出来。"④

利科对伽达默尔版本的诠释学史是有所保留的。在海德格尔与狄尔泰之间抉择的问题上,利科认为被伽达默尔识别出来的狄尔泰思想的矛盾恰恰富于当代价值。在狄尔泰那里,历史认识或精神科学的可能性问题引入了"说明"与"理解"的不同方法之间的对立。这种令人困扰的对立持续不断地贯穿了狄尔泰的整个研究。一方面,狄尔泰继承了施莱尔马赫的诠释学的心理学倾向,将如何理解他者或者说作者的心理作为重要问题;另一方面,利科又不断地遭遇科学性与客观性的问题。这种内在张力并不是狄尔泰应当被抛弃的理由,特别是,利科认为客观性与认识论的理想与浪漫主义的生命概念的互相抗衡,不应成为狄尔泰被海德格尔超越的地方,而应成为诠释学从存在论向认识论逆向回溯的契机。"伽达默尔确实是海德格尔的继承者。正是从海德格尔那里,他接受了

---

① 保罗·利科:《从文本到行动》,夏小燕译,华东师范大学出版社,2015,第325页。
② 保罗·利科:《从文本到行动》,夏小燕译,华东师范大学出版社,2015,第88页。
③ 保罗·利科:《从文本到行动》,夏小燕译,华东师范大学出版社,2015,第357页。
④ 保罗·利科:《从文本到行动》,夏小燕译,华东师范大学出版社,2015,第347页。

这个信念，也即被称为前判断的东西表现了人类经验的前结构。同样地，语文学诠释必须只是根本理解的一种派生模式。"①伽达默尔因此指责狄尔泰由于禁锢在认识论模式中，不能理解真正的历史性。利科则认为，伽达默尔虽然在《真理与方法》中宣称不要重蹈浪漫主义的覆辙，但是他的诠释学所继承的海德格尔道路似乎未能逃脱这个"颠倒的游戏"。②对于认识论与存在论之间的争论，或者说明与理解之间的争论，利科主张采取一种辩证的态度。认识论与存在论的诠释学并不是两个断裂的、互相对峙的阵营。在《说明和理解》的论文中，利科专门挑战了这种将说明与理解看作二元对立的观点。他援引狄尔泰作为例证，认为狄尔泰明确地没有要把某种浪漫主义的非理性和源于笛卡尔、牛顿的科学精神对立起来，而是"要给与理解与说明相对等的科学性尊严"。③在这种意义上，利科的《从文本到行动》也许更强调重新发现狄尔泰的启发，而不是跟随海德格尔、伽达默尔的道路。

重新发现狄尔泰的另一方面可能在于，承认狄尔泰对于海德格尔早期思想及其问题意识本来就产生过深刻的影响。在海德格尔的早期思想中，处处打下了狄尔泰的烙印，这些影响痕迹不仅留存在他当年撰写的许多读书笔记中，也能够从他逐渐成形的哲学著作中寻出端倪。1925年，海德格尔在卡塞尔为黑森艺术与科学协会做了一次持续五晚的系列讲座，题为"威廉·狄尔泰的研究工作与向一种历史性的世界观奋斗"。④这次讲座的主题人物正是狄尔泰。海德格尔在这里给予狄尔泰高度评价：在人生的意义问题的研究历史中，"狄尔泰的工作有着中心的地位"⑤。这次讲座浓墨重彩地将"1924狄尔泰年"⑥推向高潮。"1924狄尔泰年"还为《存在与时间》孕育出了第一稿《时间概念》。《时间概念》的副标题就是"对狄尔泰—约克通信集的评论"，其中的五页手稿直

---

① 保罗·利科：《从文本到行动》，夏小燕译，华东师范大学出版社，2015，第101页。
② 保罗·利科：《从文本到行动》，夏小燕译，华东师范大学出版社，2015，第100页。
③ 保罗·利科：《从文本到行动》，夏小燕译，华东师范大学出版社，2015，第175页。
④ Buren(ed.), *Supplements:From the Earliest Essays to Being and Time and Beyond* (New York: State University of New York Press, 2002).
⑤ Buren(ed.), *Supplements:From the Earliest Essays to Being and Time and Beyond* (New York: State University of New York Press, 2002), p.148.
⑥ "1924狄尔泰年"的详细历史追溯，参见 Theodore Kisiel, *The Genesis of Heidegger's Being and Time* (Berkeley: University of California Press, 1993), p.357.

接被收入《存在与时间》的一个章节"时间性与历史性"。海德格尔研究者 T. 克兹尔在《海德格尔的<存在与时间>的起源》中挖掘了这些线索:"从他还是一个神学系的学生起,海德格尔就常常从当时零零散散的狄尔泰作品中摘抄很长的文段。"[①]海德格尔当时摘抄的狄尔泰的《精神科学引论》的两个章节留存了下来,可以提示我们研究狄尔泰的这部著作对海德格尔的问题意识和哲学史观产生了何种影响。[②]狄尔泰认为精神科学的基础经历了由希腊的形而上学到基督教的认识论的发展,但基督教的进展随后又回堕到希腊宇宙论的范畴之中。这种回堕表现于奥古斯丁的新柏拉图主义倾向,更显著地表现于中世纪的经院哲学。被歪曲的基督教固化为一种"教权体系",堕落为一种"新的客体形而上学"[③]。因此,基督教令人遗憾地始终没能发展出一门纯粹基于宗教生活的内在体验的精神科学,但像奥古斯丁、路德、克尔凯郭尔这样的人物都曾努力使基督教不断地焕新。海德格尔与狄尔泰分享了相似的早年的神学背景,这使他某种程度上采取了相似的诠释视角。[④]

正是狄尔泰引导海德格尔进入一种重要的哲学史视野,这种视野在于与西方古典传统的遭遇,以及真正地"拥有"这些传统。狄尔泰的《精神科学引论》是从当代的历史处境中做了一种如何"拥有"传统的尝试,这就是历史地关联于古典传统来廓清精神科学的基础,也就是关联于基督教的体验源泉和希腊投下的概念阴影来廓清人的问题。然而,早期海德格尔对狄尔泰的痴迷到了《存在与时间》时期就几乎消隐了。《存在与时间》的第七十七节,原本是第一稿《时间概念》,即"对狄尔泰—约克通信集的评论"的部分摘要,已经显示出对狄尔泰的含蓄的批评,是海德格尔不愿停留在狄尔泰处的理由。海德格尔承认,

---

① Theodore Kisiel, *The Genesis of Heidegger's Being and Time*(Berkeley: University of California Press, 1993),p.100.
② Theodore Kisiel, *The Genesis of Heidegger's Being and Time*(Berkeley: University of California Press, 1993),p.101.
③ Theodore Kisiel, *The Genesis of Heidegger's Being and Time*(Berkeley: University of California Press, 1993),p.104.
④ 在1919—1920年冬季学期的课程中,海德格尔"把一项发现归于基督教,即实际生活(factic life)的体验在'自我世界'中聚焦。"在1920—1921年冬季学期的课程中,他尝试进行的工作是"循着狄尔泰所暗示的路线"解读保罗的《加拉太书》。在1921年夏季学期的课程中,他在"奥古斯丁与新柏拉图主义"的题目之下讨论了奥古斯丁回堕到希腊宇宙论范畴之中的问题。参见 Kisiel, *The Genesis of Heidegger's Being and Time*(Berkeley: University of California Press, 1993),pp.104-105.

他关于历史问题的分析都是"从消化了狄尔泰的工作后生长出来的"。① 然而，正如伽达默尔在《真理与方法》中点明的那样，在狄尔泰与约克的争论之间，海德格尔其实已经更加偏向于约克伯爵的立场，"认为他的思想甚至比狄尔泰的工作更为重要"。② 约克向狄尔泰表达的对他的哲学的不同意见，似乎为海德格尔提供了"在狄尔泰和胡塞尔那里未能发现的东西"。约克说出了海德格尔认为是狄尔泰的哲学追求："我们共同的兴趣在于领会历史性"。③ 我们知道"历史性"与其说是狄尔泰的纲领，不如说是海德格尔本人的《存在与时间》的纲领。海德格尔表现出对约克的"历史性"概念的提炼的赞赏。此外，约克还试图批评狄尔泰忽视了"存在者层次上的东西与历史学上的东西的差别"，海德格尔再次称赞他"有一种可靠的直觉"。④ 这种对约克的援引中无疑回荡着海德格尔自己关于"存在者"与"存在本身"的根本区分。

在前面关于诠释学史的讨论的基础上，我们可以更清晰地理解利科与海德格尔的距离，以及利科对海德格尔诠释学路线的批评。《解释的冲突》作为利科前期的诠释学文集也已经展开了对诠释学史的重新思考，利科认为应当走一条不同于海德格尔的短程的存在论诠释学的道路。《实存与诠释学》提出了整部文集"把诠释学问题嫁接到现象学方法上"的总规划，这个规划当然首先包含对诠释学历史来源的梳理，此时施莱尔马赫、狄尔泰几乎尚未受到利科的重视。⑤ 利科此处的意图主要是比较两种诠释学嫁接到现象学之上的道路，一者为短程的，一者为长程的。短程的道路就是指海德格尔理解的存在论，它同方法论的讨论彻底决裂，试图直接抵达存在论的层面，理解不再是一种认识方式，而成为一种存在方式。利科将其描述为"我们是通过询问的突然逆转而想象自己置身于这个存在论之中的"，因此称为"短程的"⑥。这种短程的直达存在论的道路，在利科看来，缺失了通过研究解经学、历史或精神分析渐渐接近的过程。利科因此支持另一种长程的道路。他并没有将海德格尔作为攻击的目标，

---

① 马丁·海德格尔：《存在与时间》，陈嘉映、王庆节译，生活·读书·新知三联书店，2006，第449页。
② 汉斯-格奥尔格·伽达默尔：《诠释学：真理与方法》，洪汉鼎译，商务印书馆，2016，第358页。
③ 马丁·海德格尔：《存在与时间》，陈嘉映、王庆节译，生活·读书·新知三联书店，2006，第450页。
④ 马丁·海德格尔：《存在与时间》，陈嘉映、王庆节译，生活·读书·新知三联书店，2006，第451页。
⑤ 保罗·利科：《解释的冲突》，莫伟民译，商务印书馆，2008，第1页。
⑥ 保罗·利科：《解释的冲突》，莫伟民译，商务印书馆，2008，第5页。

他说:"海德格尔的此在分析并不等于强迫我们在一种理解的存在论与一种解释的认识论之间做出选择。"[1] 长程的道路与短程道路的唯一区别,只在于提升到存在论的层面的过程是渐进的,还需要穿越语义学的层面和反思的层面。利科对海德格尔激进地取消解释方法问题表示了反对。"任何存在者的或存在论的理解首先并且总要表现在语言中。因此,在语义学方面为整个诠释学领域寻找一个参照轴心并非徒劳。"[2] 语义学的研究能够使诠释学不至于与解释方法脱离关系,并保持着嫁接在现象学上的诠释学与胡塞尔《逻辑研究》中的意指理论的亲密关系,还参与到语言转向的各种学说的对话中。值得注意的是,语义学只是第一个阶段,穿越了语义学的阶段之后,我们又会在反思层面与海德格尔殊途同归。利科认为诠释学的研究不能被封闭在语言领域的内部。"语言自身要求能指涉到存在。"[3] 因此,正是一种存在论的欲求,推动着诠释学超越语言的自身封闭性。从语义学到存在论的中介就是"反思",这种反思哲学不是空洞的我思,而是需要通过"狄尔泰称之为生命在其中得以客观化的种种表达"为中介,需要通过"应用于生命文献上的一种解读的迂回"。[4] 最终,长程迂回的道路也通往实存论的阶段。利科在这里并不认为哲学能够达到像海德格尔所说的基础存在论。诠释学的冲突导致了不同的实存方面的被发现,没有统一的存在论,只有"战斗的和破碎的存在论","这不是一种志得意满的存在论;它甚至不是一门科学,因为它无法避免解释的风险;它甚至无法完全摆脱诠释学之间的内讧。"[5] 在利科的长程道路的尽头,存在论只能像是一个希望之乡。

四、模糊多义的象征:利科诠释学的"秘密激情"

利科后来的诠释学文本的突出特征,是一种对认识论与方法论的重视,捍卫其诠释学不可或缺的地位。这也许会给人以错误的印象,即利科的诠释学是

---
[1] 保罗·利科:《解释的冲突》,莫伟民译,商务印书馆,2008,第5页。
[2] 保罗·利科:《解释的冲突》,莫伟民译,商务印书馆,2008,第11页。
[3] 保罗·利科:《解释的冲突》,莫伟民译,商务印书馆,2008,第17页。
[4] 保罗·利科:《解释的冲突》,莫伟民译,商务印书馆,2008,第19页。
[5] 保罗·利科:《解释的冲突》,莫伟民译,商务印书馆,2008,第26页。

倾向于客观主义的，或者说，利科似乎缺乏某种对存在论的热情。我们认为，象征诠释学正好可以驱散这种似是而非的错误印象。在他对恶的象征和弗洛伊德精神分析的具体或者偏于区域性的诠释学中，利科显而易见地证明了，他的诠释学的源头恰恰来自所谓长程道路尽头的实存论阶段，而不是全然像他后来的规划那样颠倒过来。象征诠释学除了被利科极力提升到普遍的双重意义的语言哲学层面，还包含着利科关于人的生存的复杂观点，这种实存哲学日渐显示出破碎的、冲突的特征，以至于被限制在无法成为一种独立的存在论的范围内。我们能够看到利科的实存论问题，也是后来他的诠释学始终无法摆脱的"秘密激情"。利科在象征诠释学阶段的主要工作也许更接近与客观主义相对的浪漫主义。与英美的语言哲学和逻辑学相比，他不断强调象征诠释学并不打算建立一种冷冰冰的语言的新专制，将世界化约为封闭的语言空间，也不同意语言哲学臣服于科学的自然主义世界观。存在与意义的两端，体验与言说，神秘与显白，必须同时得到尊重。象征具有丰富的多重意义的厚度和深度，象征总是处于表达与隐藏的双重状态。"使用象征的人首先是一个叙述者，他传递他很少能支配的丰富意义。"[①] 象征为思想提供了养料，并在思想中激发了理解的可能性。解释并不使象征的意义变得贫乏，而要说明它的多重意义的丰富性。在这个时期，利科更多地强调符号逻辑的语言观的"不宽容"，面对这种对自然语言以及象征的意义模糊的"不宽容"，他做出了针对符号逻辑的反击。"符号逻辑是空的，而在诠释学中，象征是充实的……正因如此，在给予思想以内容、血肉和厚重时，象征把我们联系在一起。"[②]

利科认为，符号逻辑所主张的与自然语言的含糊性的决裂，预设了一种可疑的对自然语言的傲慢与失望。符号逻辑无法接受含混的日常语言，无法接受语言原本充满的隐喻和特殊表达式，逻辑学家们如此排斥描述性的、充满激情的语言，以至于将这种原本属于自然语言内在的启示和激发的力量逐出了哲学

[①] 保罗·利科：《弗洛伊德与哲学——论解释》，汪堂家、李之喆、姚满林译，浙江大学出版社，2017，第40页。
[②] 保罗·利科：《弗洛伊德与哲学——论解释》，汪堂家、李之喆、姚满林译，浙江大学出版社，2017，第41页。

领域。"符号逻辑的人工性和空洞性，就是这个逻辑的真实目的，即确保论证清晰的对等物和条件。"付出这种代价的结果就是，语言仅剩下传递信息的功能。符号逻辑所采用的科学定义在消除双重意义方面取得了成功，更进一步，它试图创造一种符号系统来摆脱自然语言的缺陷，这种符号系统的"符号"概念排斥"symbole"（象征）等其他概念，尤其是"象征"的概念。利科则认为，诠释学必须针对符号逻辑的攻击为自己的语言观做出辩护，否则这两种学科就将处于无休无止的冲突。"在逻辑学家眼中，诠释学将永远被怀疑培育了一种对模糊的该受到责备的自满。"[①]

象征诠释学就需要通过辨析 symbole 来确立自己的象征概念。利科讨论了当时两种流行的 symbole 概念，一种是宽泛的，一种是狭窄的。[②]第一种比较宽泛的是将 symbole 定义为一种普遍的中介化的功能，这种功能是精神或意识构造知觉、话语的普遍工具，这种概念的典范就是德国哲学家恩斯特·卡西尔在著名的《符号形式的哲学》中提出的，这种情况下的 symbole 适合翻译为"符号"。第二种比较狭窄的概念则是将 symbole 理解为单纯的类比、比喻，这种情况下的 symbole 适合翻译为"象征"，这种象征概念在柏拉图主义、新柏拉图主义的传统和文学中流行。实际上，通过与符号逻辑的争论，利科还反驳了符号逻辑中的第三种即单义符号的 symbole 概念。利科对这三种象征概念都不甚满意，认为它们要么过于宽泛，要么过于狭隘，他自己则提出了第四种，介于宽泛和狭窄之间的象征概念。利科把象征理解为"A 之于 B 就像 C 之于 D"这样的类比推理，把象征的语义关系理解得更为形式化，将其理解为一种依附于各词项的外部关系，似乎从外部强加了类比的相似关系。在利科看来，"与我们可能从外部考虑的相似不同，象征是初始意义自身的运动，它有意识地将我们吸入被象征物，我们不可能去理智地支配这个相似性"。[③]除此之外，类

---

① 保罗·利科：《弗洛伊德与哲学——论解释》，汪堂家、李之喆、姚满林译，浙江大学出版社，2017，第 43 页。
② 保罗·利科：《弗洛伊德与哲学——论解释》，汪堂家、李之喆、姚满林译，浙江大学出版社，2017，第 8 页。
③ 保罗·利科：《弗洛伊德与哲学——论解释》，汪堂家、李之喆、姚满林译，浙江大学出版社，2017，第 14 页。

比的相似性关系也不足以涵盖"象征"的全部，因为类比仅仅是"象征"在字面含义和潜在意义之间的复杂关系之中的一种，其他的关系类型可能还很多样化，不能被类比的模式限制。例如，在精神分析中，我们解读梦的明显意义和潜在意义之间的转化关系就很复杂。在尼采和马克思那里，意识形态分析对意义的挪用和篡改也无法套用类比的简单模式。利科强调，在《恶的象征》的诸多象征的例子中，如在污点和玷污、偏离和罪、重负和罪过之间，象征的意义关系也并非简单的类比。作为类比的象征概念把研究领域局限于狭义的修辞学，无法涵盖象征的重要的语义学功能，也削弱了这种语义功能的重要性，因此利科希望寻找一种比它更宽泛的概念。

但是，在将象征的概念从狭窄带向宽泛的同时，利科的象征概念又遇到了另一个主要对手，也就是卡西尔。卡西尔的符号学提供了当时流行的宽泛的 symbole 概念，这也是利科所不能接受的。当然，利科承认卡西尔在新康德主义内部对符号哲学做出的贡献。利科说道："应该公正地对待卡西尔，他是第一个提出语言的重新建构问题的人。"[①] 卡西尔一边继承康德的遗产，一边试图打破先验方法的狭隘性。他在语言哲学方面推进了康德的"哥白尼革命"，他用有关心灵综合功能的客观化问题代替了原本实在性的问题，以此探索所有的综合活动与他们对应的客观化领域。在卡西尔看来，符号表达了我们对现实把握的非直接性，它是我们与现实之间思维的普遍中介，具有广泛的用途。但是利科并不认同卡西尔那种过于宽泛的符号概念，即把 symbole 称作一种普遍的综合形式。利科反对的主要理由是这种过于宽泛的概念消除了一种根本的区别，这种区别本应在单义的表达式和多义的表达式之间划出清晰的界线。卡西尔把所有的中介功能统称为符号，这损害了不同类型的 symbole 的描述和区分工作。如果我们用符号表示全部的意指功能，那么我们就会由于只重视单义的符号而忽视了多义的象征。真正的象征概念的主要应用领域是双重或多重意义的语言表达式，即最初的字面义蕴含了一种或多种新的意义的情况。利科认为，"正

[①] 保罗·利科：《弗洛伊德与哲学——论解释》，汪堂家、李之喆、姚满林译，浙江大学出版社，2017，第 8 页。

是这个界限，产生了诠释学问题"。① 这种对象征概念的恢复，在利科看来是一切诠释学问题展开的基础。

五、恶的现实性问题激发象征诠释学

我们现在回到恶的问题，将其作为展示这种象征诠释学的典型范例。《论解释：弗洛伊德研究》提供了象征诠释学理论的总结，将象征诠释学放入诠释学史和符号学潮流的广阔背景中。这种普遍的象征诠释学就是对《恶的象征》的具体象征研究的普遍化推广。我们说，象征诠释学的雏形已经呈现在《恶的象征》中。恶的体验就是一种典型的需要象征诠释学的领域，我们必须依赖象征概念以及对象征的多重意义的诠释学解读来间接地接近恶的体验。《恶的象征》就显示了利科如何基于恶的问题的方法论要求艰难地走向象征诠释学，这种普遍的象征诠释学的诞生受到了恶的问题的激发。从《意志哲学》第二卷的《易犯错的人》出发，利科遇到一个亟待解决的问题："我们如何实现从人类的恶的可能性到恶的现实性的转变，从易犯错性到过错的转变？"② 从恶的可能性到恶的现实性的不连续的跳跃，我们已经做过不少的讨论，不过现在我们要从语言的角度去考虑它。恶的可能性与现实性之间的断裂，在语言中表现为直接的语言与间接的语言之间的截然区别。为什么现实的恶显得像是谜题？从脆弱性到堕落之间的跳跃的纯粹偶然性，抗拒着理性的清晰思考，这在语言的层面也就意味着，我们无法为现实的恶找到清晰的语言表达。正是因为恶的现实性在语言中表现出隐匿和谜一般的特征，利科发现不得不通过对间接的语言或者说充满象征的语言的解释来推进研究，即通过恶的供认与在这种供认中表达出的恶的象征来进行诠释学的研究。这就是《恶的象征》为第二卷引入的诠释学方法。

利科认为，在恶的现实经验的领域，无论人自认为作恶，或者自认为是恶

---

① 保罗·利科：《弗洛伊德与哲学——论解释》，汪堂家、李之喆、姚满林译，浙江大学出版社，2017，第9页。
② Paul Ricœur, *Philosophie de la Volonté: Finitude et culpabilité*（Paris: Éditions Points, 2009），p.205.

的牺牲品,他所遭受的或所犯下的恶都不是以直接的、非象征的语言表达的。诚然,我们也许能够想象人对于自身所遭受或所犯下的恶的体验进行反思或清晰讲述,这似乎是日常经验可以允许的。但是在恶的体验中,反思或清晰的讲述往往来自抽象和化约,将体验的震撼、激荡、迷惑、痛苦等方面暂时排除或者说刻意省略。这就是利科在《意志哲学》之前的理性反思中要求的对恶的抽象或者说悬搁。那些被反思或清晰讲述出来的恶,总是已经逃离了恶的内在体验。恶的激情与荒谬性是与反思相悖的。值得注意的是,利科所讨论的主要是从人亲历或体验角度的恶的初级话语,至于我们更经常遇到的关于恶的话语往往是派生的,往往是从旁观者角度做出的评论,或者对恶的普遍性的谈论。这些派生的话语已经是对初级话语的加工、转译,实际上是缺乏体验的。关于恶的话语的确可以采取这种派生性形式,直至越来越理性化、越来越系统化,其典型例子就是神学或哲学讨论中的恶。但是,我们想要理解真正的恶或现实的恶,自然无法停留在派生性话语的层面,而是需要捕捉到恶的体验,回溯到那些恶的体验的初级话语。这样的恶的体验的初级话语是间接的充满象征的语言。更进一步,对恶的体验的直接反思或心理学,还要面对尼采的怀疑和弗洛伊德、卡尔·荣格的精神分析的挑战,否则难以证明自己的可靠。因此,我们也必须进行文化象征符号之长程迂回,来取代直接反思之短程的可疑道路。

  恶的供认和悔罪文献为我们提供了间接的、象征性的恶的初级话语。利科在这里关于希伯来和希腊传统的罪与忏悔意识及其语言表达的研究,主要依赖于《圣经》形成之前的犹太文献和较早的古希腊文献。在《恶的象征》中,这些可以被称为"罪之忏悔"的文献是一些特殊的古代文本,一般来说来自有信仰的群体。但是利科特别澄清道:"这个表达并不带有特殊的忏悔内涵,更没有特别的犹太教或基督教意义。"[①] 我们认为"恶之供认"的说法更能刻画利科研究的普遍性。恶的供认就是指人对于恶的剖析、供认、表白。"供认"本身没有宗教含义,它也用于司法和日常生活中。而利科又是在宽泛的意义上使用"忏悔"这个词的,他并不将其理解为特定的基督教忏悔,而是理解为恶的供

[①] 保罗·利科:《解释的冲突》,莫伟民译,商务印书馆,2008,第520页。

认在比较宗教学范围内的多种多样的语言表达。这种研究工作当然从哲学之外的比较宗教学领域获得了帮助，尤其是我们能够在意大利宗教史学家拉法叶·贝塔佐尼[①]那里看到比较宗教史的"忏悔"研究的渊源。贝塔佐尼的三卷本著作《罪之忏悔》就显示了极广阔的跨文化和比较宗教的特征。这套书在利科撰写《恶的象征》之前已经被翻译成法语并且广泛流行，而且我们也可以看到《恶的象征》中偶尔引述贝塔佐尼的观点。不过，正如利科自己强调的那样，《恶的象征》与贝塔佐尼的《罪之忏悔》的相似之处是有限的。贝塔佐尼把"罪""忏悔"理解得如此宽泛以至于他讨论了北美印第安人、日本人、印度人、中国人等的"罪之忏悔"，如同百科全书式的材料综合。[②] 利科的《恶的象征》的方法则有所不同。利科自己强调："我并不作为比较研究人员来讨论问题，我的出发点在忏悔或供认的现象学那里。"[③] 所谓现象学的方法，利科这里指的就是对恶的体验的关注，忏悔的现象学也就指向了对恶之供认的语言表达之中的体验的解读。贝塔佐尼的《罪之忏悔》涉猎甚广，与之对照，利科却将研究范围收缩至希伯来和希腊传统。在《恶的象征》的引言中，利科也专门解释了自己为何不能去涉猎超出希伯来和希腊传统的内容，这可以看作是针对宗教史的比较研究道路的反思。

利科更关注的问题无疑是象征性的恶的初级话语对于理解恶的体验的必要性，由此出发他才涉入了恶的供认和悔罪文献的研究领域。象征是我们称之为恶的体验或供认的体验的不可替代的语言。利科认为，在任何神学、神话的内部，象征都是第一位的。我们并不从那些最著名的、理性化的忏悔表达出发，例如原罪的概念。相反地，我们从这些忏悔表达的基础，即恶之供认或忏悔的初级表达开始。"《圣经》对堕落的描述也只是从本身作为犹太人的虔诚的恶的体验中获得其意义。正是祭礼上的'恶之忏悔'和先知们对'正义与正直'

[①] 贝塔佐尼（R. Pettazzoni），意大利著名宗教史学家，著作有《神话故事》（1948—1956）、《宗教史论集》（1954）和《全知的上帝》（1956）等。
[②] Pettazzoni, *La Confession des Péchés: Japon, Chine, Brahmanisme, Jaïnisme, Bouddhisme* (Paris: Librairie Ernest Leroux, 1932).
[③] 保罗·利科：《解释的冲突》，莫伟民译，商务印书馆，2008，第 521 页。

的呼吁,为神话提供了意义基础。"① 我们从原罪的概念回溯到堕落的神话语言,又从神话语言回溯到恶之忏悔的初级语言。这种初级语言显示出模糊的、多重意义的,甚至"令人反感"的鲜明特征。② 这也就是象征语言的特征。"忏悔者进行忏悔的那种体验,是一种深陷于情感、恐惧、苦恼状态之中的模糊不清的体验。"③ 正是恶之忏悔的初级语言把这种晦暗的体验提升到话语的层面。人才能通过恶之忏悔的初级语言,对这些荒谬性的体验进行描述。这只能是一种象征诠释学工作的领域。利科还认为,象征诠释学致力于一种"重现"的现象学任务。所谓忏悔的现象学就是通过象征诠释学的方法来进行"重现"。利科将其描述为:"我们的使命就是要在我们自身中重现恶之忏悔。"④《恶的象征》上篇特别强调了"重现",根据利科做出的解释,重现至少包含两方面的含义:首先,我们通过对恶之忏悔的象征语言的解读进入恶的体验;其次,这种恶的体验或者说忏悔意识是"在我们自身中"重现或重新体验的。这也就是说,象征诠释学通过想象力与共情的结合,使我们在自己的意识中感受一种忏悔的体验,这就是所谓的"在我们自身中"。但是,哲学毕竟又无法真的陷入这种忏悔的体验,只能以中立化的、"犹如"的方式分析忏悔意识的发生及其发展过程。⑤ 我们发现,利科在这个时期通过恶之忏悔的"重现"保持着与现象学的意向分析的联系,又通过解读象征将其扩展为一种现象学—诠释学的忏悔意识的间接性分析。目前更重要的是,《恶的象征》的引言简要地勾勒了一种"象征的准则学"⑥,其中最重要的部分就是对象征的三个维度的划分⑦。"在着手对象征系列进行直接的意向分析之前,我们应当确定其显现区域的范围和种类。"罗马尼亚学者米尔恰·伊利亚德对利科的象征的宇宙维度产生了影响,而利科在伊利亚德的宇宙象征的基础上又整合进了梦与诗的另外两个维度。在利科看来,每个象征都会显示出宇宙、梦与诗这三个维度。象征的第一个维度是宇宙

---

① 保罗·里克尔:《恶的象征》,公车译,上海世纪出版集团,2005,第6页。
② 保罗·里克尔:《恶的象征》,公车译,上海世纪出版集团,2005,第7页。
③ 保罗·里克尔:《恶的象征》,公车译,上海世纪出版集团,2005,第8页。
④ 保罗·利科:《解释的冲突》,莫伟民译,商务印书馆,2008,第521页。
⑤ 保罗·里克尔:《恶的象征》,公车译,上海世纪出版集团,2005,第20页。
⑥ 保罗·里克尔:《恶的象征》,公车译,上海世纪出版集团,2005,第10页。
⑦ 保罗·里克尔:《恶的象征》,公车译,上海世纪出版集团,2005,第11页。

维度，这种对宇宙象征的分析在很大程度上是利科借自伊利亚德的宗教现象学的。象征的宇宙维度是指以自然物来显示超自然的神圣意义。人最初就是根据这些自然物例如太阳、月亮、水或植物去解释神祇，这就将这些自然物变成了最初的象征。但是这些宇宙的象征本身处于摆脱其宇宙根源的过程中，逐渐向自我意识或精神的方向运动。因此，我们就会发现象征的第二个维度，即梦的维度。在这里，存在的意义是通过梦向我们显示的，或者反过来说，我们通过梦来显示存在的意义，这就使梦具有了象征功能。我们可以通过梦回溯个人的心理根源，也可以回溯整个人性的初始根源。梦的象征功能早已被各种原始宗教肯定，并且弗洛伊德和荣格的精神分析学派也以不同的方式肯定了这个功能。现在除了宇宙的和梦的维度之外，还有象征的第三种维度作为补充，也就是诗的维度。它不同于前两者的主要在于其创造性，即诗人以想象力去构想一种存在的可能性，并且以象征的方式说出。象征通过诗的方式在语言产生的瞬间被把握，这既不同于在仪式和神话中通过自然物的象征显示神圣，也不同于在精神分析中通过被压抑的婴儿期的复苏去显示人的心理根源。正如法国哲学家加斯东·巴什拉所说，诗的意象"将我们置于有语言的存在者的源头"。[1] 利科还认为，象征是同时具有这三个不同的维度的，并且这三个维度交织在一起不可分离。我们可以把象征的这三个维度理解为不同的"象征涌现的区域"[2]，那么这些不同区域就可以被看作处于互相交织和不可分离的状态。宇宙的象征可以再次出现在梦的象征的区域，宇宙和梦的象征又可以再次进入诗的象征区域。

---

[1] 保罗·利科：《弗洛伊德与哲学——论解释》，汪堂家、李之喆、姚满林译，浙江大学出版社，2017，第13页。
[2] 保罗·利科：《弗洛伊德与哲学——论解释》，汪堂家、李之喆、姚满林译，浙江大学出版社，2017，第12页。

第二节　恶的宗教学底蕴

一、在宗教信仰与哲学之间

实际上，象征诠释学作为《恶的象征》的基本方法，主要体现在整体框架的层面。通过象征诠释学，我们仅仅能够理解《恶的象征》的表层意图。它从《易犯错的人》的恶的可能性出发，向着恶的现实性进行探索，作为一种对现象学的诠释学扩展，它在利科意志哲学的计划中占据重要的位置。然而，除此之外，我们还需要对《恶的象征》的实质内容及其材料做些解释，以便真正地进入恶的象征与神话的具体分析。在很大程度上，这就意味着我们需要解释《恶的象征》跨越哲学与非哲学边界的鲜明特征。显而易见，《恶的象征》已经远离了传统哲学讨论的范围，以至于它似乎已经带着我们来到了宗教的国度。我们该如何理解其中哲学与宗教的缠结交织？是否将其看作利科对基督教信仰的告白？或者将其看作有着某种神学预设？这也牵连到在利科的思想整体中如何理解哲学与宗教的关系问题。前期的《恶的象征》是这些问题的突出代表。但是利科其他的诠释学、伦理学方面的著作也始终无法摆脱这些问题。我们已经看到，利科的意志哲学的实存论现象学起点已经涉及哲学与宗教的密切关系，但是其中也不乏哲学与宗教的划界、紧张与对抗。在利科看来，他自己的思想源头早就包含着这种哲学与宗教信仰的张力。利科将他的第一位哲学老师罗兰·达尔比耶先生追认为他思想的"助产士"。在最初的这些哲学课上，自小沉浸在虔诚的基督教信仰环境中的利科迎面撞上了一种新奇的思想方式,那就是哲学。宗教信仰与哲学之间的紧张与疑难，随着哲学在他心灵中激起的兴趣一并出场，利科将其描述为"一种好奇而不安的精神"。[1] 达尔比耶先生向利科传授了哲学，不是具体的哲学学说，而是一种思想的态度："当一个问题使你困扰，使你苦恼，使你畏惧，不要妄图绕开障碍，你要挺起胸膛，正面迎击。"[2] 这种紧张感在利

---

[1] Paul Ricœur, "RéflexionFaite: Autobiographieintellectuelle," (Paris:Éditions Esprit, 1995), p.14.
[2] Paul Ricœur, "RéflexionFaite: Autobiographieintellectuelle," (Paris:Éditions Esprit, 1995), p.13.

科进入大学之后并没有消失,而是推动着他不断地在信仰与理性之间寻找艰难的"停战"道路。① 我们认为,正如《恶的象征》所显示的那样,利科对于宗教信仰与哲学之间的停战的渴求,并没有变成一种过快的草率的统一,也并没有使哲学与宗教互相替代、互相混淆。毋宁说,这两方面在利科思想的漫长旅程中持续保持着适度的接触,与此同时,也被小心地划分开来。

鉴于这种状况,一方面,研究者们可能会只关注利科的哲学思想,将其宗教思想抛在脑后,视为十分个别的偶然兴趣;另一方面,研究者们也可能反过来过度地估计利科的哲学与信仰的决定性联系。这两种可能性有时取决于研究者所处的领域,以及他们在诠释利科时所采取的不同学科视角。至少,我们可以说,英美学界对利科的宗教与圣经诠释学研究做出了许多贡献。从20世纪90年代开始,英美学界出现了一批从圣经诠释学的角度对利科进行研究的专著。② 这些学者逐渐挖掘了利科思想与宗教或基督教神学的各种牵连。③ 例如,后现代神学作者凯文·范胡泽认为:"许多评论者忽略了利科思想的这一(宗教)维度,尽管它不容置疑地是利科整个思想构架的基础。在利科大量探究人类实存意义的诠释哲学中,其神学进路被研究者遗忘了。"④ 虽然范胡泽致力于全面展开利科思想的神学意蕴,但他还是提出了这样的疑问:"利科到底是一个哲学的神学家,还是一个神学的哲学家呢?在神学与哲学的如此连接中,利科是否保证了每一个的自主性和完整性?"⑤ 实际上,研究者们比较容易达成共识,利科的思想并非神学,他的思想也很难说有一个神学的部分。这是相对来说比较明确的。利科本人曾表示过对于神学家身份的拒绝⑥,以及他对于系统神学的冷淡和批评态度⑦,这些都是事实。在大部分研究利科的圣经诠释学和

---

① Paul Ricœur, "RéflexionFaite: Autobiographieintellectuelle," (Paris:Éditions Esprit, 1995), p.15.
② 张诏阳:《保罗·利科的圣经诠释思想研究》,博士学位论文,浙江大学人文学院,2017,第6页。
③ 这些学者有范胡泽(K. Vanhoozer)、华莱士(M. Wallace)、拉夫瑞(Laughery)、布伦德尔(B. Blundell)、斯蒂弗尔(D. Stiver)等人。
④ 范胡泽:《保罗·利科哲学中的圣经叙事:诠释学与神学研究》,杨慧译,中国人民大学出版社,2012,第3页。
⑤ 范胡泽:《保罗·利科哲学中的圣经叙事:诠释学与神学研究》,杨慧译,中国人民大学出版社,2012,第344页。
⑥ Paul Ricœur, *Figuring the Sacred: Religion, narrative and imagination*(Minneapolis: Fortress Press, 1995), p.205.
⑦ Paul Ricœur, *Figuring the Sacred: Religion, narrative and imagination*(Minneapolis: Fortress Press, 1995), p.236.

神学的研究者那里，利科与神学之间的距离得到了重视。① 然而，在明确了这点之后，又该如何理解利科思想中经常出现的宗教痕迹呢？

如何重新诠释"利科对神学的拒绝"与"利科对宗教的重视"，成了研究者们观点分歧所在。范胡泽虽然承认利科不是神学家而是圣经诠释学家，但他倾向于将利科诠释为"最好的、致力于基督教教义之理解的护教学家"②。他认为利科的哲学是以一种诠释学的方式服务于神学的，类似于"侍从"地位③，因而利科哲学的核心从风格上更接近"神学的恩典、希望与爱的美德"④。布伦德尔则提出了另一种看法。他认为利科本来就有多重身份，甚至在宗教相关的领域就可以区分出"三个利科"。利科首先是一位圣经诠释学家，虽然利科本人对自己在《圣经》方面的解读自谦为业余。⑤ 利科还是一位宗教哲学家，他通过哲学来反思宗教，这种宗教哲学家的立场并不基于信仰，而且远离神学。最后，也是最重要的，利科当然主要是一位哲学家，他的工作重点在哲学领域。布伦德尔将其归结为一种"哲学人类学以及由之而起的诠释学考虑"⑥。作为哲学家的利科对于圣经诠释和神学研究而言，只能是间接地富于启发性。⑦ 这就好像康德的情况一样。斯蒂弗尔有一个很好的说法，利科是一位与神学家分享共同主题的哲学家。⑧ "利科没有对系统神学发表多少看法，而且看起来一般对其不感兴趣。"当然，利科确实也讨论于尔根·莫尔特曼、鲁道夫·布尔特

---

① 参见 Blundell, *Paul Ricoeur between Theology and Philosophy: Detour and return*, Indiana University Press, 2010, pp.3-4. Stiver, Ricoeur and Theology,（London: Bloomsbury Publishing, 2012）, pp.145-147. 范胡泽：《保罗·利科哲学中的圣经叙事：诠释学与神学研究》，杨慧译，中国人民大学出版社，2012，第 354-355 页。
② 范胡泽：《保罗·利科哲学中的圣经叙事：诠释学与神学研究》，杨慧译，中国人民大学出版社，2012，第 354 页。
③ 范胡泽：《保罗·利科哲学中的圣经叙事：诠释学与神学研究》，杨慧译，中国人民大学出版社，2012，第 355 页。
④ 范胡泽：《保罗·利科哲学中的圣经叙事：诠释学与神学研究》，杨慧译，中国人民大学出版社，2012，第 357 页。
⑤ B.Blundell, *Paul Ricoeur between Theology and Philosophy: Detour and return*（Bloomington: Indiana University Press, 2010）, p.4.
⑥ B.Blundell, *Paul Ricoeur between Theology and Philosophy: Detour and return*（Bloomington: Indiana University Press, 2010）, p.5.
⑦ B.Blundell, *Paul Ricoeur between Theology and Philosophy: Detour and return*（Bloomington: Indiana University Press, 2010）, p.6.
⑧ Dan R.Stiver, *Ricoeur and Theology*（London: Bloomsbury Publishing, 2012）, p.145.

曼等神学家的著作，并与他们进行比较深入的对话[1]。斯蒂弗尔认为，"利科的哲学为当代基督教神学提供了绝佳的对话伙伴"。[2] 对于以上的研究者的观点分歧，我们认为问题的关键其实在于该如何理解神学。利科批评绝大部分传统意义上的神学，包括"纯粹思辨的神学""道德取向的神学"以及20世纪流行的"实存论神学"（existential theology）等[3]。但他在某种程度上谈论不可言说的"悲剧神学"，这种悲剧神学不能转化为思辨语言，只能在悲剧的象征的诠释学层面运作[4]。他还对于新近的"叙事神学"的思路产生兴趣，并且讨论了这种叙事神学面临的困难。[5] 这也就隐含着一种可能性，从利科的诠释学中未必不能衍生出新的神学进路，只是这种可能性依然保持在诠释学的范围内。

二、恶的问题与宗教哲学

《恶的象征》当然十分广泛深入地处理了宗教的材料[6]，但是它并没有神学的预设，也不是建立在信仰的基础上。正如我们前面章节已经讨论过的那样，利科表达过对系统神学的批判。《恶的象征》的研究主要涉入了宗教哲学、宗教学的领域。在当代的语境中，恶的问题或者恶的挑战可大致归属于宗教哲学的领域。神学和宗教哲学之间的区分，对于恶的问题来说是至关重要的。根据美国宗教哲学家希克的看法，宗教哲学研究有两大问题，上帝存在的问题和恶的问题，但它们有着相反的立意，前者关于"相信上帝的根据"，后者却关于"不信上帝的根据"。[7] 在恶的问题方面，宗教哲学并不以信仰为前提，也并不等

---

[1] 保罗·利科在《为布尔特曼著作（法文版）所作的序言》中详细讨论了布尔特曼的神学。参见利科：《解释的冲突》，莫伟民译，商务印书馆，2008，第489页。关于莫尔特曼的神学，利科在《依据希望而获得的自由》中提及并加以称赞。参见同上书，第493页。
[2] Dan R.Stiver, *Ricoeur and Theology* (London: Bloomsbury Publishing, 2012), p.146.
[3] Paul Ricoeur, Figuring the Sacred: Religion, narrative and imagination, (Minneapolis: Fortress Press, 1995), p.236.
[4] 保罗·利科：《解释的冲突》，莫伟民译，商务印书馆，2008，第383页。
[5] Paul Ricoeur, Figuring the Sacred: Religion, narrative and imagination (Minneapolis: Fortress Press, 1995), pp.243-248.
[6] 保罗·利科的《恶的象征》在六七十年代曾作为美国神学院研讨课的读物。参见 Stiver, *Ricoeur and Theology*, (Bloomsbury Publishing, 2012), p.16.
[7] 张志刚：《宗教哲学研究：当代观念、关键环节及其方法论批判（增订版）》，中国人民大学出版社，2009，第104页。

同于任何一种神学。希克在《宗教哲学》中倡导了这种当代形态的宗教哲学，"无须从任何一种宗教立场出发，无神论者、不可知论者和有神论者都可以对宗教现象进行哲学思考。"[1] 恶的问题恰好是一个能够体现宗教哲学在何处与神学分道扬镳的问题。希克的《爱之上帝与恶》是为恶的问题奠定当代研究框架的重要著作。[2] 恶的问题或者说神正论，在这部著作中面对来自保守的信仰和神学的争议。恶的问题就是要思考："恶在这世界上的存在，能不能与一个全能、全善的上帝的存在相协调？不论对信徒还是非信徒来说，这都是一个问题。在后者的心中，它是阻挡在宗教信仰面前的主要障碍；在前者那里，它搅扰他的信仰，引发强烈的内在紧张，使他永不停息地背负怀疑的重担。"[3] 恶的问题是对神或上帝的十分尖锐的挑战。这种挑战能否被严肃地回应，抑或只是被贬抑回避，这就在神学中引起了争议。约翰·希克写作《爱之上帝与恶》的时期处于从保守主义的基督教信仰，朝向后来的宗教多元论过渡的时期。[4] 在起初的时候，希克致力于反驳来自神学内部的偏见："我们被禁止用人类理性可理解的方式，用人类道德可接受的方式，来研究上帝如何与我们在一起。"[5] 在后来的《宗教哲学》中，希克则明确地使宗教哲学与神学互相独立，以便恶的问题能摆脱神学的桎梏。宗教哲学不同于宗教本身，正如科学哲学不同于科学本身，法哲学不同于法律本身。"宗教哲学不是神学的分支，而是哲学的分支（如果'神学'所指的是那种关于宗教信条的系统性阐述的话）。"[6] 利科则比希克所提倡的宗教哲学更加远离神学，更加强调恶的挑战。利科对神正论的批评使他的恶论走向了截然不同的方向。在上一章中，我们已经讨论过《象征符号的诠释学与哲学反思Ⅰ》对恶之思辨哲学路线及其中的神正论的激烈批评。20世纪80年代的《恶：对哲学与神学的挑战》更是直接针对当时美国学术界，即希克影响之下的"恶的问题"，做出了独特的回应。利科承认神正论是面对恶的挑战

---

[1] 张志刚：《宗教哲学研究：当代观念、关键环节及其方法论批判（增订版）》，中国人民大学出版社，2009，第2页。
[2] John Hick, *Evil and the God of Love*（London:Palgrave Macmillan, 2010），p.xv.
[3] John Hick, *Evil and the God of Love*（London:Palgrave Macmillan, 2010），p.3.
[4] John Hick, *Evil and the God of Love*（London:Palgrave Macmillan, 2010），p.xiii
[5] John Hick, *Evil and the God of Love*（London:Palgrave Macmillan, 2010），p.7.
[6] John Hick, *Philosophy of Religion*（Upper Saddle River: Prentice-Hall, 1990），p.1.

的重要话语类型之一，但是质疑了这种执着于寻求逻辑融贯性的解题方式。神正论始终试图消除"上帝是全能的""上帝是绝对善的""然而恶存在"之间的矛盾。利科则提倡首先致力于恶的体验的现象学，然后尽可能地综合考虑各种分散在不同层面的恶的话语，神正论在其中仅是构成环节之一。这基本上保持了利科前期从《意志哲学》第一卷的现象学研究扩展到第二卷的诠释学的恶论路线。

三、恶的宗教学和宗教史研究

从实质内容及材料的角度来看，我们发现《恶的象征》更加依赖于宗教学和宗教史的研究。一方面，利科曾多次论及《恶的象征》与 M. 利恩哈特、伊利亚德、范德列乌的宗教现象学著作的亲缘关系。他将自己关于恶的象征的研究谦称为"对它们的补充"。[1] 另一方面，我们又注意到貌似矛盾的事实，在《恶的象征》中，利科对于这三位宗教现象学家的借鉴极为稀少。实际上，他仅仅在导言中讨论了伊利亚德的象征研究，这主要集中在象征的宇宙维度的方面。[2]《恶的象征》的主体部分对恶的象征与神话的分类解释，都显得与伊利亚德的研究缺乏直接联系。换句话说，这就类似于利科的《意志与非意志》并未直接借鉴胡塞尔的具体分析，而是将胡塞尔现象学方法吸收转化之后扩展到了一个新的意志的领域。在某种程度上，《恶的象征》对宗教现象学方法的借鉴之处显得更少。《恶的象征》的框架和内容几乎完全是独创的，它建立在利科对原始宗教、犹太教、基督教、希腊宗教等不同宗教史领域材料反思整合的基础上，这也是因为恶的象征的研究缺乏可以直接借鉴的对象。当然，从宗教学的背景来看，利科对宗教的同情态度以及对象征的重视比较接近宗教现象学。

宗教学（science of religion）作为一门新兴的学科，一般认为是英国宗教

---

[1] 保罗·利科：《弗洛伊德与哲学——论解释》，汪堂家、李之喆、姚满林译，浙江大学出版社，2017，第23页。
[2] 保罗·里克尔：《恶的象征》，公车译，上海世纪出版集团，2005，第11-12页。

学家弗雷德里赫·麦克斯·缪勒奠定了基本的研究方法。[①] 这种意义上的宗教研究不同于传统的宗教哲学或神学。它从一开始就把理性的批判精神、跨文化的比较研究方法以及文化人类学、考古学、语言学、神话研究等多学科手段结合起来。缪勒的《宗教学导论》为这个学科提出了一些至关重要的纲领，推进了它的发展。缪勒从普遍的人类意识的角度给宗教下了定义："（它是）一种独立于甚至无视判断、理性的精神天赋，它使人能认识到无限者具有不同的名称，并且存在于各种伪装之下。"[②] 他十分强调宗教在人类感性中的根源，这是一种"灵魂的呻吟""对无限者的渴望"以及"思索不可思议之物和言说不可言说者的挣扎"。[③] 按照瓦尔特·凯普斯[④]的看法，缪勒的宗教学思想很大程度上受到了谢林哲学的影响。[⑤] 在德国哲学家谢林的影响下，缪勒认为最早的神灵观念来源于自然现象的人格化。[⑥] 这种人格化是对于原本根植于自然现象中的对无限者直觉的错误发挥，缪勒将其称为著名的"语言的疾病"。[⑦] 因此，缪勒反过来提倡对所有神灵和神性的指称进行"去人格化"与"重新—自然化"，这就指向了一种对无限者的朴素理解的"纯粹宗教"（pure religion）。我们发现，缪勒的宗教学思想中的确有针对传统宗教信仰的理性批判，他希望用"科学"的方式，即公正、不偏不倚的方式，使我们摆脱具体仪式神话的限制而把握宗教的某种本质。

缪勒的观点对后世影响颇大，但是他的观点也得到了持续不断的纠正与修订。宗教现象学作为宗教学的新方向就与这种纠正与修订有关。宗教现象学主要反对的是将宗教还原为某种核心的本质要素，也就是化约主义的思路。不同的化约主义无论采取什么样的化约方式，是心理学、经济学、社会学、历史主

[①] 关于宗教学何时开端，谁是宗教学的奠基人的问题，并不是没有争议的。有学者就将笛卡尔和康德称为奠基人。参见张志刚：《宗教哲学研究：当代观念、关键环节及其方法论批判（增订版）》，中国人民大学出版社，2009，第9页。
[②] 瓦尔特·凯普斯：《宗教学：学科的构成》，常宏等译，社会科学文献出版社，2017，第74页。
[③] 瓦尔特·凯普斯：《宗教学：学科的构成》，常宏等译，社会科学文献出版社，2017，第75页。
[④] 瓦尔特·凯普斯（W. H. Capps，1964—1996），美国宗教学家，其著作《宗教学：学科的构成》是比较新近而权威的西方宗教学理论综述。
[⑤] 瓦尔特·凯普斯：《宗教学：学科的构成》，常宏等译，社会科学文献出版社，2017，第73页。
[⑥] 瓦尔特·凯普斯：《宗教学：学科的构成》，常宏等译，社会科学文献出版社，2017，第75页。
[⑦] 瓦尔特·凯普斯：《宗教学：学科的构成》，常宏等译，社会科学文献出版社，2017，第76页。

义、自然主义等，它们的共同点都在于过度强调单一的解释模式，对宗教现象的复杂性和整体性欠缺关注。宗教现象学则提倡一种理论方法的转变。按照比较宽泛的理解，"现象学"在这里被用来表示对现象的高度重视，即强调宗教的可感的（perceptible）、显现的（manifest）和经验的（empirical）特征。[①] 那些自称支持宗教现象学的研究者们并不试图寻找宗教的某种本质或内在原因，也不试图重构宗教在历史中诞生的决定性根源和进化发展过程。实际上，他们倾向于保留宗教的复杂性与内在关联，仅仅以描述的方法去研究宗教现象的诸多呈现方式。在宗教现象学看来，以往很多宗教学理论其实是毁灭或错失了宗教现象。与之相对，宗教现象学则分享一些比较松散的基本纲领，这些基本纲领可能包括反化约主义、坚持宗教现象的独立性、怀有同情的理解以及重视宗教的意义维度等。[②] 实际上，宗教现象学的研究方法总是无法摆脱难以严格确定的印象。[③] 宗教现象学与现象学之间的关系也是一个错综复杂的问题，虽然宗教现象学家有时的确声称自己在使用来自胡塞尔的现象学方法。[④] 对利科来说，《恶的象征》的内部包含着信仰与理性之间的辩证关系，利科并未打算一劳永逸地切割它们，这种微妙细腻的态度贯穿这部著作。利科所进行的是类似于在哲学思想边界上的冒险。

四、恶的象征与伊利亚德的宗教现象学

我们发现在《恶的象征》中，利科受到的宗教现象学的影响主要来自伊利亚德，尤其是伊利亚德1949年出版的《宗教史论》[⑤] 对象征与神话的研究。伊

[①] 瓦尔特·凯普斯：《宗教学：学科的构成》，常宏等译，社会科学文献出版社，2017，第111页。
[②] 陈立胜：《宗教现象学正名》，《中山大学学报（社会科学版）》2012年第1期，第141页。
[③] 瓦尔特·凯普斯：《宗教学：学科的构成》，常宏、王兴、戎川等译，社会科学文献出版社，2017，第157页。
[④] 陈立胜：《宗教现象学正名》，《中山大学学报（社会科学版）》，2012年第1期。
[⑤] 伊利亚德的这部经典著作曾有不同的名称，它的最初名称叫《比较宗教史导论（*Prolegomena to a Comparative History of Religions*）》，受到杜梅齐尔（G. Dumézil）的赞赏，并帮助其进行修改。在1949年法国出版的版本被定名为《宗教史论（*Traité d'histoire des Religions*）》。法国学术界反响较为热烈，伊利亚德获得在宗教学领域的地位，也促成了该著作获得国际承认。1958年，该著作被译成英语，出版于美国，改名为《比较宗教的范型（*Patterns in Comparative Religion*）》。中译本则名为《神圣的存在：比较宗教的范型》。

第四章 恶的诠释背景

利亚德在这部著作中主要讨论了有关神显的不同形式的区分，其中，象征占据了突出地位，神话的意义和功能也扮演了重要角色。伊利亚德对象征和神话的语言学关注体现了宗教现象学通过恢复宗教的意义维度来反对化约主义的努力。众所周知，伊利亚德的宗教现象学的核心概念是"神显"，神显最宽泛的意义是指各种各样能够显示神圣的事物。① 归根结底，它就是世俗的对立面。神显不但数量繁多，而且形式纷繁复杂。"这种由无法完全形成任何公式或者定义的因素所构成的迷宫一般的复杂性。禁忌、仪式、象征、神话、魔鬼、神灵——这些只是其中一部分而已。"伊利亚德充分意识到从这些纷繁复杂的神显形式中选择有限的数量进行研究，当然是困难的工作。我们将会面对"各种仪式、神话、神圣形式、神圣和敬拜的对象、象征、宇宙观、关于神的话语、被祝圣的人、动物和植物、圣地等等"。② 这里涉及的研究材料也是海量的，包括南太平洋群岛"美拉尼西亚的宇宙起源神话"、印度的"婆罗门献祭"、日本佛教"日莲宗的神秘著作"以及"西伯利亚的萨满举行仪式的服饰和舞蹈"等等。正是这种多样性使我们有可能发现各种神显的不同模态。但是，伊利亚德特别指出象征和神话的重要性。象征和神话可以使我们清晰地看到仪式不能具体表达的观点，象征和仪式处在完全不同的层面，以至于仪式根本不能揭示象征所揭示的内涵。③ 原始民族的宗教生活总是超出了玛纳、力显（kratophanies）等纯粹感受的范围，人们进入宗教仪式就已经是一种集体宗教活动的维度，仪式为了进入真实的神圣世界已经包含某种理论的要素，这些理论的要素指向象征、表意文字、自然神话和家谱神话等。伊利亚德强调："人们经常会忘记，原始思维不仅表现在概念和感性因素那里，还主要表现在象征里面。"④ 伊利亚德认为原始文化也有自身的逻辑，这就是一种象征逻辑，不同于"根源于希腊人沉思的现代风格"。实际上，

---

① 米尔恰·伊利亚德：《神圣的存在：比较宗教的范型》，晏可佳、姚蓓琴译，广西师范大学出版社，2019，第 xxvi 页。
② 米尔恰·伊利亚德：《神圣的存在：比较宗教的范型》，晏可佳、姚蓓琴译，广西师范大学出版社，2019，第 6 页。
③ 米尔恰·伊利亚德：《神圣的存在：比较宗教的范型》，晏可佳、姚蓓琴译，广西师范大学出版社，2019，第 13 页。
④ 米尔恰·伊利亚德：《神圣的存在：比较宗教的范型》，晏可佳、姚蓓琴译，广西师范大学出版社，2019，第 37 页。

原始文化是否有另一种独特的思维方式的问题，已经在之前的宗教学研究中得到了许多关注。对伊利亚德来说，他比较强调象征的意义。

伊利亚德《宗教史论》的第十三章是专门用来讨论"象征的结构"的。象征当然只是作为形式多样的神显之中的局部现象，但是它又是充当了分析其他的神显时十分重要的结构和模式。在伊利亚德看来，象征包含着"辩证法"的运动发展的模式，凡是没有被神显直接祝圣的事物，还可以通过象征而成为神圣。[1] 最早的象征是那些自然物的神显，例如植物象征、月亮、太阳、闪电及某些几何图形。然后产生了一套不同于自然物神显的新的象征符号或者事物，它们以象征的方式获得了神圣的意义和功能。象征本身就具有一种能够继续产生新的神显的神显化功能。例如，所有关于月亮的护身符和符号都来源于月亮的神显，它们作为月亮的象征，以这样或那样的方式分享月亮的力量。伊利亚德还认为，如果说最初的神显代表着一种宗教经验的突然爆发，那么后续形成的象征系统就发挥了一种持续的整合作用。[2] "我们也可以说，象征系统暗示着人类有一种需求，要将世界的神显无限延伸，不断发现某个特定神显的复制品、替代品以及别的分有它的形式。"[3] 在这种意义上，象征系统就是从最初的神显出发的一系列次生神显的整合系统。伊利亚德就是这样在本书的前面章节中分别考察了月亮的象征系统、水的象征系统、天空的象征系统，以及大地、植物、太阳、空间、时间的象征系统。象征系统充当了伊利亚德对神显进行形态学的分类描述的基础结构。当然，这样的象征系统的理性化可能令人质疑，到底是原始民族那里就明确意识到的，还是一种研究者的随意整理和穿凿附会的解释。伊利亚德认为，"原始民族的心智真正具备从某个神显的象征系统的各个片段中看见这个体系并从中发现每一个神显的经验。"[4] 我们会发现，虽然

---

[1] 米尔恰·伊利亚德：《神圣的存在：比较宗教的范型》，晏可佳、姚蓓琴译，广西师范大学出版社，2019，第434页。
[2] 米尔恰·伊利亚德：《神圣的存在：比较宗教的范型》，晏可佳、姚蓓琴译，广西师范大学出版社，2019，第435页。
[3] 米尔恰·伊利亚德：《神圣的存在：比较宗教的范型》，晏可佳、姚蓓琴译，广西师范大学出版社，2019，第436页。
[4] 米尔恰·伊利亚德：《神圣的存在：比较宗教的范型》，晏可佳、姚蓓琴译，广西师范大学出版社，2019，第438页。

有些原始人并没有明确意识到这些象征系统,但是象征系统其实并未消失,象征系统作为长期的结构依然存在,使我们回溯到那些史前的象征去重新发现它们的意义。

利科对象征系统的基本看法类似于伊利亚德。《恶的象征》讨论的并不是单个的象征,而是复杂的层级分明的恶的象征系统,这个象征系统也是像伊利亚德那样从最接近自然物或宇宙的维度开始,逐渐向着象征程度更高的方向延伸。利科也分享了伊利亚德在象征系统的延续性和对于现代的持续影响问题上面的基本立场。这个问题是致命的,它关涉到象征系统的意义和有效性。如果我们不确定从原始宗教到古代宗教语言中分析出来的象征系统是否反映现象的深层结构,那么我们就难以论证这种恶的象征的精细分析对于理解恶的体验是有效的。我们为什么可以通过古代宗教的恶的象征系统来解读普遍来说的现代人的恶的体验呢?利科的研究也就在这里预设了与伊利亚德相似的回答,虽然他在《恶的象征》中并没有明确表明这一点。在利科看来,恶的体验在古代宗教传统和现代人之间当然是保持连续的,人对恶的体验是普遍的,没有理由不保持连续,也许这就像:无论神学理论形式如何改变,现代人的某种普遍的信仰需求总是保持了跨越历史的深层连续性。在《恶的象征》之后,我们看到在《论解释:弗洛伊德研究》和《解释的冲突》那里,利科会更深刻地反思宗教信仰的连续性是否遭遇了现代的怀疑大师们的彻底挑战。他最后得出了"偶像必须死亡——这样,象征可以长存"的结论,其实还是通过各种不同方式想要维系象征的深层连续性。[①] 因此,我们需要理解在《恶的象征》中包含的这种隐含的预设,这也可以说是利科将宗教现象学对宗教的同情式的理解引为同道的原因。伊利亚德借用列维-布留尔[②]的著作《原始人的神秘经验与象征》的观点指出,象征就是对神圣对象的替代物,而在从原始的神圣对象到现代人的象征的替代过程中,不可避免地出现了所谓"幼化"的现象,也就是象征体系

---

① 保罗·利科:《弗洛伊德与哲学——论解释》,汪堂家、李之喆、姚满林译,浙江大学出版社,2017,第375页。
② 列维-布留尔(L. Lévy-Bruhl, 1857—1939),法国社会学家、哲学家、人类学家。曾任巴黎大学教授和民族志研究所所长,社会学年鉴派的成员之一,著有《原始思维中的超自然与自然》《原始神话》和《原始人的神秘经验与象征》等。

的衰退。① 原始象征的起源具有宇宙论的神圣意义，只是到了后来，象征系统才以各种不同方式被重新解释，最终退化到今天这种迷信经济学或者美学价值的层次。② 伊利亚德所谓的"象征的幼化"可理解为象征变得细小、琐碎、幼稚，变得过分具体，剥离了神圣的意义。这样原始的象征系统就走向越来越低的层次，越来越远离神显，经历一种理性化的或幼稚化的衰退过程。③ 利科也分享了他的这种对象征系统的看法。对利科来说，原初的宗教象征带有意蕴丰富的深刻性，它们在神话和思辨的层面经历理性化的过程也是一个不可避免的丢失意义的过程。只不过利科试图通过象征诠释学的方法尽可能接近和恢复那种原初的意义。

虽然《恶的象征》与伊利亚德的《宗教史论》对于象征系统具有某些共同理解，但是我们也需要注意利科与伊利亚德之间的关键区别。这里最重要的是，伊利亚德的著作是一种典型的比较宗教研究，他描述了多种多样的从原始宗教到各大主流宗教的材料。也就是说，他更多地站在比较宗教的立场上拉平各大宗教，尤其是他反对重视基督教，没有将基督教看作一个从原始宗教开始的进化序列的顶点和终极。伊利亚德也明确地反对宗教进化论的研究，也就是从所谓的最简单的现象开始上升到复杂现象的这种历史发展序列。伊利亚德特别强调："我是指这样一类学术著作，它们先是讨论最基本的神显（玛纳、异常现象等），接着讨论图腾崇拜、拜物教、自然崇拜和精灵崇拜，然后是诸神和魔鬼，最后是一神教的上帝观念。这样一种布局过于随意了。它预设宗教现象有一种从最简单到最复杂的进化过程，而这种进化不过是一种无法证明的假设而已。"④ 我们认为，利科在《恶的象征》中，很大程度上还是无法放弃发展史的思路，虽然这种思路并没有呈现为明显的进化论，而且被处理得比较松散。对

---

① 米尔恰·伊利亚德：《神圣的存在：比较宗教的范型》，晏可佳、姚蓓琴译，广西师范大学出版社，2019，第 433 页。
② 米尔恰·伊利亚德：《神圣的存在：比较宗教的范型》，晏可佳、姚蓓琴译，广西师范大学出版社，2019，第 428 页。
③ 米尔恰·伊利亚德：《神圣的存在：比较宗教的范型》，晏可佳、姚蓓琴译，广西师范大学出版社，2019，第 432 页。
④ 米尔恰·伊利亚德：《神圣的存在：比较宗教的范型》，晏可佳、姚蓓琴译，广西师范大学出版社，2019，第 xxvii 页。

利科来说，基督教依然享有很高的特殊地位，它作为忏悔意识的内在化的某种意义上的终点，也作为恶的起源与终结神话的最优形式，在《恶的象征》中显示出一种支配性的重要性，这一点使他距离伊利亚德的宗教现象学颇为遥远。这也是利科认为自己的研究并不属于比较宗教学领域的原因。在利科看来，他的研究无法否认有一种希腊—希伯来文化的亲缘关系，这就决定了古希腊和犹太的过错意识成为研究的"主要参照点"①。这是那些象征在文化传承中的连续性的保证。从这里出发，利科还将向着"纵向""横向"进行一定程度的扩展。纵向的扩展就是对非洲、大洋洲、亚洲等地的文化人类学研究材料的吸收，这些材料是与利科本人所属的文化传统相对无关的，但是可以用来发掘他所属的文化传统的根源和沉积（sedimentation），也就是"我们自己的文明中因遗忘而被隐匿和掩盖的部分"。②另一方面，横向的扩展就是要将希伯来的材料放回到古代近东文化或者说两河流域苏美尔—阿卡德的古文化的背景中。利科认为，近东文化很大程度上还是因为与希腊—希伯来传统的关系，所以还是相对接近的。③不过，利科的比较宗教野心也就停留在此了。他主要围绕着希腊—希伯来的材料进行象征系统的分析，其他的纵向和横向的扩展毕竟被放在补充性的位置。在他看来，"源自古希腊的哲学问题取向的现象学不能公正对待印度与中国的伟大经验"。④这是一种研究起点的偶然性、文化的偶然性，或者说传统的局限性。"我们的文化和远东文化的关系总像是和某种遥远的东西的关系。"⑤这种文化局限性是难以克服的，所以利科在很大程度上放弃了试图无差别地跨文化研究宗教学的野心。如果我们比较《恶的象征》与贝塔佐尼、伊利亚德的著作，就会发现利科将研究范围缩小到希腊—希伯来文化的做法十分明显。

---

① 保罗·里克尔：《恶的象征》，公车译，上海世纪出版集团，2005，第 21 页。
② 保罗·里克尔：《恶的象征》，公车译，上海世纪出版集团，2005，第 22 页。
③ 保罗·里克尔：《恶的象征》，公车译，上海世纪出版集团，2005，第 22 页。
④ 保罗·里克尔：《恶的象征》，公车译，上海世纪出版集团，2005，第 23 页。
⑤ 保罗·里克尔：《恶的象征》，公车译，上海世纪出版集团，2005，第 24 页。

第五章　恶的象征神话

第一节　恶的三阶段象征

一、不断内化、伦理化与主体化的三阶段

正如利科与伊利亚德之间的差异和距离所揭示的那样，《恶的象征》从一开始就没有打算无所不包地囊括所有关于恶的象征。我们可以说，利科所建立的象征系统并不追求全面，因而显得比较狭窄，基本上局限在希腊—希伯来宗教的范围之内。我们甚至也可以说，利科对希腊宗教与哲学中恶的象征的讨论，也在某种程度上受到他最熟悉的希伯来文化的影响。因此，恶的象征以"罪"的象征为中心也就并不令人奇怪。实际上，相比于伊利亚德对宗教发展史的抵触，利科在恶的象征系统的阶段性构造中还是运用了某种发展史的模式。

恶的初级象征是由玷污、罪与犯罪这三个系列构成的。这三个阶段正好是恶的体验不断内化、伦理化与主体化的过程。自我意识随着象征的内化而增强，在犯罪的象征阶段达到极端。也可以将象征部分看作从恶到罪的意识现象学。利科对于三个象征阶段的分析更侧重于罪从恶之中诞生的过程，原始阶段、宗教阶段、伦理阶段的演进，其结构不能不说受到黑格尔的《精神现象学》的影响。对利科来说，三个象征阶段的分析也包含着对于恶与罪的辩证法、罪与罚的辩证法的暗示。利科对"重现"的理解显示了类似于精神的发展历程，从这种意义上说，我们要在自己身上以"犹如"的想象和共情的方式，"重现"产生宗教意识的恶之忏悔，这是一种精神的不期而遇的转变。[①]《恶的象征》的上篇"象征部分"就主要是对"玷污""罪"与"犯罪"这三个象征系列的逐个详细讨论。

[①] 保罗·里克尔：《恶的象征》，公车译，上海世纪出版集团，2005，第3页。

二、恶的象征的起点：玷污

"玷污"就是这个象征演进三阶段序列的最原始部分，也是所有恶的象征的起点。值得注意的是，利科并不认为作为起点的玷污象征就是恶的象征系统的本质或根本特征。随着它推进到接下来的象征阶段，文化人类学所揭示的玷污象征不断遭遇内在化、伦理化的保留与转化的过程，这也体现出利科并不愿意仅仅停留在文化人类学的层面，或者说停留在象征的宇宙维度中。玷污象征首先表现在不洁感之中。与过错有关的情感和行为最初总是以"净化、洁身仪式和畏惧不洁"为背景。① 在玷污的表象背后，我们发现了某种非理性的畏惧情绪。斯宾诺莎说："无欲无求就无所畏惧。"精神分析学家则认为这种畏惧是一种近似于着魔的神经官能症。这种原始的不洁感及其畏惧情绪，从某种意义上说已经远离我们现代人的恶的体验。类似于"消除玷污"的宗教仪式与活动已经很难与现代理论联系起来，但是这也使恶的象征分析不可回避地需要借助文化人类学在原始文化那里重新发现的习俗来进行溯源。不洁感就是玷污象征的基础。利科在这里引述了贝塔佐尼对玷污的定义："一种引起罪恶、不洁、变卦、神秘莫测和能自动地也极不可思议地起作用的有害东西的行为。"② 从这种定义中，我们理解并认为玷污是一种准物质性的东西，它在我们不可分割的精神和肉体所存在的领域中作为恶的物质力量，制造无形的伤害。玷污的非理性特征令我们只能间接地讨论它。玷污总是从两方面使现代人感到十分惊讶：一方面，古老的玷污包含着一些不再被我们视作罪恶的东西，比如为跳入火中的蛙、在住所附近排泄的狗也冠以玷污之名；另一方面，旧的玷污观念中存在的缺漏也令我们惊讶，犹太法典和古希腊历法告诫我们，一些行为比如偷盗、说谎、杀人等并不被认为是玷污，玷污是与道德观没有关系的。玷污概念在广义和狭义上的区别和混淆证明，曾经有过罪恶与灾祸不分的阶段。③ 因此，玷污的象征就构成了后来广义的宗教恶概念的源头。性行为作为玷污的典型例子，

---

① 保罗·里克尔：《恶的象征》，公车译，上海世纪出版集团，2005，第 26 页。
② 保罗·里克尔：《恶的象征》，公车译，上海世纪出版集团，2005，第 27 页。
③ 保罗·里克尔：《恶的象征》，公车译，上海世纪出版集团，2005，第 28 页。

证明了玷污的一种物质性。婴儿被双亲不洁的体液所沾染，因此生而不洁。这样的信念，持续萦绕在现代人的意识中，而且对原罪的思考起到了某种决定性的作用。①

玷污之中包含着发展到"伦理的恐惧"的内在动力。玷污并不仅仅是一种因接触而传染的物质性存在，它是在畏惧之类的特定感情中被我们体验到的。畏惧不是静态的，它从最初就蕴含着趋向更高级的罪恶意识，指向伦理的畏惧而非止步于肉体的害怕。报复与玷污的原始联系就是畏惧最初的起因——不洁就会受到报复。更进一步，如果报复的发起者被想象成一个受损害的正义神明时，报复就有了"命令"甚至是"拯救"的意味。②因而受难被理解为违背命令的代价、未满足纯洁之要求而遭到的报应。报复与玷污之间不可避免的联系，先于任何制度和政令。天谴观念也与此相关。由于惩罚的中介作用，天谴这种不见凶手的暴力惩罚，在人世间留下无数受难的故事。整个自然秩序也由此进入了一种伦理秩序。玷污意识以畏惧的形式揭示了人们所相信的惩罚的法则。人们在玷污与受难之间体验到的害怕，让两者的联结变得更加牢固，并且在相当漫长的时期内形成了一种合理化的组合，形式上的因果关系：受难一定是因为犯罪。伦理恐惧的领域也保留了玷污的象征关于受难的罪恶的合理化解释。

罪的伦理从受难的自然领域中分离出来的这一转折时刻，巴比伦和希伯来的约伯类型的故事都是最好的证据。此后，行为的罪恶与受难的罪恶，将不可能在直接的说明中等同起来。就是这种分离成为人的良心苦恼最主要的根源之一。利科认为这里的伦理化是包含可质疑之处的。"正是在最初合理化的这一危急时刻之前，在受难疾病死亡失败和过错分离之前，对不洁的畏惧才展示了他的忧虑，对玷污的防范承担了所有害怕和所有悲痛，人在受到某种直接谴责之前，已经暗中被指控给世界带来了灾祸，这样在我们看来，当人开始有伦理的体验时，就已经受到了错误的指控。"③利科对人在伦理的恐惧之处受到指控可疑性的强调，也关联于利科对"禁止"和"观念"的批判反思。禁止也诞生

---

① 保罗·里克尔：《恶的象征》，公车译，上海世纪出版集团，2005，第30页。
② 保罗·里克尔：《恶的象征》，公车译，上海世纪出版集团，2005，第31页。
③ 保罗·里克尔：《恶的象征》，公车译，上海世纪出版集团，2005，第32页。

于受难与惩罚的混淆,由于禁止本身就包含一种受难的惩罚,所以报应的阴影也投影其中。"在害怕玷污的过程中,人类害怕超越者的否定性,那是人类不可能站在其面前的超越者,报应因此就有着令人难以忍受的力量。"①

因此古老的玷污观念在主观和客观方面就有两个重要的特点:一,它是某种传染的东西;二,它含有因预见禁止背后的报复或天谴而产生的畏惧。这两个特点将在新阶段得到保留和转化,几乎从未消失。玷污的象征能力体现在何处?不洁从来都不只是物质性具体的污秽或肮脏,它还有一种象征力量,从中可以衍生并抽象出卑劣等含义。②肉体上的传染作为一种象征,暗示着道德上的卑劣。而沐浴仪式也并不是简单的冲洗,而是一种象征性的行为,并衍生了更多的意义。所有象征性的活动作为整体形成了一种仪式性的空间,衍生了丰富的意义,也产生一系列相关的词汇。在西方传统中,洁与不洁的词汇在古希腊有其根源。这些关于玷污的语言是希腊人的文化创造,它们的功能是对一个虚构的过去进行解释和回忆。这些带有宗教色彩的痕迹在希腊哲学的遮掩下经常被我们忽视。利科在这里所依赖的材料主要来自古希腊宗教研究领域的学者穆兰的《从荷马到亚里士多德的古希腊思想中的洁与不洁》。比如古希腊政治家德拉古的法典中的公共禁令,要将公民和罪犯隔离开来——即使这些罪犯是"非故意"的罪犯。③古希腊历史学家修昔底德描述过,在神庙祭坛的一次凶杀事件后,被指控渎圣的犯人的整个家族被判决流放。在希腊的悲剧中,我们也在那里发现玷污的语言。玷污为他们提供了想象的模式。"哲学上的净化"的基本概念也是在此基础上得以构成。利科称之为哲学上的变化,或者转变(transposition)。④

---

① 保罗·里克尔:《恶的象征》,公车译,上海世纪出版集团,2005,第34页。
② 保罗·里克尔:《恶的象征》,公车译,上海世纪出版集团,2005,第36页。
③ 保罗·里克尔:《恶的象征》,公车译,上海世纪出版集团,2005,第38页。
④ 保罗·里克尔:《恶的象征》,公车译,上海世纪出版集团,2005,第35页。

三、从玷污的象征到罪的象征

从第一阶段玷污的象征朝着第二阶段即罪的象征发展被"畏惧的升华"所预示。畏惧的意义在这里会逐渐发生改变。正如玷污是象征性的污点，对不洁的畏惧也不是肉体上的害怕。畏惧经由词语获得了其伦理特征。而词语成为规范洁与不洁的手段，潜入作为一种手段的体验之中。玷污进入词语的领域，除了禁令，也有忏悔的原因。当人们向自身追问苦难的缘由时，一种真诚忏悔的努力就在内心产生了罪的忏悔。对报复的害怕，已经夹杂了对于公正的惩罚的要求。良心不再向实际受难中寻找报应法则，而把期待投向其他方面，比如历史的结局、上帝的最后审判或者是奇迹。但惩罚令人苦恼的负面特性毕竟无法改变。[①] 随着畏惧的深入和消失，秩序被恢复的动向也愈加明显。通过否定，秩序重新肯定了自身，在破坏和否定后达成了重建。因此在惩罚的否定要素中，原始的完善也已经被肯定，对报复性惩罚的畏惧就变成了对秩序的赞美。柏拉图《高尔吉亚篇》试图暗示，真正的惩罚会带来幸福——在恢复秩序的过程中产生幸福的东西。[②] 另一方面，如果对公正惩罚的要求夹杂了对秩序的预期，那么这种预期也夹杂了希望，使畏惧得到"升华"。当然，利科仍然强调，从害怕报复到爱的秩序，在新的情感领域内，害怕被接受和改造而并未被抹消。教育的着眼点不是彻底消除灵魂的害怕，只是将害怕升华和间接化，使其程度减轻，转入一种新的维度。

于是我们就来到了从第一阶段玷污象征到第二阶段罪的象征的分水岭。利科认为，玷污和罪两者之间意义的区别更多体现在现象学方面，而非历史学方面。我们能够在宗教史研究中发现，在不同社会中，玷污的象征与罪的象征保持连续的转变。这就类似于纯洁的意义不但能转到虔诚和神圣的意义，而且也不难转到正义的意义。利科认为，从现象学的角度观察，在玷污向罪的幽微曲折的转变过程中，最值得注意的例子是巴比伦人对罪的忏悔。[③] 罪与玷污之间

[①] 保罗·里克尔：《恶的象征》，公车译，上海世纪出版集团，2005，第 44 页。
[②] 保罗·里克尔：《恶的象征》，公车译，上海世纪出版集团，2005，第 45 页。
[③] 保罗·里克尔：《恶的象征》，公车译，上海世纪出版集团，2005，第 49 页。

最关键的区别就在于与神的私人关系。恶的忏悔者感到，没有神就会受到恶魔的威胁。一旦忏悔者开始感到神弃他而去，他就会产生一种新的意识，他的罪其实是生存本身的内在之物，由此引起他良心的审查和带有疑虑的思索。被抛弃的感受，令罪之忏悔产生了新的动力，忏悔者开始向着无意中冒犯的神，或者被遗忘，或尚不知道的罪的方向寻求良心的自我审查。这种罪的忏悔精神在礼拜仪式也有其表现，向神恸哭的祈祷方式包含了希伯来人忏悔的实质："神啊，我罪孽深重！"①

"面向上帝"是支配罪概念的基本范畴。② 面向上帝并不意味着面对完全的他者。契约关系的先在确立，是违背契约成为罪的前提。罪是否以有神论为前提？利科认为这个问题很合理，但有两个前提条件：第一，我们不能限于一神论，也需要在多神论的意义上理解有神论；第二，我们还是要确立有神论是一种人的根本生存处境。在伦理之前，罪首先是宗教性的，它违背的不是抽象准则或价值准则，而是一种人与神之间的私密契约。但是，也不能把面对上帝过早地看作一种立法或执法的绝对权力。上帝或诸神在这一阶段还没有成为绝对的立法者和执行者。对罪的完整体验，也包含人与神的交流。利科强调，我们在恶的宗教史方面的研究中，不能把犹太人的法典看成唯一可依赖的文献。③犹太人的确为了规范行为，制定出仪式的、刑事的、民事的和政治的法典。但是我们应该关注这些法典的生命力及其转化方面的作用，而非仅从律法中寻求希伯来人对罪的体验。法典的生命力和推动力来自法典以外的文献，比如讲述罪与死亡故事的"历代志"、吟诵悲哀忏悔和乞求的"赞美诗"、先知告诫威胁世人的"神谕"，还包括把法典、命令、诗篇、神谕都表现为智慧的"格言"（sentences）。罪的体验在所有这些不同的语言形式中被表现出来。这比律法的命令和神学上的思辨更为宽广，也更有生命力。

实际上，古代希伯来人先知在其神谕中表现出了罪的两个主要特点：第一，先知宣告了耶和华之民的灭亡。这里包含着一种"震怒"，上帝是敌意的，发

---

① 保罗·里克尔：《恶的象征》，公车译，上海世纪出版集团，2005，第50页。
② 保罗·里克尔：《恶的象征》，公车译，上海世纪出版集团，2005，第52页。
③ 保罗·里克尔：《恶的象征》，公车译，上海世纪出版集团，2005，第54页。

出神谕：你将要灭亡，你将被放逐，将被劫掠。[1] 第二，这可怕的威胁中带有愤慨与责备，拥有独特的义愤的伦理特征。作为对罪的沉思，威胁与愤慨，恐吓与谴责，在预言中融为一体。正是在这种神谴与愤慨的交互关系中，我们认识到了罪。[2] 这就是上帝对人提出"无限的要求"的意蕴。这种无限要求使上帝与人类之间产生了深不可测的距离。这种无限要求同样使整个希伯来伦理观具有一种特有的紧张状态——无限的要求与有限的戒律之间的紧张状态。上帝对人的无限的要求，证明了人的罪恶的根深蒂固。于是这就产生了一个疑难的问题：对于绝对难以达到的伦理要求，软弱无力的人类面对无法抵达的他者，只能沉沦在被疏远的痛苦与不幸之中。这个问题应该放在立约背景里考虑。立约揭示了无限要求和有限戒律的辩证法，对于希伯来人的罪的概念来说，先知的谴责与律法的调和是必不可少的。[3] 对于立约来说，存在着一种伦理紧张的局面。一方面，绝对要求发掘着恶在人的内心的无限根源；另一方面，律法又度量罪，把罪划分成可以判定、违背的有限法律，为后世提出解决办法。从先知阿摩司到以西结，这种伦理的紧张局面虽然被这样那样地延伸，却从未被打破过。[4] 利科认为，这种辩证法恰恰是无法终止，也不应该终止的。如果我们打破了无限要求与有限戒律之间的辩证关系，要么会使无限要求的上帝成为不在场的完全他者，要么会令面对上帝的律法完全限于世俗伦理的道德意识。除此之外，希伯来预言上帝震怒与愤慨的不可分离还有利于解释从玷污意识到罪的意识的过程中害怕的残余，玷污阶段的害怕苦恼并未消失，只是改变了特性。如果将害怕苦恼与面对上帝的无限要求之间的紧张关系联系起来，我们就会理解永远无法终止的苦恼的意义。[5]

罪的象征同时具有虚无与确实两方面的特征。罪的象征的这两方面特征也是通过象征的语言得到了诠释学的解读。过错的新体验因立约而获得意义，但它不是沉默的。考虑先知的谴责的方式，就不能忽视罪的体验对语词的影响。

---

[1] 保罗·里克尔：《恶的象征》，公车译，上海世纪出版集团，2005，第56页。
[2] 保罗·里克尔：《恶的象征》，公车译，上海世纪出版集团，2005，第57页。
[3] 保罗·里克尔：《恶的象征》，公车译，上海世纪出版集团，2005，第59页。
[4] 保罗·里克尔：《恶的象征》，公车译，上海世纪出版集团，2005，第63页。
[5] 保罗·里克尔：《恶的象征》，公车译，上海世纪出版集团，2005，第64页。

先知的召唤，罪人的供认，比如阿摩司所说的不义，何西阿所说的通奸，以赛亚所说的傲慢，耶利米所说的无信等，都是在语言环境中产生的。① 参考玷污的象征系列，我们已经看到玷污是由接触而传染的某种东西，某种实在力量的表象，即使该表象不是从字面上理解，而是从象征方向理解，贯穿玷污字面义的第二意向依然能够表明，玷污的正面特性和纯洁的反面特性。玷污的象征系列，也就是玷污和纯洁这一对相反的特性，在新体验的逼迫下必然被粉碎，并逐渐被新的象征系列取代。罪首先是一种关系的决裂。罪的象征系列在最初的外表下，放弃了玷污的象征系列。它不仅仅是一种关系的破裂，也是对主宰人的力量的体验。罪的象征系列重新发现了玷污象征系列的主要意向：罪也是某种东西、某种实在。这样就涉及了在旧的玷污象征系列发展到罪的象征之后的遗留物。立约类似于私人关系的象征，罪的基本象征系列指向关系的丧失，脱离本体论基础的根源性的丧失。相应地，赎罪对应的就是回归的基本象征系列。正如不提净化就不可能提及玷污，罪与赎罪的象征构成了一对象征系列。否定和再肯定形成一个连贯的象征整体。虚无与确实两方面的特征也就形成了连贯的整体。根据罪的象征的否定性，我们会得到这样的结果：违反契约，上帝成为他者；面对上帝，人沦为虚无。② 这是"苦恼意识"的时刻。然而像克尔凯郭尔要说的那样，罪的象征系列也是确实的。正是罪的象征的确实性将罪的象征与它所取代的玷污的象征的确实性联系在一起。

四、犯罪象征：过错归罪于个人

罪的确实性，表现在其轻重不能仅凭罪人对它的意识衡量。这也是罪的本体论的体现，不能与犯罪意识的主观性相混淆。先知以召唤去揭露、谴责实际的罪恶，就是基于这种罪的确实性，即使对被遗忘的罪，或无意犯下的罪，忏悔者也要忏悔。罪的忏悔可以说为罪的确实性打开了新的视域。在面对上帝的

---

① 保罗·里克尔：《恶的象征》，公车译，上海世纪出版集团，2005，第71页。
② 保罗·里克尔：《恶的象征》，公车译，上海世纪出版集团，2005，第82页。

立约关系中，罪成为一种超然的存在，不能完全归咎于个体。利科强调，罪的确实性中包含着人类面向上帝时的集体统一性。① 相比于第二阶段罪的确实性的集体维度，第三阶段的犯罪象征将具体的过错归罪于个人，这的确是一种进步，无罪之人不再担负集体强加的惩罚。但是利科认为，这一前进的代价是人类丧失了面向上帝时的统一性。罪的确实性还意味着上帝的绝对鉴察，即被上帝的目光注视（regard）。上帝注视着罪，不是我自己的意识，而是罪的自发。立约的对话关系，支配着被上帝注视和鉴察的一切。

这种上帝的绝对鉴察与自我之间的原始关系的解体，最终促成了迈入第三阶段的犯罪意识。在利科看来，约伯记就是这一转折的绝佳证据②，约伯对这种追踪并最终要杀死他的上帝的绝对鉴察追踪发出了质问。对上帝鉴察的真理与正义所持的信仰，在信仰者迈入自我意识的阶段，将逐渐趋于淡薄。这也是旧的惩罚理论的消解过程。利科认为，这种意识首先是一种疏远的意识，固定在对一种对有害实体的描写中，那种有害实体被戏剧化为精灵或恶神的模样。古代东方的宗教经文表明，对这种虚构的恶魔般的力量的过度描写是这种疏远意识的阶段所固有的。恶魔般的力量取代了生命，已经紧附在罪人身上，使罪人中邪病，控制他的人格。先知的说教中同样不乏对恶魔精灵的描写，他保持了对制约罪人的罪的力量的体现。《圣经》作者正是在所谓走入迷途的恶的意象的实质中，分辨出迷惑纠缠、激奋的力量，人被其内心趋弱的倾向所腐蚀。"邪恶像火焚烧，烧灭荆棘和蒺藜，在稠密的树林中着起来，就成为烟柱旋转上腾。"③ 这里可发现一种人类学的端倪，这种人类学不仅是悲观主义的，而且就其最坏的情况，也是悲剧的。其中最坏的情况是上帝和人协力促成了罪恶，在这方面旧约的一些原文所说的冥顽不化和荷马诗篇及古希腊作家所说的盲目，没有多大的差异。④

第三阶段的犯罪的象征首先应该恰当地置于更广的辩证法背景中加以考

---

① 保罗·里克尔：《恶的象征》，公车译，上海世纪出版集团，2005，第83页。
② 保罗·里克尔：《恶的象征》，公车译，上海世纪出版集团，2005，第85页。
③ 保罗·里克尔：《恶的象征》，公车译，上海世纪出版集团，2005，第87页。
④ 保罗·里克尔：《恶的象征》，公车译，上海世纪出版集团，2005，第88页。

虑，在玷污、罪和犯罪的象征之间存在一种辩证法。①犯罪这一新的因素，可以从它相对于玷污和罪的运动中被理解。第三阶段和第二阶段的关系是很复杂的，是在一种连续中有某种新的东西出现，转折开始于犯罪感受的深化。犯罪本身可以从几方面考虑：从伦理—法律方面可以考虑惩罚与责任的关系；从伦理—宗教方面要考虑良心的微妙；从心理学的方面考虑，要考虑良心所背负的诅咒和谴责。刑罚以古希腊的方式合理化，伦理意识以犹太的方式内在化，人的苦恼意识以保罗的方式，受制于律法和律法书。这是犯罪概念所具有的分离的三种可能性。这三方面既有密切的关系，又两两相对处于激烈的对立之中。古希腊人的合理性反对犹太教徒与基督教徒的宗教狂热，虔诚的内在性反对外在性，保罗教义的反教法主义反对法庭的法律和摩西的律法。利科称之为"犯罪象征的三向分裂"。

犯罪是罪获得内在化的过程。这种内在化是人被提出的要求逐渐深化的结果。人身上责任主体的地位被提高了，人变成了有主见的、决定行为的人。②为行动作出根本选择的要求提高了主体一端，人不再只是惩罚的被动接受者，而是积极的生存者，他有能力领会他的整个人生，也有能力决定自己的命运。罪的忏悔完成了，罪在个人犯罪的内在化运动，使自责的"我"出现，同时使罪的意义重点转向犯罪感，所强调的不再是面对上帝，犯罪感强调的是"我"，是"我"犯了罪。现在良心成了纯粹个人体验中罪恶的度量标准。③在许多语言中，"良心"这个词，同时表示道德意识和心理—思考层面的意识，这绝不是一种偶然现象。犯罪状态的自觉，意味着意识或良心上升到至高无上的地位。

度量标准的诞生也是过错观念史上一件决定性的大事。犯罪的个体化否定了罪的忏悔中的群体罪责。群体的罪责变成了个体的罪。对犯罪状态的程度也开始进行定量，而不只是定性的思考方式。④罪责是定性的，只看"有"或"无"，而犯罪状态则有强度上的"大"和"小"，犯罪意识在恶的体验中成了一场名

---

① 保罗·里克尔：《恶的象征》，公车译，上海世纪出版集团，2005，第104页。
② 保罗·里克尔：《恶的象征》，公车译，上海世纪出版集团，2005，第107页。
③ 保罗·里克尔：《恶的象征》，公车译，上海世纪出版集团，2005，第108页。
④ 保罗·里克尔：《恶的象征》，公车译，上海世纪出版集团，2005，第110页。

副其实的革命，也颠倒了惩罚和犯罪的关系。[1] 包括过错或犯罪等级在内的处罚等级，由此才有可能建立。犯罪的意义是使人的度量标准高于上帝的鉴察或目光，占据首要地位。犯罪意识因此指向伦理审判的体验。[2] 审判这个隐喻渗入了犯罪意识的方方面面。审判在成为道德意识的隐喻之前，只是真正在城市中实施的制度。通过这项制度，罪的宗教仪式得以重新形成。古希腊人贡献良多，具体来说，他们对城邦及其立法和刑法设置，而非伦理或宗教契约的直接思考，促进了这一过程。[3] 古希腊人的法律呈现以伦理观为中心的特点。在之前玷污和罪的阶段，体验到由报复产生的惩罚之后，犯罪才被意识到。而现在犯罪的意识是在先的，并可能成为惩罚的起因。犯罪通过惩罚意识引起其革命化并完全颠倒了它的意义。犯罪要求惩罚本身的目标，从旨在面对报复的赎罪，变更到引起教育作用的赎罪和改过自新上去。

五、三阶段所趋向的奴隶意志观念

但是利科又强调，从玷污、罪到犯罪的发展其实也是一种双重运动，一方面是分离的运动，一方面是继承的运动。分离的运动就意味着刚才所说的犯罪相对于前两阶段引入的内在化。但是另一方面，继承的运动则使得早先罪的象征系列甚至玷污的象征系列得到新的体验。犯罪是把过错中主观的要素指定为本体论要素的罪，指明了人面对上帝时的真正处境。这与人自己具有何种意识无关。犯罪这一要素最初是从属和被遮蔽的，在玷污主题中，它可能已经初步显露。我们看到，玷污所特有的畏惧是对惩罚的预期和预防。被预期的惩罚进入当前的意识就带来了一种重压。而犯罪的实质，已经被包含在这种"负重"的意识中。[4] 这包含一种悖论：它预示了奴隶意志的概念。

恶的象征系列的这三个阶段的发展在奴隶意志概念中获得了某种结论。一

---

[1] 保罗·里克尔：《恶的象征》，公车译，上海世纪出版集团，2005，第106页。
[2] 保罗·里克尔：《恶的象征》，公车译，上海世纪出版集团，2005，第112页。
[3] 保罗·里克尔：《恶的象征》，公车译，上海世纪出版集团，2005，第113页。
[4] 保罗·里克尔：《恶的象征》，公车译，上海世纪出版集团，2005，第105页。

系列恶的原始象征所趋向的观念就可以被称作奴隶意志①。但是这个观念并不能被直接理解。我们无法为它提供一个可以立足的统一概念，这会使意志概念与奴役概念相冲突。意志概念的前提是自由的选择，而奴役概念则默认自由本身不可企及。意志概念与奴役概念似乎构成了一种矛盾。必须强调，奴隶意志的观念不同于恶的可能性中的易犯错性的观念。奴隶意志是意志的现实性。我们当然不应该误解，奴隶意志消除或反对了自由意志。自由和奴役对同一生存者来说是互为表里的，这正是奴隶意志的关键。奴隶意志观念应被当作一种间接的观念，它从我们经历过的各种象征系列中获得意义，并具有提升到思辨高度的倾向。奴隶意志观念可以被看作一种理念，看作整个恶的象征系列的意向目的，除非经过有关恶的神话所提供的第二级象征为中介，否则无法接近这个目的。

　　奴隶意志的观念接近于最分化、最微妙、最内在的犯罪的体验。最后的犯罪的象征要把先前象征的所有资源都吸收进来，才能表明其终极观念。新旧的象征之间有循环的关系，最后的象征使先前的象征显示出意义，最初的象征则为最后的象征提供动力。②为了证明这一点，可以对整个象征系列进行反向经历。反向的起点是犯罪状态，犯罪概念的形成本身就含有对玷污和罪的体验所拥有的具象化象征语言的利用。对玷污和罪的体验，揭示集中于自我的一种处境时，它们就不再保留字面义，转而象征传染和囚禁。这种来自囚禁和传染（infection）这前两个阶段的间接语言，成了犯罪表达自身的必要途径。这两种象征经过内在化的转换，能够表示选择制约自身，影响自身和传染自身的自由。要使自由和奴役概念并行不悖，犯罪的象征需要借助前两个阶段的象征系列的间接语言。思想并不容许"被囚禁的自由意志"或是"自由的奴隶意志"的悖论存在。"自由需要被解救，即对自我奴役进行解救"，这是不可能被直接表明的，但这正是"拯救"的主题。

　　犯罪状态使玷污象征系列通过囚禁象征系列转向自身。当玷污完全不再暗

---

① 保罗·里克尔：《恶的象征》，公车译，上海世纪出版集团，2005，第155页。
② 保罗·里克尔：《恶的象征》，公车译，上海世纪出版集团，2005，第156页。

示一种实际的玷污而只表示奴隶意志时，它就成了"纯粹的象征"，玷污的象征意义只有在各种现象的尽头才是完整的。我们在玷污的"纯粹象征"中发现了构成奴隶意志的三种模式。从玷污的象征可以看出，奴隶意志的第一个模式是确实的模式，"我"并不是虚无或者简单的不存在，而是具有确实性的。奴隶意志的第二个模式是外在性模式：无论犯罪状态的内在性有多么强烈，它只会在自身外在性的象征之中得到反映。① 奴隶意志的第三个模式则是"传染"自身的模式，初看起来这种模式最难在后续的象征系列中保留下来，它似乎永远与接触的魔力密切相关，但它是束缚自身、作出最坏的选择的奴隶意志的最终象征。它表明外来的诱惑产生影响的最终原因还是自己感染自己，还是被束缚的自由。奴役的象征是玷污的象征被吸收到奴隶意志体验中的必要步骤。献出自我作为奴仆，这与黑暗势力对自我的主宰是同一的，有鉴于此，自我才发现一种自由的玷污的深刻意义。

但传染的模式更重要的意蕴还在于，传染不是破坏，玷污也不是毁灭。无论罪恶多么实在，多么容易传染，它都不能抹消人的本质，传染不可能使人性消失。邪恶并不能取代人的德性，它是对原本清白的玷污，对原本光明的遮蔽。"无论恶多么根本，它都不会像德性那样原始。"② 囚禁的象征也表明德性的原始，当一个国家完好无损地落入敌人手中，它的确被敌人所占领或"囚禁"，可是当敌人消失或被赶走，它本身的存在就会继续。这种囚禁象征中蕴含着"恶被施加在原始的善之上"的意向。但是只有提供玷污象征的巫术世界本身被废除、罪的体验在奴隶意志中达到内在化的时候，这个意向才会变得显而易见。

---

① 保罗·里克尔：《恶的象征》，公车译，上海世纪出版集团，2005，第 159 页。
② 保罗·里克尔：《恶的象征》，公车译，上海世纪出版集团，2005，第 160 页。

第二节 恶的神话学系统

一、四种恶的起源与终结神话及动力学

恶的象征的分析构成了《恶的象征》上篇的主要内容,神话则构成了下篇的主要内容。象征与神话有何区别呢?从象征的原初性的角度,利科区分了象征的三个层级。忏悔语言中所包含的是最初级的象征的层次,也是最基本的象征的层次。进一步,神话构成了第二级的象征。更进一步,对于神话的理性化的思辨继续构成第三级象征。神话是第二级象征,它和作为第三级象征的思辨都是建立在初级象征基础上的。"我们应当了解的正是由忏悔、神话、思辨组成的完整系列。"① 象征不是神话,神话是以叙事形式对初级象征所做的一种整体的意义诠释。通过对恶的初级象征的语言分析,我们致力于从想象和感受方面重现过错体验。利科强调这些初级象征的优先性。② 这些初级象征是我们与过错体验之间的直接中介。所以,利科在上篇中首先分析了初级象征。但是利科也指出,我们为了获得这些初级象征,必须通过抽象化的方法。这里就发生了一次悬搁。我们必须把作为初级象征的再次中介的第二级象征,即神话,放到括号内。也就是说,这里被放在括号内或者被抽象化的方法,暂时悬搁的就是,神话的富饶世界。

这个二级象征的神话世界可能会使现代人感到为难。对我们现代人来说,神话已经与历史分离。神话已经不再具有解释的权威。这是"解神话"的主题,我们首先要把"表达原因"的功能从神话中分离出去。③ 但是神话在失去了解释的权威之后,还保留着象征的功能。"也就是说,它具有揭示和显露在人和人所视为神圣的东西之间的联结的能力。"神话通过与历史相分离,而经历了解神话的过程,但他因此获得了现代思维中的一个新的诠释方式,被提高到一种象征的高度。利科表示,在《恶的象征》这本书中并没有提出一个全面的神

---

① 保罗·里克尔:《恶的象征》,公车译,上海世纪出版集团,2005,第10页。
② 保罗·里克尔:《恶的象征》,公车译,上海世纪出版集团,2005,第163页。
③ 保罗·里克尔:《恶的象征》,公车译,上海世纪出版集团,2005,第5页。

话理论,仅仅局限于讨论与恶相关,所谓的四种恶的"起源与终结的神话"。①神话世界的混沌与随意的方面,恰恰对应着纯粹象征的"浑然一体"与实际体验的相对有限的不一致,这就是关于恶的起源与终结的神话呈现多种多样的原因。②故事和仪式需要神奇的符号的外形:圣所和圣物、时间与节日,这些随机确定的细节都在故事中被引入了偶然性的方面。这也解释了为何原始文明几乎都具有某些相同的神话结构却表现出多样性。利科对"四种恶的起源与终结神话"的研究的精华可以说在"神话动力学"中真正展开,在这里,他通过精妙地辨析各种神话类型的冲突以及它们错综复杂的交互关系,试图在不同神话之间作出裁决,对于恶的谜题给出某种解答。而在之前的各章节中,利科只是为了进行神话的综合性研究,对它们进行个案研究。总的来说,利科更加相信亚当神话是关于恶的最好的神话。在亚当神话之外,悲剧神话也得到了利科的格外重视。

二、类型一:神统纪神话

第一种恶的神话的基本类型是古代近东文化的源头,两河流域的苏美尔、阿卡德、巴比伦人的神统纪神话。③这些神话故事描述的秩序最终战胜了混沌。在古希腊文化中荷马与赫西俄德的神统纪也属于这一类型,但并不那么引人注目。它们也不像巴比伦史诗那样,完全取决于总体世界观。在被称为"艾努纽·埃利希"的创世戏剧里,创世神话显示出了第一个值得注意的特征:事件发生之前先行描述神祇的起源,而现存的世界秩序和人类的诞生则被安排在最后一幕。神性是逐渐形成的,那么混沌就先于秩序,恶的本源与神性的形成同样古老。④秩序也源于神性本身,并且秩序因为新神战胜旧神才得以产生。古代近东文化的诗篇中用各种形象与情节描写先前的混沌,并用原始的母亲提亚马特或诸神

---

① 保罗·里克尔:《恶的象征》,公车译,上海世纪出版集团,2005,第 173 页。
② 保罗·里克尔:《恶的象征》,公车译,上海世纪出版集团,2005,第 170 页。
③ 保罗·里克尔:《恶的象征》,公车译,上海世纪出版集团,2005,第 177 页。
④ 保罗·里克尔:《恶的象征》,公车译,上海世纪出版集团,2005,第 178 页。

第五章 恶的象征神话

的母亲来表示这一古老的初始混沌。提亚马特与代表浩瀚的海水与河水的原始的父亲阿卜苏的最初混合,形成了罪恶起源的神话。提亚玛特不只是可见的海水,她拥有繁殖的能力,还能密谋反对其他神灵。故事告诉我们,年轻的诸神打乱了这对年老神祇的安宁。众神中最聪明能干的新神也就是马尔杜克诞生之时,提亚玛特因狂怒而极度激动并生下了一些怪物,如毒蛇、龙、斯芬克斯等。旧神阿卜苏更是被他的新神子女们杀死。提亚马特为替阿卜苏报仇而铸成了罪恶,准备跟她的一众儿女进行战斗。

这些残忍的描述暗示着一种可怕的可能性——万物的起源中包含善与恶对立的两方面。① 马尔杜克作为秩序的代表,与骇人、恐怖的怪物有相同的起源。这一原始的起源作为盲目的起源,最终被消灭和排除了。原始的残忍成为神性成长的代价,这种情节在后来的古希腊神话中再度出现,使悲剧与哲学不得不与这种原始的、残忍的创世神话的可能性进行斗争。这种可能性的含义可以从两方面分析:从消极的方面来说,它表示恶的根源并不在人类身上,人类只是获得者和继承者;从积极的方面来说,它表示罪恶是最古老的东西,罪恶来自过去,为世界的建立提供基础而又被世界的前进克服,而秩序与神则属于未来。这两方面互为补充,唯有认定上帝是圣洁的,人是负罪者,才可能彻底祛除这种古老而可怕的可能性。② 与此同时,神话似乎也在暗示只有混乱才能克服混乱,年幼的众神建立秩序所凭借的正是暴力。于是恶的本源就有了两种界定,先于秩序的混沌和克服混沌的斗争和暴力。后者也是史诗着重表现的内容:依靠战争和谋杀的手段最终战胜原先的敌人。阿卜苏在睡觉的时候被谋杀,这一事件为马尔杜克战胜提亚马特的决定性战斗奠定了基调。众神宣布马尔杜克为他们的王,信徒们马上怂恿他杀死提亚马特,马尔杜克攻击提亚马特并战胜了她。接着是宇宙的产生:提亚马特被切割成两段,被分割的尸体形成宇宙不同的部分。神性秩序的形成显示出必定要谋杀旧神的残酷。人的诞生也产生于一项新的罪行:叛神的首领被宣布犯罪,马尔杜克将其审问并杀害之后,从他的

---

① 保罗·里克尔:《恶的象征》,公车译,上海世纪出版集团,2005,第 179 页。
② 保罗·里克尔:《恶的象征》,公车译,上海世纪出版集团,2005,第 180 页。

血中创造了人。人是由被杀之神的血液制造的。正如提亚马特象征着原始混沌那样,马尔杜克在反对母亲的斗争过程中也展示了残忍的力量,缺少道德,体现出创世与毁灭的同一性。原始的暴力由此证明人类的暴力是正当的。① 暴力也由此在万物的起源和创造就是毁灭的原则中留下了深刻的痕迹。

在苏美尔与阿卡德的神话中,还存有所谓的"堕落神话",它与原始暴力的神话类型相区别、相抗衡。《圣经》中对伊甸园和堕落的描写,在巴比伦文学最早的表述中就已萌芽。苏美尔人关于恩奇和宁胡尔萨格的系列神话的确描写了一片极乐洁净和光明的土地,在这块土地上没有死亡、疾病、生死搏斗。② 在这块土地上,名为"大地之母"的女神为水神孕育了一系列的神,恩奇偷吃了生命的幼苗而被女神诅咒,诅咒使恩奇虚弱和患病。最后,狐狸令女神和恩奇重归于好,女神用恩奇每一个患病的器官创造相应的神,由此治好了他的病。利科认为,即使伊甸园原型真的早在这诗篇形成,上述情节也不该扣上伊甸园神话的标签。因为恩奇吃掉幼苗的情节与基督教神话中堕落的模式有很大的区别。③ 恩奇吃掉幼苗的结果,不是恶进入了世界,而是他自己被流放到水的黑暗势力中去。利科强调,这些情节都与人的罪恶出现无关,仍旧是围绕《神统纪》的史诗叙事模式,同宇宙、地球和水打交道。至于洪水,巴比伦人和苏美尔人也不曾把它看作是神明对人犯错的惩罚。

巴比伦人的神话,意图不在于说明人类的邪恶,吉尔迦美什史诗的内容也证实了这一点。④ 史诗中,吉尔迦美什的追求与罪无关,他渴望的不死与不朽并无伦理意义。吉尔迦美什在他的朋友死前,遇到了怪物胡瓦瓦。胡瓦瓦代表对死的恐惧。吉尔迦美什和朋友必须消灭怪物以驱散恐惧。胡瓦瓦的吼声就是洪水风暴,从嘴里喷出烈火和死的气息。吉尔迦美什为了逃脱死亡的命运,杀死了这个森林巨怪,还杀死了众神派遣来的天牛,但这些谋杀都不带犯罪的含义。作为人的代表,吉尔迦美什渴望分享众神的不朽,而众神的嫉妒阻碍他实

---

① 保罗·里克尔:《恶的象征》,公车译,上海世纪出版集团,2005,第 183 页。
② 保罗·里克尔:《恶的象征》,公车译,上海世纪出版集团,2005,第 184 页。
③ 保罗·里克尔:《恶的象征》,公车译,上海世纪出版集团,2005,第 185 页。
④ 保罗·里克尔:《恶的象征》,公车译,上海世纪出版集团,2005,第 188 页。

现愿望。朋友的死是吉尔迦美什所经历过的唯一对死的体验。"正是为我的朋友恩奇杜,我才哭泣。"①吉尔迦美什前往阿卡德的诺亚的航行中,虽然表现出热情而徒劳的追求,却同样没有指向一种过错意识。吉尔迦美什在福塔纳比西丁那里寻求不朽,但最终失败了,只能够转身返回到乌鲁克城,回到辛劳和烦恼。虽然他从神的家乡取来了返老还童的草,但他还是受到了命运的嘲弄,长生之草在他洗澡的时候被一条蛇偷走了。然而长生草与基督教的禁果毫无共同之处,它与寻找不朽相冲突,它所象征的是欺骗而非过错。②在吉尔迦美什的史诗中,人的失败是因为命运,不具伦理意义,也同堕落无关。死只代表了人与诸神之间天然的距离。利科认为在苏美尔—巴比伦文化中并无真正的堕落神话,因为他们的创世神话认为诸神和万物无须堕落,恶已天然蕴含其中。

荷马和赫西俄德的古希腊神统纪,基本符合巴比伦创世戏剧类型。有必要思考这种类型为何会向其他神话类型转变。③泰坦的主题能够转向悲剧神话或者俄耳甫斯神话,甚至《圣经》中的堕落神话。泰坦主题的模糊是一种非常有趣的特性。泰坦神族来自宇宙性的起源神话,是典型的"得胜的众神"。但他们的父亲厌恶这些亲生儿子并为他们取名为泰坦(意为"手臂伸得过高")。天空说他们愚蠢而邪恶,会因此遭到报应。泰坦神族和人类起源相联系,就会趋向于其他神话类型,它们不再只是远古时代和原始混乱的证人,还是秩序的再次颠覆者。④由此,赫西俄德有关泰坦神族与奥林匹亚诸神斗争的故事就有了双重意义,不但继承创世戏剧,而且开启了后天神时代或者说人统的戏剧。人统戏剧的三种主要类型分别是悲剧类型、俄耳甫斯类型和亚当类型。

赫西俄德故事中的普罗米修斯虽然已经拥有原始的"人的形象",却尚未完全摆脱他的神统纪血缘。⑤普罗米修斯身上也没罪恶的象征。他并不发明罪恶而只是继续罪恶,他的诡计也是神统纪诸神的战争方式的继续。真正把普罗米修斯带入人统戏剧,转变成一位悲剧人物的是古希腊悲剧诗人埃斯库罗斯。

---

① 保罗·里克尔:《恶的象征》,公车译,上海世纪出版集团,2005,第189页。
② 保罗·里克尔:《恶的象征》,公车译,上海世纪出版集团,2005,第190页。
③ 保罗·里克尔:《恶的象征》,公车译,上海世纪出版集团,2005,第204页。
④ 保罗·里克尔:《恶的象征》,公车译,上海世纪出版集团,2005,第207页。
⑤ 保罗·里克尔:《恶的象征》,公车译,上海世纪出版集团,2005,第208页。

他令普罗米修斯成为宙斯的对手,成为遭受神谴而被追击的英雄。为了突出普罗米修斯的善良性格,埃斯库罗斯纵然没有把它变成一个人,也至少把他描绘成了半人半神的英雄,普罗米修斯因此成了人的典范。不过埃斯库罗斯推动的转变并未完成,因为在最后,普罗米修斯又被尊为神明,向神统纪倒退。在俄耳甫斯教那里,泰坦神话似乎与人统发生了最密切的联系。俄耳甫斯神话里通常是关于人的神话,一种灵魂和肉体的神话。泰坦神肢解并吞吃了年轻的神——狄俄尼索斯,这项罪行促使了人类诞生:宙斯把泰坦神烧成了灰烬并从中造出了现在的人类。人类就拥有了奥林匹斯神和泰坦神的双重血统。而泰坦神话也从此脱离神统背景,变成了人统的最初环节。希伯来人则一度把泰坦神话当作堕落神话。一个跟泰坦主题相类似的主题,出现在《圣经·创世纪》第六章一个不为人注意的传说中:巨无霸涅弗利是出自人和天神结合产生的东方泰坦神族。[①] 耶和华的信徒们把这种传说用来描述人类走向败坏从而引发洪水的主题,这样就把泰坦引进堕落故事中。泰坦神族的故事漂流在不同的人统类型之间,却仍未斩断那条来自原始神统纪的脐带,表现出一种意在把罪恶之源置于神与人之间的飘忽尝试,在原始的混沌与原始的人之间摇摆不定。

三、类型二:悲剧神话

恶的起源与终结神话的第二种类型的名称——悲剧神话,来源于它著名的例子——古希腊悲剧。古希腊悲剧何以成为出发点,这需要我们先来把握悲剧的普遍特征。古希腊悲剧并不是归纳意义上的例子,它既是悲剧的起源,又是完整的出现。[②] 古希腊悲剧保持着与神学的联系。在埃斯库罗斯那里,人类的悲剧与神的悲剧对称体现。这是古希腊悲剧所特有的。古希腊悲剧倡导的悲剧世界观与场面(spectacle)有关,与思辨无关。[③] 它是不可言传,拒绝思想介入的,依靠造型和戏剧而不是普通的语言去表达的。通过悲剧角色情节,而非说教去

[①] 保罗·里克尔:《恶的象征》,公车译,上海世纪出版集团,2005,第209页。
[②] 保罗·里克尔:《恶的象征》,公车译,上海世纪出版集团,2005,第217页。
[③] 保罗·里克尔:《恶的象征》,公车译,上海世纪出版集团,2005,第218页。

第五章 恶的象征神话

展示，这正是悲剧的本质，悲剧无法容忍被改写为理论的可能。对于古希腊人来说，悲剧的神学是不可能出现的，悲剧一旦被思考侵蚀，就必遭抛弃，因为悲剧神话之中的象征功能无可替代。

利科认为，前悲剧的主题先于戏剧和场面，不是古希腊人独有的。在任何文化的任何时期，过错的原因似乎总被追溯到与神祇有关，这是因为善的本质和恶一样都是原始性的。① 正如巴比伦的神明，或善或恶。在混沌神话中，恶的本源与神对立。而悲剧神话的类型则不同：并没有一种恶的本源与神对立，既善又恶的特征集中在同一个神身上。神与恶魔的无差别，就是悲剧的神学与人类学的固有主题。正是这种无差别，最终不被理解，并且导致悲剧的衰落，且引来柏拉图在《理想国》第二卷中对它的强烈谴责。在荷马写的《伊利亚特》中，神控制着人类的行动，蒙蔽人类，使人迷茫、犯错，这种神明的干预不是对某种过错的惩罚，而是过错的起源本身。面对死亡，人类束手无策。从这个角度来看，人一生的命运早已注定。《荷马史诗》中英雄的内心动荡犹如丢失了性情，其行为反复无常不可捉摸，像是天上强权的牺牲品。在荷马史诗的世界中，迷茫的根源与宙斯、命运三女神和复仇三女神相关。② 悲剧的出现与意义不明确的神性逐渐人格化进程紧密相连。③ 神的恶毒具有两个极端，在神的命运那里是非人格的一极，在宙斯意志那里是人格化的一极。神的敌意的人格化突出表现在神的妒忌中。神的嫉妒谴责了不节制，对不节制的恐惧激起了节制的伦理反击。贤者们通过把神的嫉妒变为对人的傲慢的惩罚，给傲慢找到了一个非悲剧的起源，试图从道德上解释神的妒忌。贪婪引起自满，而自满引起傲慢。但是这种解释有众神的参与，就带上了不可捉摸的特质，引人追问，而且会再次成为悲剧。

悲剧的天平两端分置着不同的因素，一边是众神造成的迷茫、恶魔和命运，另一边是妒忌和不节制。悲剧的关键在于恶的命运遭遇，英雄的悲壮主题。恶神的一方面和英雄的一方面越是夸张，悲剧就越是鲜明。恶神与撒旦的结合，

---

① 保罗·里克尔：《恶的象征》，公车译，上海世纪出版集团，2005，第219页。
② 保罗·里克尔：《恶的象征》，公车译，上海世纪出版集团，2005，第221页。
③ 保罗·里克尔：《恶的象征》，公车译，上海世纪出版集团，2005，第222页。

在宙斯的形象上达到了顶点,悲剧的重心也集中到了这里。埃斯库罗斯的《波斯人》表现的不是希腊人的胜利,而是波斯人的战败。薛西斯的形象揭示邪恶的秘密:恶神在我们不知道的地方出现。敌意的命运、残忍的神,使薛西斯兼具被谴责者和受害者的双重身份。按照法国悲剧研究者 G. 内贝尔的书中所述,作为悲剧的恐惧,焦虑总是与众神的怒火密不可分。用卡尔·西奥多·雅斯贝尔斯的话来说,神界容纳着黑夜与白天的两极性,而恶神兼有这两者。[①] 同一种主题潜移默化地催生了《奥瑞斯提亚》的剧情及蕴含在其中的伦理恐惧。罪行成了残酷的锁链,原初之恶则反映在复仇女神的形象中,复仇女神为犯罪所困是犯罪的化身。

没有命运自由的辩证法,就不会有悲剧。悲剧一方面需要作为敌人的超越存在决定必然的结局,另一方面则不能缺少英雄抵抗命运的自由行为。自由行为给必然的结局带来了一种无法确定的推迟,有了推迟和悬念才有了剧情。面对自由与超越存在两者交缠而成的命运,不止激起恐惧,也会引发悲剧性的怜悯。[②] 傲慢本身并不是悲剧的,古希腊时期雅典城邦著名的改革家梭伦谴责傲慢的时候,就并无悲剧感。傲慢是可以避免的,因此没有悲剧性。英雄不仅有成为恶神牺牲品的痛苦,还有使其反抗神明的,人的愤怒。普罗米修斯束手无策,但意志坚强。埃斯库罗斯还表现了普罗米修斯的自由的邪恶性。自由根源于存在的混沌深处,是泰坦神性的要素。在埃斯库罗斯看来,普罗米修斯的自由低级而可怕。普罗米修斯有一件对付宙斯的可怕武器,掌握宙斯垮台的秘密,掌握消灭生命的手段。因此,普罗米修斯成了一个犯罪的无辜者。[③]

悲剧神话又会怎样表现恶的终结呢?悲剧中的怜悯是一种体验英雄的不幸、为英雄和悲剧之美流泪而得到净化的情感。埃斯库罗斯的悲剧似乎设想过一个不同的结果。在《奥瑞斯提亚》三部曲的最后部分提到,恐怖即将结束,连续的复仇也画上句号。神是正义的、仁慈的,阿波罗把他的正义表现在净化罪行中。这种结局意味着,悲剧的终结是众神与人在时间的推移中获得了和解,

---

① 保罗·里克尔:《恶的象征》,公车译,上海世纪出版集团,2005,第 225 页。
② 保罗·里克尔:《恶的象征》,公车译,上海世纪出版集团,2005,第 227 页。
③ 保罗·里克尔:《恶的象征》,公车译,上海世纪出版集团,2005,第 230 页。

于是对于埃斯库罗斯来说，悲剧能够把自身推向终结。然而悲剧的终结对英雄来说并不是真正的解脱。奥瑞斯提亚消失在了雅典娜、阿波罗和复仇女神的大争论之中。

悲剧神学何以会消解呢？由于向成因论和创世戏剧过渡，神战胜了原始的恶，就像马尔杜克战胜提亚马特一样。悲剧神话开始向神统纪模式过渡。然而在索福克勒斯那里没有悲剧因素的终结。在这方面，利科认为作为悲剧作家的索福克勒斯比埃斯库罗斯更加纯粹。[①] 怀着恶意的神放弃了强制的手段，转而放任人类抱着所谓的智谋自取灭亡。这种双重悲剧观，否弃了埃斯库罗斯所设想的和解。《安提戈涅》的悲剧恰好开始于《奥瑞斯提亚》三部曲终结的地方，这是埃斯库罗斯眼中的和解之地。索福克勒斯在《俄狄浦斯在科罗诺斯》里也肯定了悲剧的终结。老俄狄浦斯最终走向了非悲剧的死亡，这是病态与不幸的结束，而不是绝望。在悲剧的想象中，拯救是内在于悲剧的，这就是悲剧智慧的意思，如同雅斯贝尔斯所说，它意味着"知从苦中来"。[②]

利科认为，古希腊悲剧最终并不会被分解并进入宗教的表达方式，不论是阿波罗形式的宗教，还是狄俄尼索斯形式的宗教，都不是悲剧的产物。阿波罗作为忠告者并不原谅罪恶而只涤除玷污的污秽，因为悲剧世界观排斥对罪的宽恕。[③] 狄俄尼索斯甚至竭力不让受伤的心灵痊愈，他为生于过错的苦恼找到了一条出路：那就是迷狂。在这种迷狂之中，人就免受责任心的折磨。悲剧场面要使人净化，就需令人沉醉于诗歌语言的崇高之中。普通人和英雄一起参与悲剧的合唱，进入一种象征性的和虚构的领域，在此情感得以宣泄：首先是悲剧的恐惧，遭遇自由和经验的破灭，引起了恐惧；然后是悲剧的怜悯，仁慈的凝视，不再斥责或谴责，而是显示出怜悯。恐惧和怜悯都是受难的方式，它们包括对命运的反抗和英雄的自由的帮助，这些情感只有在悲剧神话的氛围中才能产生。这些就是悲剧中的解脱，它们只能借助一种变成诗歌的悲剧神话和悲剧场景进行感化，使人灵魂出窍或迷狂，去产生恐惧与怜悯的一种美学影响。

[①] 保罗·里克尔：《恶的象征》，公车译，上海世纪出版集团，2005，第 233 页。
[②] 保罗·里克尔：《恶的象征》，公车译，上海世纪出版集团，2005，第 234 页。
[③] 保罗·里克尔：《恶的象征》，公车译，上海世纪出版集团，2005，第 235 页。

四、类型三：亚当神话

亚当神话是典型的人类学神话。其他类型的神话也曾提及人类，神统纪神话即是一例，但在这种神话中，恶的起源并未被归因于人类。泰坦的形象也非常接近于人类始祖的形象。俄耳甫斯教的神话关于人类起源的部分就融合了泰坦神话，但同样并未构成恶起源于人类的神话。灵知主义神话中人的始祖的部分也截然不同于亚当神话，并不存在人类诞生与罪恶起源之间的关联。严格来说，只有亚当神话才是人类学神话，它有以下三个特点：第一，他把恶的起源与人类始祖联系在一起。利科不把其称为堕落神话而称为亚当神话，是因为亚当神话所真正象征的并不是堕落。他认为亚当神话象征的是偏离方向或误入歧途，而不是堕落。① 因为如果认为亚当神话是堕落神话，那就意味着把亚当看作高于人的存在，处境与人类不同。唯有高于人，才谈得上堕落，这种理解会使亚当成为人类处境的一个局外人。在利科看来，亚当作为人类祖先应该具有与人类一致的立场和处境。第二，亚当神话竭力分离善与恶的起源，意在为恶找出一个与原初的善截然不同的起源。这种区分是不可或缺的。第三，亚当神话使其他形象为人的始祖服务，使亚当成为中心形象，即以亚当为中心。不过亚当神话没能避开魔鬼化身的撒旦，这让它"集中罪恶于人类"的努力显得没有那么成功。

思考亚当神话，首先要注意它的象征功能。② 在现代，人类始祖在何处、何时吃禁果这样的问题已经不再具有历史意义。堕落的故事不只是一个神话，它具有神话的宏伟气魄，以及比真正历史更丰富的意义。亚当神话并非犹太民族关于罪的体验的出发点，也不是犯罪体验的出发点。③ 他们已了解并表达过这些体验，途径就是前面已分析过的基本象征：离心反叛、走入迷途、沉沦、监禁等。亚当神话为原始的象征添加了什么呢？旧约中的亚当并不是重要人物。先知不注意他，经文固然提起过亚当，却没有他堕落的故事。与亚当相比，万

---

① 保罗·里克尔：《恶的象征》，公车译，上海世纪出版集团，2005，第241页。
② 保罗·里克尔：《恶的象征》，公车译，上海世纪出版集团，2005，第243页。
③ 保罗·里克尔：《恶的象征》，公车译，上海世纪出版集团，2005，第244页。

民之父亚伯拉罕和洪水灭世后人类之父诺亚显得更加重要。即使在《创世记》中，亚当也并不对人间的罪恶负全责。他的故事也只是作为附庸，散落在亚伯和该隐的传说、巴别塔的传说、诺亚的传说和洪水传说里。在新约中，耶稣把恶的存在当作事实，作为召唤忏悔所预定的处境，他本人从未提及亚当的故事。使亚当主题活跃起来的是圣保罗，他抬高了亚当的形象，并将其作为基督形象的反面。因此，有两个结论：第一，强化亚当学的正是基督学；第二，对亚当神话的理解并不影响基督形象。基督形象并不是根据亚当形象建设建立起来的，反而是基督的形象给亚当形象赋予了强度。所以不能把亚当神话当作犹太基督教的基石——"它只是一条飞拱，架在犹太人忏悔心灵的尖顶交叉上"。[1]

亚当神话是先知直接谴责人类以表明上帝的清白的神学。[2] 由于这种谴责对犹太人来说过于深入人心，遂成一种忏悔的精神。堕落神话意欲将罪恶的历史出发点与创世本体论的出发点分离开来。犹太人不仅忏悔自己的行为，还忏悔动机，直达内心。犹太人还发现，罪恶是个人的也是公共的，个人罪恶的内心也是所有人罪恶的内心，并将共同的罪连为一体。因为罪的忏悔包含这种普遍化，以亚当命名的神话被接受后，使人的罪恶的具体普遍性更加清晰。在亚当神话中，忏悔的体验凝缩为普遍性的象征，这就是神话的普遍化功能。同时，忏悔的体验还唤起了另外两种功能。旧约所描述的犯罪和拯救围绕历史神学产生了指责和怜悯的辩证法，而且被犹太先知拼接进了放逐和返回的历史中。[3]

最后，神话由以色列人的信念激发，还具有第三种功能：它能够探索本体论与历史的断裂点，并引入思辨。本体论与历史断裂点，与罪的忏悔的深化关系非常紧密，后者可以借助于一种悖谬，使这种断裂显得更为清晰。[4] 上帝是神圣的，而人类之罪的根源只在人类自己身上，这看起来没有什么问题；但反过来说，如果人类犯罪的根源就在人"本性"和"存在"中，罪的来源就会回

---

[1] 保罗·里克尔：《恶的象征》，公车译，上海世纪出版集团，2005，第245页。
[2] 保罗·里克尔：《恶的象征》，公车译，上海世纪出版集团，2005，第247页。
[3] 保罗·里克尔：《恶的象征》，公车译，上海世纪出版集团，2005，第248页。
[4] 保罗·里克尔：《恶的象征》，公车译，上海世纪出版集团，2005，第259页。

到圣洁的上帝身上——因为是上帝赋予了人类"本性"和"存在",如果其中隐藏着罪的根源,那么上帝也就成了罪的根源的根源。这样一来,倘若"我"对"我的存在"表示后悔,那么"我"在自责的同时就指责了上帝。而忏悔的精神就会因这种悖谬而无法立足。这样的神话就在这种情况下出现,它需要为恶的起源去假定一个与创世起源无关的重大事件,罪与死亡因这个事件而成为世界一部分。堕落神话是恶首次出现在已结束的创世和善之中的神话。这样的神话就满足了犹太信徒的两重供认,他们一方面承认上帝的至善至美,另一方面又承认人的根本恶,而这正是忏悔的实质。

罪的原始体验所暗示的神话意向可以帮助我们理解神话的结构。耶和华派的编纂者认为在《创世记》的第三章中,亚当神话表现出了双重旋律。一方面,它倾向于将罪恶集中在个别人的行为上,集中在唯一的事件上,那就是圣保罗所说:"如同以一个人之故,罪成为世界一部分……"《圣经》的传述通过把恶的起源浓缩成一点,强调了分裂、倾斜和跳跃的荒谬性。另一方面,神话又在一幕戏剧中展开这个事件,把时间引进一连串事件中。这幕戏剧在时间中延伸,并分散到几个角色之中时,我们就可以设法了解堕落的"事件"与引诱的"时空"之间的辩证法游戏。[1] 耶和华派的编纂者找到了一个古老的,也许本意另有所指的神话,并且对它进行了改造和更新。原本的神话是一对夫妻因为不服从禁令而被逐出乐园。内容相当古老,但是编纂者在其中找到了他所中意的、新的观念。这个神话被重新解释后,又结合了以色列民族起源的反思,把不同的种族集中到一个氏族的一个祖先身上,使各民族所有部落的祖先都来自同一对夫妇,这则民间传说就转化成了人的始祖的记事,延伸出包罗万象的象征。而人的原型和始祖被逐出天国,就化作了恶的起源的范例。人类始祖的罪恶又被集中到一个行为上:他偷吃了禁果。

堕落的时刻、清白的过去和伊甸园之间的关系的根据,是创世故事之中的堕落故事。[2] 借助起源神话,最初的罪的表现形式是先前清白的失落。然

---

[1] 保罗·里克尔:《恶的象征》,公车译,上海世纪出版集团,2005,第250页。
[2] 保罗·里克尔:《恶的象征》,公车译,上海世纪出版集团,2005,第251页。

第五章 恶的象征神话

而在《圣经》开篇的绝妙故事里，并没有马上出现堕落故事，但我们有必要重温一下相关情节："上帝说，要有光，就有了光；我们要照着我们的形象按着我们的样式造人；上帝看着一切所造的，都甚好。"耶和华在作为天地之主以前，他必须先成为历史之主，才不至于把他与某种自然力混淆。这个故事是日积月累而成的，不能等闲视之，尤其值得注意的是，作为神话它可能包含着一些被耶和华派的编纂者禁止的人类观。在这个创世故事里，最初出现的人并未处于伊甸园的中心，而在泥土上，他勤奋和明智地在那土壤上耕作。而且，当他看见自己的伴侣时狂喜的呼喊也表明他已经具有清晰的性意识。而耶和华派好像在反对这些，认为创世的人是童贞的人，从各种意义上说都是清白的，他伸手就能采摘乐园的果子而不需要劳作，而且他在堕落之后才会思考，有性的知觉和羞愧。[①] 理智、劳作和性欲仿佛都成了罪恶的产物。这一差异是饶有趣味的。它促使我们思考创世与堕落的关系问题。人在方方面面都具有双重性，比如在语言、劳作、习惯、性方面。双重性意味着人被预定为善的，却倾向于恶。人身上既创造善又变成恶的悖论，充斥了人类生活的所有领域，产生了一种本体论上的对立，天真的夫妇的赤裸无邪，与因过错产生羞耻心并巧言伪饰之间的对立；原本快乐的劳动与如今不再快乐而只有疲惫的劳动的对立；生儿育女的快乐与养育孩子的痛苦的对立。女人的后裔和蛇的后裔之间的冲突，象征了自由沦为欲望的牺牲品之后充满暴力和苦难的状况。甚至死的意义也被彻底地改变了，对人类来说，死亡不再是坦然地回归，而是怀着苦恼意识去面对的灾难。

所谓在先的清白，似乎起到了康德所说的自在之物的作用[②]：可以在假定的范围内被思考却又是不可知的，那足以使它产生一种限定的消极作用。假定世界的一部分由罪组成，或假定罪来自清白，假定伊甸园是人被逐出的地方，这些都意味着罪并非人类最初的现实或者人类最初的本体论状态。罪并不是人的本质，这说明人有原初被创造的清白状态。因为人类被造是依据上帝的形象，

---

① 保罗·里克尔：《恶的象征》，公车译，上海世纪出版集团，2005，第252页。
② 保罗·里克尔：《恶的象征》，公车译，上海世纪出版集团，2005，第255页。

所以人类既有被造的生命又有清白，因为善正是造物的本性。因此，清白状态和罪的状态并不连续，罪发生在失去清白、堕落的瞬间。罪作为一种事件，在瞬间使清白终结，这瞬间出现人本性的清白与人成为恶之间的断裂。

堕落这一事件给人类学提供了关键的概念，也就是根本恶的偶然性。[①] 根本恶的纯历史性表明，罪也许很古老，但清白总是比它更原初。亚当神话将世上所有的罪都汇集到了人的始祖的象征身上，然后把偶然性的印记烙印在根本恶上面，同时保存了被造之人的善和历史之人的恶。尽管在记述人的始祖的第一个罪的事件里，依旧能找到两者之间的裂缝。卢梭天才地领会了这些：人生来善良，堕落是在文明及历史的过程中发生的——这也是康德在论"根本恶"之中领会的东西，人被预定为善，而倾向于恶。预定和倾向之间的悖论，就集中了堕落象征的全部意蕴。

五、类型四：灵魂放逐神话

第四种恶的神话类型是灵魂放逐神话。它与其他类型非常不同，它引入了把人分为灵魂和肉体的视角。整个人类学的二元论试图继承它并使之合理化。[②] 人类也受它的影响，产生一种把自我认知归于灵魂而非肉体上的观念。这种神话类型是否获得了最终文学形式，这是很难确定的。不过目前可以认为，它最经典的范例来自古代俄耳甫斯教。这个范例过于经典，以至于产生了一种倾向：把灵魂放逐神话与俄耳甫斯神话直接画等号。这种倾向值得怀疑。关于俄耳甫斯教的知识充满了疑问，虽然柏拉图哲学和新柏拉图哲学都以俄耳甫斯教为前提，并从中吸取养分，我们却并不知道能直接看到，柏拉图所了解的俄耳甫斯教，以及俄耳甫斯教的神话的本来面目是什么样的。

灵魂放逐神话模式可以比照前面已经分析过的其他模式进行理解。灵魂放逐神话模式是仅有的一个既关于灵魂又关于肉体，而且又加以区分的神话模式。

[①] 保罗·里克尔：《恶的象征》，公车译，上海世纪出版集团，2005，第256页。
[②] 保罗·里克尔：《恶的象征》，公车译，上海世纪出版集团，2005，第288页。

第五章　恶的象征神话

在这个神话模式中，我们看到神造的灵魂是怎样变为人的，灵魂何以投向陌生而又充满弊端的肉体，灵魂和肉体如何混合成人性并成为遗忘的场所。人作为遗忘发生的场所，使居于其中的神性的灵魂和尘世的肉体消除了原有的差异。其他神话中并不关注人的灵魂，即使提到人的分裂状态，也从不把人分为两种本质不同的实在。创世戏剧中的人是灵肉合一的整体，不可分割。悲剧世界观也和灵魂放逐神话缺乏相似点。英雄是作为整体的人去受难和被定罪的。《圣经》的堕落神话同样与灵魂放逐不同。[①] 堕落神话明确地把人类作为罪恶起源，是一种典型的人类学神话。然而需要注意的是，虽然它与其他任何神话一样，都是"精神的"，但它并不把灵魂看成一个单独的实体，相反它依旧认为人的肉体不可独立存在。基督教与新柏拉图主义以某种方式保留了俄耳甫斯神话的本质特点，但无论它们后来看上去有多么混淆，二元论神话和堕落神话仍然是两种完全不同的类型。类型学的任务正是区分这种差别的。

　　对应着灵魂放逐神话的罪恶类型，是哪一种拯救类型？灵魂放逐的神话是典型地以"知识"和"灵知"作为拯救之原理和许诺的神话类型。人们把自己理解为灵魂的活动，或更确切地说，把自己的本质看作灵魂的而不是肉体的，因此认为肉体的死亡不等于自己不复存在，这种典型的净化行为就受了知识的指引。在这种放逐灵魂的自我觉醒中包含了所有柏拉图和新柏拉图类型的哲学。如果把肉体看作欲望和激情之源，那么灵魂就是冷静和明智之本。这种基本态度是任何努力使逻各斯与肉体及激情保持距离的做法的根源。而且无论其对象如何，所有一切知识、一切科学都源于这种把欲望与灵魂看得分明的思想。俄耳甫斯运动局限于宇宙起源的形象化描述中，似乎并没有能力直接超越神话达到哲学。但俄耳甫斯教所代表的道路还是一种"生活之路"。这种"生活之路"就是将神话归之于过去的东西归于将来；就像是对先于人类的人之罪恶的回忆，俄耳甫斯教提供了一种对人类的解救的预言。正如神话游移于神统的想象和哲学的思考之间，俄耳甫斯的生命也在古代仪式的净化和一种新型的（精

[①] 保罗·里克尔：《恶的象征》，公车译，上海世纪出版集团，2005，第290页。

181

神上与事实上的）净化之间游移着。① 一方面，俄耳甫斯面对着被祭司和行乞巫人所宣扬的特有仪式，用献祭和符咒的方法进行赎罪。柏拉图在《理想国》中就说到过，俄耳甫斯教提供了一些净化仪式的规定。但另一方面，俄耳甫斯似乎也在尝试通过那些含义不清的做法，去发现一种关注内心纯洁的人生。俄耳甫斯教可能并不是单一的运动，而是崇尚阿波罗神与狄俄尼索斯神的几股不同的运动趋于融合的变种。俄耳甫斯本人似乎可以被认为是一名阿波罗主义改革家，他对狄俄尼索斯在成为意大利教派的神圣庇护神之前的原始狂热崇拜做了改革。而意大利教派则毫不犹豫地将自己的神秘著述置于他的庇护之下。这些人之中有一些人在柏拉图之前，就认识到了俄耳甫斯教的伟大的潜力。俄耳甫斯的净化已经来到了哲学的大门前。柏拉图所说的格言"持神杖的人很多，但很少成为女祭司"就暗示了这一点。②

毕达哥拉斯派的作品明确地表明了从仪式的"净化"到哲学的"净化"的过渡，那些作品处于科学与启示的交叉路口上。数学家和神话传唱人之间的分别在这方面意义非常深刻。他们一方面和悲观主义的灵魂放逐神话有关，另一方面又暗示着可以依靠知识进行净化。我们在斯多葛学派代表人克吕西普的《残篇》中明确提到一段毕达哥拉斯派的格言，它正是一种俄耳甫斯教的回声：你将会知道人有自我选择的苦恼。毕达哥拉斯派宣称，听从神的指引是一种"哲学"的解救方案。"哲学"这个词语本身也可以证明我们的说法，对于毕达哥拉斯派来说，一个思考去追寻神的人，与其描述为明达或机智，他们喜欢采用的是相当奥秘的词，它唤起被人与神之间的不和与冲突所损害的友谊。而灵魂与神重新结合这一目标，预示着柏拉图主义哲学的倾向。毕达哥拉斯派对幸福的看法接近于巫术观与哲学观融合后的结果，认为幸福是达到善的灵魂，而人类在寻求知识的时候达到了知识极盛而欲望极弱的状态，善的灵魂就来到他那里。古希腊哲学家恩培多克勒在《净化篇》中的感叹，或许能够恰如其分地概括俄耳甫斯毕达哥拉斯派的全部精粹。"从那光荣之乡，从那至高的福地，我

---

① 保罗·里克尔：《恶的象征》，公车译，上海世纪出版集团，2005，第308页。
② 保罗·里克尔：《恶的象征》，公车译，上海世纪出版集团，2005，第28页。

堕落在这大地上,徘徊在芸芸众生之间……当我看到这陌生的土地,我悲哭呜咽,可悲的大地上总是伴随死亡,神谴和给人灾难的征伐,炙人的瘟疫,腐烂和洪水,于黑暗中在草地上泛滥……我向你们致敬,我是一位不朽之神而非凡人!"这些片段不仅证明某种隐晦的哲学化神话最终吸收了俄耳甫斯毕达哥拉斯主义的传统,而且还预示着从神话上升到思辨的门槛。

结　　论

当我们逐一走过利科的恶论的各阶段，悉心理解其层次复杂的系统之后，我们就能够比较清晰地捕捉到这一理论的显著特征。

利科的恶论的首要特征并不在于对恶的某种具体解释，而在于对方法论的焦渴。我们已经看到，他在方法论方面进行了持续不断的探索，他不断地对不同的方法进行界定、修正，并且将其扩展到新的领域。这种执着的方法论追求可以说推动着利科的思想发展，使他从意志现象学的纯粹描述走向了易犯错性的哲学人类学结构分析，又走向了象征诠释学的广阔领域，深深扎根于意蕴丰富、生动鲜活的象征文化土壤。从内部因素角度看，利科哲学从现象学向诠释学的扩展在很大程度上是方法论焦渴的结果。

对利科来说，恶是否能够进入哲学，应该如何进入哲学，应当以何种方法加以研究，这些方法论层面的思考并不是无关紧要的细枝末节，而是牵一发、动全身的关键问题。恶论通过不同方法的分阶段实现，因此牵连到其前期哲学的整体。笔者认为，这就是利科的恶论给我们的第一个重要启发。20 世纪，现象学、诠释学、分析哲学、结构主义、后现代主义等哲学思潮就十分鲜明地显示哲学的创新不只是问题的改换，也是方法论的变革。利科就是这样一位格外重视方法论或者说认识论的哲学家。当然，他对方法论的探索并非故弄玄虚，因为方法论也就是我们进行研究工作的步骤、阶梯与准绳，它不是抽象的，而是具体的，也是研究过程中难以回避的。我们看到，利科对西方的恶的思想史的关键线索进行了梳理，他对历史上的恶的反思哲学与思辨哲学这两条主要路线不太满意，也包含着十分鲜明的方法论批判。恶的反思哲学路线主要采取责任分析、道德规训等方法。恶的思辨哲学则主要采取对经验进行抽象思辨，构建形而上体系的方法。利科固然承认这些方法都有其价值，但又认为这些方法对于恶的现象都是有所遮蔽的。笔者赞同利科的看法。如果我们回顾人们关于恶的讨论，就会发现其纷杂有余，清晰不足，似乎最缺乏的就是方法论的批判。关于人性的讨论也面对着相同的方法论困扰。我们所面对的关键问题就在于，

结　论

如何在保持恶的研究的深度与广度的同时，制定出清晰有序的研究方法。因此，利科的恶论在这方面具有极高的范例价值。

笔者认为，虽然利科后期并未明确强调这种看法，但是现象学也充当了当代哲学版图之中不同于伦理学和神正论的恶的研究道路的基本出发点。我们在第一章中已经讨论过利科的诠释学的现象学。我们看到，现象学作为出发点在利科的整个思想历程中是一以贯之的，这也适用于他的恶论。"回到事情本身"作为现象学的纲领之一，即指向了对恶的现象及体验本身的关注。一切方法论的追求都是为了致力于回到恶的现象本身。现象学的方法作为恶论的出发点，也就意味着并不以任何在先的标准来筛选处理恶的现象，既不是像伦理学一样围绕着伦理道德，也不是像神正论一样围绕着上帝或神。在进行道德判断之前，在对恶的原因进行解释之前，在思考恶与上帝之间是否存在矛盾之前，我们首先需要进行的研究就是回到恶的现象本身，真正努力地去接近恶的体验。现象学的方法要求悬搁自然主义态度。在恶论方面，这种反自然主义—客观主义—心理主义的立场将意味着，在将恶的现象整体收入眼帘之前，我们暂且不能够对恶进行各种因果解释，无论这种因果解释使用的是生理学、心理学、社会学、经济学的哪种理论。利科的恶论显然是从回到事实本身的现象学立场出发的。也正是因为这种现象学立场，这一恶论显示了某种似乎晦涩、意蕴丰富、模棱两可的独特性，尤其是同立足于自然科学的心理学、社会学的化约主义的解释相比。但是，我们也需要强调利科对方法论的重视。从胡塞尔开始，现象学即包含着一种不同于自然科学的科学性与严谨性的方法论追求。利科的恶论可以说也隐含着相似的追求。虽然他不断地对现象学的边界与局限性进行反思，但是他的方法论追求其实比较接近于胡塞尔。他对现象学方法的理解也比较忠实于胡塞尔，最重要的就是，利科运用了现象学还原和描述性分析的方法。现象学还原是抵达纯粹描述的必经之路，而纯粹描述又必须成为一种结构化的意义分析方法。现象学方法在利科的整个思想历程中都保持着活跃性与能产性。

然而从恶论的角度，我们还是会对现象学方法产生疑问：现象学可以研究恶吗？或者换句话说，现象学在恶论方面是不是有其不可克服的局限性呢？在

第二章中我们已经看到，利科给出的回答可以说是对恶的现象学的否定。在他看来，恶并不是现象学关于意志的纯粹描述的方法所能处理的课题。这就是他为恶论划下的第一条界线，也是恶的现象学悬搁的阶段。在这个阶段，利科的观点主要致力于以否定的方式反过来对恶的研究做出限定，也就是说，我们要首先排除不适用的研究方法，才能进一步找到适用的研究方法，这也意味着对现象学方法的边界的限定。利科认为，人类意志的现实的恶是不可能进行现象学分析的，也不能为理性分析所把握。因此，意志现象学成立的条件就是进行一种针对恶的现象学悬搁，将其放入括号，暂时搁置。按照利科所理解的意志现象学，处理的对象是意志的本质结构和基本可能性。恶却并不包含在人类意志的本质结构中，恶毋宁说是对人类意志基本结构的彻底扭曲。恶表现为无序、失控的激情，这种激情是对人的实存的本质的毁坏，它是纯粹荒谬的。在这个阶段，从恶论的角度来说，利科强调了恶的非根本性和人的实存的原初肯定，原初肯定是先于恶的否定性的。

　　利科对现象学在恶的研究方面的局限性的看法是否有说服力呢？现象学真的不可以研究恶吗？在他本人看来，现象学唯有进行一种诠释学的迂回和扩展，才能适合于研究恶的现象。笔者认为他的这种看法是值得讨论的。利科的确敏锐地发现了恶的问题对现象学方法的挑战，这种恶的挑战在其他现象学家那里似乎还找不到直接的回应。但是关于恶的现象学到底是否可能的问题，我们却未必只能听利科一个人的声音。我们可以通过其他现象学家对现象学方法的不同理解，来间接地思考这一问题。胡塞尔对于现象学是不可或缺的灵魂人物，但是人们通常认同胡塞尔，这并不等于认同现象学运动。利科当然也同意这一点，但是他在意志现象学时期主要采取了忠于胡塞尔的基本态度，比较谨小慎微地裁断现象学方法。如果我们考虑到现象学运动的多样性，就能够将恶的问题放入更广阔的现象学运动的视野中。在现象学诞生之初，在德国本土的慕尼黑学派就抵制过现象学的观念论解释，他们很少把超越论意识与心理意识彻底对立起来，而是更加热衷于通过意向分析的现象学方法来重新研究诸多形形色色的心理学主题，现象学方法从一开始就显示出强大的能产性。

结　论

　　在较早的现象学家之中，马克斯·舍勒无疑是在现象学的实践哲学方面成就卓著的伟大思想家之一，他开拓了一种现象学的价值哲学。按照利科的看法，舍勒的现象学就处于哲学人类学的领域，他的反形式主义的价值哲学提出了对人的新理解，并且在作为伦理行为中心的人那里达到顶峰。[①] 舍勒的现象学在对于爱的秩序的重视之中，将人格主义与道德上的宗教启示结合在一起。舍勒的著作中最接近于恶的问题的部分就是他对悲剧的研究，他在《论悲剧性现象》中的观点受到了利科的较高评价，利科后者在《恶的象征》的悲剧章节也有对他的讨论。[②] 悲剧就诞生于两种积极价值之间的冲突，没有任何第三方能够调和这种冲突，它似乎就蕴含在世界的秩序中。悲剧总是个体的悲剧，但是悲剧却表现了一种世界的悲哀。[③] 舍勒主要并不是从审美和艺术的角度看待悲剧，他感兴趣的并不是作为具体艺术形式的悲剧，而是其中所反映的普遍的"悲剧性"。[④] 舍勒讨论悲剧的时候所使用的方法，基本上也是立足于现象学的，他并不认为悲剧性能够通过对经验实例的归纳得到澄清，悲剧性的呈现类似于一种本质直观。[⑤] 更重要的是，舍勒强调作为现象的悲剧性本身不应混同于对悲剧的形而上学、宗教的和其他思辨性的说明，并且也应该排除自然主义的因果解释。这正是现象学回到事情本身的要求的体现。利科并非不熟悉舍勒的现象学，但是他似乎并没有将其考虑进一种恶的现象学的可能性之中。笔者认为，利科很可能并不认为舍勒悲剧论采用了比较严格的纯粹描述的现象学方法，这主要是因为舍勒并未展开对意向活动的分析，反倒显得充满思辨风格，着重于抽象地讨论普遍的悲剧性。舍勒虽然也不可避免地以希腊悲剧为例子进行说明，但他刻意地排除了悲剧的叙事形式及文本层面的重要性，反倒希望越过具体的悲剧文本，直接揭示出何为普遍的悲剧性，这也使得他的悲剧论没有进入诠释学的层面。因此笔者认为，问题的关键还是在于如何理解现象学方法。如果我们能够将舍勒悲剧论的风格接纳为现象学，那么我们就会认为利科理解现象学

[①] 保罗·利科等：《哲学主要趋向》，李幼蒸、徐奕春译，商务印书馆，1988，第565页。
[②] 保罗·里克尔：《恶的象征》，公车译，上海世纪出版集团，2005，第334页。
[③] 马克斯·舍勒：《舍勒选集（上、下）》，上海三联书店，1999，第259页。
[④] 马克斯·舍勒：《舍勒选集（上、下）》，上海三联书店，1999，第251页。
[⑤] 马克斯·舍勒：《舍勒选集（上、下）》，上海三联书店，1999，第253页。

的方式似乎过于狭窄，以至于他过早地排除了现象学对人类的激情进行描述的可能性。当然，即便舍勒的悲剧论属于现象学，恶的现象学的可能性依然是有些存疑的，因为悲剧与恶的问题并不对等，悲剧现象可以说只是恶的现象中一个很小的部分。

在恶论方面，利科与其他重要的法国现象学家尤其是 M. 亨利和 J.L. 马里翁可以联系起来考虑。自 20 世纪 80 年代以来，法国现象学呈现了复兴的趋势。[①] 在法国现象学的数十年发展过程中，胡塞尔和海德格尔的现象学固然提供了两种最基本的思想资源，但是法国现象学家也持续不断地对现象学方法进行创造性反思，并将现象学推向逐渐远离他们的方向。虽如此，新生代的现象学家们总是从胡塞尔、海德格尔的文本中挖掘出新的可能性，以此将自己的工作保持在胡塞尔开创的现象学传统之中。对于亨利来说，现象学需要经历一种再次的彻底化运动，他自己的现象学就是这种彻底化的实现。亨利通过对现象学史的反思，总结出现象学的四条基本原则，在他看来，这些原则实际上已经包含在胡塞尔的现象学之中，但同时又显示出彼此间的张力，推动着现象学朝向未来发展。第一条原则是"显象（apparence）越多，存在就越多"，第二条原则是"任何给出的直观都是知识的一种理所当然的源泉"，第三条原则是著名的"回到事情本身"，第四条原则是"越还原，越给出"。[②] 法国当代著名学者马里翁在他的现象学著作中也以近似的表述对这四条原则进行过讨论，并且指出了前三条原则各自存在的缺陷。"回到事情本身"的原则可能会落入不同的理解，随着人们对事情本身的看法发生变化，这条原则实际上相当模糊。"直观"的优先性也受到了马里翁的质疑，他认为直观还停留在服从于客观化表象的理想中，因此直观没有达到最终的现象性。马里翁本人肯定了第四条原则，即"越还原，越给出"。他认为这一原则才是现象学的真正原则。他强调现象学还原的优先性。没有无还原的给出，也没有不给出的还原。一个现象只有通过被还原，才能绝对被给出。还原消除了超越性，使被给出者的给出成为绝对给出，也就

[①] 杨大春：《20 世纪法国哲学的现象学之旅》，社会科学文献出版社，2014，第 522 页。
[②] 杨大春：《20 世纪法国哲学的现象学之旅》，社会科学文献出版社，2014，第 527-528 页。

达到了不可怀疑的明见性。通过对胡塞尔文本的分析,他试图说明这种还原与给出之间的关系已经蕴含在胡塞尔思想之中,现在现象学要做的只是将胡塞尔未尽之意表达出来。①

笔者认为,马里翁所提出的"越还原,越给出"的现象学基本原则,恰恰能够与利科关于恶的现象学悬搁的观点形成有益的争论。现象学还原或者说抽象、悬搁的方法,在利科看来,是我们面对恶与超越性的时候所必不可少的研究方法。可是这种现象学还原,作为恶与超越性的现象学悬搁,主要是限制性、消极性的方法。它只是为现象学对意志结构的纯粹描述方法扫清障碍,规定边界。也就是说,利科认为,至少在恶与超越性的问题上,并不是越还原、越给出。在恶与超越性的问题上,还原只能标志出现象学方法的局限。恶与超越性毕竟无法在现象学领域中被给出。这一点对利科的恶论是十分关键的。然而,我们看到马里翁显然对此有不同的看法。超越性在马里翁那里是可以通过还原被绝对地给出的,这是他能够将现象学扩展到宗教启示方向的基础。超越性是利科和马里翁共同面对的问题,超越性在现象学之中的位置是他们共同关注的疑难。在这方面,我们也看到,有学者将法国现象学新近的发展描述为"现象学的神学转向",其中涉及的现象学家就包含利科、马里翁、亨利、列维纳斯等人。②笔者认为,这种所谓"神学转向"的说法可能属于夸大其词,并不准确。就利科而言,我们特别能够识别出问题所在。在他那里,现象学不仅不可能转向神学,甚至也不可能将超越性纳入研究领域。对恶与超越性的现象学悬搁是他明确强调的现象学边界。利科的立场与马里翁相比显然更极端一些。马里翁尚且能够谈论超越性在现象学中的绝对给出,利科却不能允许现象学方法逾越本质学的纯粹描述的界线。当然,利科并非因此就忽略了恶与超越性问题的重要性。恰恰相反,正因为他苦心孤诣地探索研究恶与超越性的恰当方法,才使现象学扩展到诠释学的方向。相比而言,马里翁就并不认为现象学有这种限制,他在现象学本身之中推进对于启示现象的研究。他的这种研究也并不是转向了神学,

---

① 杨大春:《20世纪法国哲学的现象学之旅》,社会科学文献出版社,2014,第529页。
② 杨大春:《20世纪法国哲学的现象学之旅》,社会科学文献出版社,2014,第535页。

宗教启示有充分理由属于现象性，但我们并不怀有对真理的神学抱负，只是把启示作为现象性的最终可能性。① 没有任何东西能够摆脱现象性，超越性依然通过还原而被绝对地给出。在神学与现象学之间并不是同一的关系，而是争论的关系。现象学会对启示神学保持兴趣，但并不是使自身转变为神学。现象学能够将启示现象包含在内，是因为没有任何启示不是以现象性的方法起作用的。启示现象可以说是另类的现象，但启示现象仍然是完全正当的现象，因此可以用现象学的方法来研究。那么我们如何在利科与马里翁的不同看法之间做出取舍呢？笔者认为，这里的争议就在于两位哲学家对现象学方法的理解有分歧。利科所理解的现象学方法可能比较狭窄，也表现出更加忠实于胡塞尔的倾向。从方法论的角度看，这样的现象学方法对意志现象学时期的利科来说也更具有实用性。但是，利科毕竟也并不反对甚至欢迎现象学本身的方法论扩展，因此他与马里翁之间应该有深入对话的空间。

我们还必须注意，恶与超越性是两个不同的问题，虽然它们之间有密切的关系。利科在恶与超越性之间维持的紧张关系，使我们在讨论恶的现象学的可能性的时候需要更加谨慎。一方面，恶与超越性不同，超越性对人类来说可能是正面的、根本性的，但是我们不可能接受恶具有同等的地位。正因为超越性是根本性，现象学才可能在某种意义上谈论对超越性的本质理解。恶却与之截然相反。利科十分警惕恶的现象混入基础存在论所带来的危险。恶的现是非根本性的、变形扭曲的，在经验领域中呈现了无穷无尽的杂乱无序。这就是利科强调恶是彻底的荒谬性的原因所在。恶在经验领域中的杂乱无序，恶在经验核心处的晦暗荒谬，这就是恶对现象学研究方法提出的致命挑战。现象学能够放弃对原初性和本质性的追求吗？若非如此，恶的现象学恐怕就依然遥不可及。在利科看来，诠释学则在某种程度上摆脱了这种追求，它不具有揭示本质的野心，它踏上语言领域的漫长迂回的旅途，它深入晦涩难解的象征神话的地下迷宫。另一方面，恶与超越性之间也存在深深的断裂。我们意识到，恶是一道永久的谜题。这谜题向我们暗示出善与恶的不对称性。善与恶之间无法达到平衡。

① 杨大春：《20世纪法国哲学的现象学之旅》，社会科学文献出版社，2014，第550页。

结　论

　　恶是伤口，是深渊，是生命不可承受之重。恶的挑战对于超越性来说同样无比尖锐。利科恶论的严肃性就体现在这里，它接受了恶的挑战。这种挑战波及反思哲学、思辨哲学、伦理学、神学和宗教现象学等各领域，它们都面对着恶的猛烈攻势，也就是面对着对其自身确定性的怀疑，对其幻象与虚伪性的嘲讽，对其隐藏的意识形态的批判。一种恶的现象学如何能够在打破自身的幻相的同时避免自身的摧毁呢？在利科看来，现象学需要一种怀疑诠释学的补充。笔者认为，利科前期的恶论实际上也还没有完全脱离意识哲学或主体哲学的思路，因为即便是《恶的象征》也还试图通过象征诠释学重现恶的体验及自我意识。这种恶的体验的研究视角固然是恶的研究中不可缺少的部分，但它依然缩小了恶的现象的范围。恶的研究如果想要超越意识哲学或主体哲学，最终需要一种面向他者的思考。对利科来说，诠释学迂回就是那条最有可能打破意识哲学的神话并增添他者维度的长程道路。

　　我们面对的最后一个问题，就是利科的恶论如何在当下发挥作用。正如利科所谆谆教导的那样，问题的关键在于：经历过哲学史的巨人们的激烈战争，我们将如何继续做哲学？经历过与恶的思想史的重要遭遇，在柏拉图、奥古斯丁、康德、黑格尔、克尔凯郭尔之后，特别是在利科对恶的思想史进行辛苦耕耘之后，我们将如何继续激活这种恶的研究？利科曾大声疾呼，哲学不能逃避恶，如果无法成功地理解恶，哲学也就失去了它的力量。然而这些遥远的呼唤，已经消散在我们的时代。研究利科的法国学者波雷在《回应恶：利科作品中的象征与正义》的论文集中感慨道："在恶的问题方面，这本论文集的研究者选择了一种哲学，这种哲学在当代涌动着暗流，却尚未发出真正的声音。"[①] 恶的问题的回归可能只是一种"未来的品味"。[②] 恶的回归这个说法的确切含义是模棱两可的，它似乎试图克服人文学科的虚弱无力，将其重新置于当代最急迫的暴力与苦难的领域。但它可能也面临着在当代思想和社会中难以找到稳固的可接受位置的困境。利科的恶论就遭遇了这种困境，也就是我们的时代对象征

[①] Porée&Vincent(directé.), *Répliquer au Mal: Symbole et justice dans l'œuvre de Paul Ricœur*, (Rennes: Presses Universitaires de Rennes, 2006), p.9.
[②] 纪尧博（J. C. Guillebaud）在他的著作 *Le Goût de l'Avenir* 中宣告了这种"恶的回归"。

的普遍冷淡。他曾认为构成文化传承的基石的那些重要象征，至少表面上已经难以吸引现代人的兴趣，虽然它们还遗存在心理和文化中等待着被重新揭示。

波雷提出了一种权宜之计，他试图将利科的遗产一分为二。简单地说，利科关于恶的思考可以粗略地被归结为两个领域的工作：一个领域更直接，即象征的领域；一个领域更间接，即正义的领域。前者的现象学—诠释学路线，就是在本书中着重梳理的恶论，它已经显示出从恶的幽暗深邃中获得自身强大、经久的动力。可惜的是，这种直接的恶论似乎在当代越来越边缘化。利科本人对这一点十分清楚，因此他在学术生涯的中后期更重视一种普遍诠释学的工作。普遍诠释学的工作则是一种实践哲学，这种实践哲学着眼于正义问题，将正义作为恶的反面进行研究。普遍诠释学的工作看起来更有前途，实际上这也是利科后期有意选择的策略。

从起点到终点，经历过漫长的诠释学的迂回后，利科重新回到恶的哲学，但主要是从伦理学的角度。以20世纪90年代初的《作为一个他者的自身》为里程碑，他的研究通过诠释学的中介复归了伦理学和政治哲学。利科后期作品包括《恶：对哲学与神学的挑战》《爱与公正》《论公正（Ⅰ、Ⅱ）》《记忆，历史，遗忘》《承认的过程》《"生活直至死亡"与残篇》等。除了《恶：对哲学与神学的挑战》以外，其他著作并没有直接讨论恶。这种现象当然也体现出之前所讨论的恶论似乎在当代越来越边缘化的处境。但是我们依然可以发现，恶作为时隐时现的视角，关联所有这些著作。

笔者认为，利科的实践哲学研究其实就是受到了恶的问题的推动，可以看作是一种对于恶的挑战的回应。在《作为一个他者的自身》的"小伦理学"部分，利科着重阐释了康德，他重新诠释了康德的绝对命令，将其重写为"要求不应该存在的不存在"，即要求恶不存在的命令。我们发现，在利科后期思想中，康德的重要性总体来说更加突出。亚里士多德的伦理学也受到了越来越多的重视。利科试图在康德和亚里士多德的伦理学之间寻求某种融合的可能性。笔者认为，利科的伦理学归根结底并不是一种道德哲学，其鲜明的特征就在于超出道德哲学的对生命的关心与爱护。我们也可以说，利科的小伦理学指向了一条高扬生命的道路。这条道路是超道德的，充满了以生命补充道德、以生命唤醒伦理学的全新可能性。

利科前期的恶论就在这种小伦理学中刻画了绵延不绝的思想痕迹。但在后期他感到了伦理的紧迫，这种紧迫在某种程度上源于其经历了爱子自杀罹难的苦难，从而带有一种深沉的悲剧性情感。从伦理学层面来说，克服恶就意味着不做出不应当的行为，也意味着与恶行的斗争。然而利科却始终提醒着我们，行动或者说伦理学是无法摆脱其局限性的。这种局限性就根植于恶的谜题。单纯的反抗行动总是不能够抹消或者回应恶的悲剧维度，因此，我们还需要一种从感受层面的回应。这些"情绪与情感的宣泄与净化"[1]正是实践与行动的解决方案的补充。这就为我们指向了精神分析和心理治疗等工作的真正重要性。

总而言之，利科的恶论具有高度的开放性和面向未来的可能性。他在后期实践哲学中对恶的间接性思考，十分有利于激活其前期的恶论，使其获得更强大的当代影响力。这无疑构成了值得继续深入探究的重要课题。

---

[1] Paul Ricœur, *Le Mal: Un défi à la philosophie et à la théologie*, (Genève: Labor et Fides, 2004), p.258.

参考文献

1. 中文文献

[1] 阿多 P. 伊西斯的面纱 [M]. 张卜天, 译. 上海: 华东师范大学出版社, 2015.

[2] 阿多 P. 古代哲学研究 [M]. 赵灿, 译. 上海: 华东师范大学出版社, 2017.

[3] 阿尔特. 恶的美学历程: 一种浪漫主义解读 [M]. 宁瑛, 王德峰, 钟长盛, 译. 北京: 中央编译出版社, 2014.

[4] 奥尔森. 二十世纪神学评介 [M]. 刘良淑, 任孝琦, 译. 上海: 上海三联书店, 2014.

[5] 奥古斯丁. 忏悔录 [M]. 周士良, 译. 北京: 商务印书馆, 1996.

[6] 奥古斯丁. 驳朱利安 [M]. 石敏敏, 译. 北京: 中国社会科学出版社, 2010.

[7] 奥古斯丁. 论自由意志: 奥古斯丁对话录二篇 [M]. 成官泯, 译. 上海: 上海人民出版社, 2010.

[8] 奥古斯丁. 论原罪与恩典: 驳佩拉纠派 [M]. 周伟驰, 译. 北京: 商务印书馆, 2012.

[9] 巴恩斯. 剑桥亚里士多德研究指南 [M]. 廖申白, 等译. 北京: 北京师范大学出版社, 2013.

[10] 柏拉图. 蒂迈欧篇 [M]. 谢文郁, 译. 上海: 上海人民出版社, 2005.

[11] 柏拉图. 理想国 [M]. 张竹明, 译. 南京: 译林出版社, 2012.

[12] 包利民. 生命与逻各斯: 希腊伦理思想史论 [M]. 北京: 东方出版社, 1996.

[13] 贝尔奈特, 肯恩, 马尔巴赫. 胡塞尔思想概论 [M]. 李幼蒸, 译. 北京: 中国人民大学出版社, 2011.

[14] 伯恩斯坦. 根本恶 [M]. 王钦, 朱康, 译. 南京: 译林出版社, 2015.

[15] 陈立胜. 宗教现象学正名 [J]. 中山大学学报 (社会科学版), 2012 (1):

132-141.

[16] 德勒兹. 尼采与哲学 [M]. 周颖, 刘玉宇, 译. 郑州: 河南大学出版社, 2016.

[17] 狄尔泰. 精神科学引论 [M]. 艾彦, 译. 南京: 译林出版社, 2012.

[18] 笛卡尔. 第一哲学沉思集: 反驳与答辩 [M]. 庞景仁, 译. 北京: 商务印书馆, 1998.

[19] 杜小真. 利科北大演讲录 [M]. 北京: 北京大学出版社, 2000.

[20] 多斯. 结构主义史 [M]. 季广茂, 译. 北京: 金城出版社, 2012.

[21] 多斯. 解构主义史 [M]. 季广茂, 译. 北京: 金城出版社, 2012.

[22] 范胡泽. 保罗·利科哲学中的圣经叙事: 诠释学与神学研究 [M]. 杨慧, 译. 北京: 中国人民大学出版社, 2012.

[23] 菲, 斯图尔特. 圣经导读（上）[M]. 魏启源, 等译. 北京: 北京大学出版社, 2006.

[24] 菲, 斯图尔特. 圣经导读（下）[M]. 李瑞萍, 译. 北京: 北京大学出版社, 2006.

[25] 弗雷德. 柏拉图的蒂迈欧: 宇宙论、理性与政治 [M]. 刘佳琪, 译. 北京: 北京大学出版社, 2014.

[26] 伏飞雄. 保罗·利科的叙述哲学: 利科对时间问题的"叙述阐释"[M]. 苏州: 苏州大学出版社, 2011.

[27] 伽达默尔. 诠释学Ⅰ: 真理与方法 [M]. 洪汉鼎, 译. 北京: 商务印书馆, 2016.

[28] 伽达默尔. 诠释学Ⅱ: 真理与方法 [M]. 洪双鼎, 译. 北京: 商务印书馆, 2016.

[29] 高宣扬. 利科的反思诠释学 [M]. 上海: 同济大学出版社, 2004.

[30] 高宣扬. 当代法国哲学导论（上、下卷）[M]. 上海: 同济大学出版社, 2004.

[31] 格朗丹. 哲学解释学导论 [M]. 何卫平, 译. 北京: 商务印书馆, 2009.

[32] 哈里森.古代的艺术与仪式[M].吴晓群,译.郑州:大象出版社,2011.

[33] 海德格尔.形式显示的现象学[M].孙周兴,编译.上海:同济大学出版社,2004.

[34] 海德格尔.存在与时间[M].陈嘉映,王庆节,译.北京:三联书店,2006.

[35] 海德格尔.存在论:实际性的解释学[M].何卫平,译.北京:人民出版社,2009.

[36] 汉拉第.灵知派与神秘主义[M].张湛,译.上海:上海:华东师范大学出版社,2012.

[37] 何卫平.解释学之维:问题与研究[M].北京:人民出版社,2009.

[38] 何卫平.信心解释学与怀疑解释学:从保罗·利科谈起[J].哲学研究,2017(5):91-98.

[39] 河野真等.人与恶:东西方恶论面面观[M].王永昌,译.北京:中国人民大学出版社,1992.

[40] 赫费.世界哲学简史[M].张严,唐玉屏,译.北京:社会科学文献出版社,2010.

[41] 黑格尔.精神现象学[M].先刚,译.北京:人民出版社,2016.

[42] 洪汉鼎.当代西方哲学两大思潮(下册)[M].北京:商务印书馆,2010.

[43] 胡塞尔.逻辑研究[M].倪梁康,译.上海:上海译文出版社,1994.

[44] 胡塞尔.欧洲科学的危机与超越论的现象学[M].王炳文,译.北京:商务印书馆,2005.

[45] 胡塞尔.纯粹现象学通论[M].李幼蒸,译.北京:中国人民大学出版社,2010.

[46] 黄振定.上帝与魔鬼:西方善恶概念的历史嬗变[M].长沙:湖南大学出版社,2003.

[47] 基尔克,拉文,斯科菲尔德,等.前苏格拉底哲学家:原文精选的批评史[M].聂敏里,译.上海:华东师范大学出版社,2014.

[48] 金泽. 宗教人类学学说史纲要 [M]. 北京：中国社会科学出版社，2010.

[49] 凯普斯. 宗教学：学科的构成 [M]. 常宏，王兴，戎川，等译. 北京：社会科学文献出版社，2017.

[50] 康德. 判断力批判 [M]. 李秋零，译. 北京：中国人民大学出版社，2010.

[51] 康德. 实践理性批判 [M]. 李秋零，译. 北京：中国人民大学出版社，2010.

[52] 康德. 纯粹理性批判 [M]. 李秋零，译. 北京：中国人民大学出版社，2011.

[53] 康德. 纯然理性界限内的宗教 [M]. 李秋零，译. 北京：中国人民大学出版社，2012.

[54] 柯志明. 恶的诠释学：吕格尔论恶与人的存有 [M]. 台北：五南图书出版有限公司，2008.

[55] 克尔凯郭尔. 畏惧与颤栗 恐惧的概念 致死的疾病 [M]. 京不特，译. 北京：中国社会科学出版社，2013.

[56] 克莱因伯格. 存在的一代：海德格尔哲学在法国 1927—1961[M]. 陈颖，译. 北京：新星出版社，2010.

[57] 库里亚诺. 西方二元灵知论：历史与神话 [M]. 张湛，王伟，译. 上海：上海人民出版社，2009.

[58] 莱布尼茨. 神义论 [M]. 朱雁冰，译. 北京：三联书店，2007.

[59] 里尔克.<杜伊诺哀歌>与现代基督教思想 [M]. 林克，译. 北京：三联书店，1997.

[60] 里克尔. 恶的象征 [M]. 公车，译. 上海：上海世纪出版集团，2005.

[61] 利科尔. 解释学与人文科学 [M]. 陶远华，等译. 石家庄：河北人民出版社，1987.

[62] 利科，等. 哲学主要趋向 [M]. 李幼蒸，徐奕春，译. 北京：商务印书馆，1988.

[63] 利科. 法国史学对史学理论的贡献 [M]. 王建华，译. 上海：上海社会科学

院出版社, 1992.

[64] 利科. 虚构叙事中时间的塑形:时间与叙事 [M]. 王文融, 译. 北京:三联书店, 2003.

[65] 利科. 历史与真理 [M]. 姜志辉, 译. 上海:上海译文出版社, 2004.

[66] 利科. 活的隐喻 [M]. 汪堂家, 译. 上海:上海译文出版社, 2004.

[67] 利科. 论公正 [M]. 程春明, 译. 北京:法律出版社, 2007.

[68] 利科. 解释的冲突 [M]. 莫伟民, 译. 北京:商务印书馆, 2008.

[69] 利科. 承认的过程 [M]. 汪堂家, 李之喆, 译. 北京:中国人民大学出版社, 2011.

[70] 利科. 作为一个他者的自身 [M]. 佘碧平, 译. 北京:商务印书馆, 2013.

[71] 利科. 从文本到行动 [M]. 夏小燕, 译. 上海:华东师范大学出版社, 2015.

[72] 利科. 爱与公正 [M]. 韩梅, 译. 上海:华东师范大学出版社, 2016.

[73] 利科. 弗洛伊德与哲学:论解释 [M]. 汪堂家, 李之喆, 姚满林, 译. 杭州:浙江大学出版社, 2017.

[74] 利科. 记忆. 历史. 遗忘 [M]. 李彦岑, 陈颖, 译. 上海:华东师范大学出版社, 2017.

[75] 梁中和. 古典柏拉图主义哲学导论 [M]. 上海:华东师范大学出版社, 2019.

[76] 列维-斯特劳斯. 野性的思维 [M]. 李幼蒸, 译. 北京:中国人民大学出版社, 2006.

[77] 林肯. 死亡、战争与献祭 [M]. 晏可佳, 译. 上海:上海人民出版社, 2002.

[78] 林子淳. 利科:在圣经镜像中寻索自我 [M]. 香港:基道出版社, 2011.

[79] 刘小枫. 二十世纪西方宗教哲学文选 [M]. 杨德友, 董友, 等译. 北京:三联书店, 1991.

[80] 刘小枫. 罪与欠 [M]. 北京:华夏出版社, 2009.

[81] 刘再复，林岗. 罪与文学 [M]. 北京：中信出版社，2011.

[82] 刘宗坤. 原罪与正义 [M]. 上海：华东师范大学出版社，2006.

[83] 罗宾逊，史密斯. 灵知派经典 [M]. 杨克勤，译. 上海：华东师范大学出版社，2008.

[84] 罗宾逊. 柏拉图的灵魂学 [M]. 张平，译. 北京：华夏出版社，2019.

[85] 罗姆巴赫. 结构存在论：一门自由的现象学 [M]. 王俊，译. 杭州：浙江大学出版社，2015.

[86] 马雷特. 牛津六讲：人类学与古典学 [M]. 何源远，译. 北京：北京大学出版社，2013.

[87] 马仁邦. 中世纪哲学：历史与哲学导论 [M]. 吴天岳，译. 北京：北京大学出版社，2015.

[88] 梅洛-庞蒂. 知觉现象学 [M]. 姜志辉，译. 北京：商务印书馆，2001.

[89] 梅洛-庞蒂. 行为的结构 [M]. 杨大春、张尧均，译. 北京：商务印书馆，2005.

[90] 蒙甘. 从文本到行动：保罗·利科传 [M]. 刘自强，译. 北京：北京大学出版社，1999.

[91] 莫伟民，姜宇辉，王礼平. 二十世纪法国哲学 [M]. 北京：人民出版社，2008.

[92] 牟宗三. 牟宗三先生全集22：圆善论 [M]. 台北：联经出版事业股份有限公司，2003.

[93] 尼布尔 R. 人的本性和命运（上卷）[M]. 成穷，译. 贵阳：贵州人民出版社，2006.

[94] 尼布尔 R. 人的本性和命运（下卷）[M]. 成穷，译. 贵阳：贵州人民出版社，2006.

[95] 尼采. 查拉图斯特拉如是说 [M]. 钱春绮，译. 北京：三联书店，2007.

[96] 倪梁康. 现象学及其效应：胡塞尔与当代德国哲学 [M]. 北京：商务印书馆，2014.

[97] 倪梁康.胡塞尔现象学概念通释[M].北京：商务印书馆，2016.

[98] 倪梁康.面对事实本身：现象学经典文选[M].北京：东方出版社，2000.

[99] 聂敏里.20世纪亚里士多德研究文选[M].上海：华东师范大学出版社，2010.

[100] 帕斯卡.思想录：论宗教和其他主题的思想[M].何兆武，译.北京：商务印书馆，1986.

[101] 潘德荣.西方诠释学史[M].北京：北京大学出版社，2016.

[102] 普罗提诺.九章集（上、下）[M].石敏敏，译.北京：中国社会科学出版社，2009.

[103] 萨弗兰斯基.恶或自由的戏剧[M].卫茂平，译.北京：生活·读书·新知三联书店，2018.

[104] 萨特.存在与虚无[M].陈宣良，等译.北京：生活·读书·新知三联书店，2007.

[105] 萨特.存在主义是一种人道主义[M].周煦良，汤永宽，译.上海译文出版社，2008.

[106] 舍勒.舍勒选集（上、下）[M].上海：上海三联书店，1999.

[107] 沈清松.吕格尔[M].台北：东大图书公司，2000.

[108] 施杜里希.世界哲学史[M].吕叔君，译.桂林：广西师范大学出版社，2017.

[109] 施皮格伯格.现象学运动[M].王炳文，张金言，译.北京：商务印书馆，1995.

[110] 斯特伦斯基.二十世纪的四种神话理论：卡西尔、伊利亚德、列维-斯特劳斯与马林诺夫斯基[M].李创同，张经纬，译.北京：三联书店，2012.

[111] 藤田正胜.西田几多郎：生与哲学[M].林永强，译.台北：联经出版事业股份有限公司，2016.

[112] 汪堂家.隐喻诠释学：修辞学与哲学的联姻[J].哲学研究，2004（9）：71-77.

[113] 汪子嵩, 范明生, 陈村富, 等. 希腊哲学史 II [M]. 北京: 人民出版社, 1997.

[114] 汪子嵩, 陈村富, 包利民, 等. 希腊哲学史 IV [M]. 北京: 人民出版社, 2010.

[115] 王俊. 重建世界形而上学: 从胡塞尔到罗姆巴赫 [M]. 杭州: 浙江大学出版社, 2015.

[116] 王齐. 克尔凯郭尔之为"存在主义先驱"的再审视 [J]. 杭州师范大学学报（社会科学版）, 2011（4）: 65-69.

[117] 王倩. 20 世纪希腊神话研究史略 [M]. 陕西师范大学出版社, 2011.

[118] 闻骏. 不断追问中的人神关系: 施莱尔马赫思想研究 [M]. 北京: 人民出版社, 2017.

[119] 雅斯贝尔斯. 悲剧的超越 [M]. 亦春, 译. 北京: 中国工人出版社, 1988.

[120] 雅斯贝尔斯. 时代的精神状况 [M]. 王德峰, 译. 上海: 上海译文出版社, 1997.

[121] 雅斯贝尔斯. 生存哲学 [M]. 王玖兴, 译. 上海: 上海译文出版社, 2005.

[122] 雅斯贝尔斯等. 哲学与信仰: 雅斯贝尔斯哲学研究 [M]. 鲁路, 译. 北京: 人民出版社, 2010.

[123] 亚里士多德. 诗学 [M]. 罗念生, 译. 上海: 上海人民出版社, 2005.

[124] 亚里士多德. 形而上学 [M]. 苗力田, 译. 北京: 中国人民大学出版社, 2016.

[125] 亚里士多德. 尼各马可伦理学 [M]. 廖申白, 译注. 北京: 商务印书馆, 2017.

[126] 杨大春. 语言身体他者: 当代法国哲学的三大主题 [M]. 北京: 三联书店, 2007.

[127] 杨大春. 20 世纪法国哲学的现象学之旅 [M]. 北京: 社会科学文献出版社, 2014.

[128] 杨大春. 在乌托邦与异托邦之间: 列维纳斯哲学中的人性概念 [J]. 哲学

动态，2017（6）：52-59.

[129] 杨大春.现代性与主体的命运 [M].北京：中国人民大学出版社，2019.

[130] 姚满林.论利科的象征概念 [J].浙江的海洋学院学报（人文科学版），2013（1）：34-38.

[131] 伊格尔顿.论邪恶：恐怖行为忧思录 [M].林雅华，译.湖南人民出版社，2014.

[132] 伊利亚德.神圣的存在：比较宗教的范型 [M].晏可佳，姚蓓琴，译.桂林：广西师范大学出版社，2019.

[133] 伊利亚德.宗教思想史 [M].晏可佳，吴晓群，姚蓓琴，译.上海：上海社会科学院出版社，2004.

[134] 约纳斯，等.灵知主义与现代性 [M].张新樟，等译.上海：华东师范大学出版社，2005.

[135] 约纳斯.诺斯替宗教：异乡神的信息与基督教的开端 [M].张新樟，译.上海：上海三联书店，2006.

[136] 张文涛.神话诗人柏拉图 [M].董赟，胥瑾，等译.北京：华夏出版社，2010.

[137] 张映伟.普罗提诺论恶：<九章集>一卷八章解释 [M].上海：华东师范大学出版社，2006.

[138] 张诏阳.保罗·利科的圣经诠释思想研究 [D].杭州：浙江大学，2017.

[139] 张志刚.宗教哲学研究：当代观念、关键环节及其方法论批判（增订版）[M].北京：中国人民大学出版社，2009.

[140] 中村雄二郎.日本文化中的恶与罪 [M].孙彬，译.北京：北京大学出版社，2005.

[141] 周伟驰.奥古斯丁的基督教思想 [M].北京：中国社会科学出版社，2005.

2. 西文文献

［1］ABEL，PORÉE. Le Vocabulaire de Paul Ricœur[M]. Paris: Ellipses, 1996.

［2］ANDERSON. Ricoeur and Kant: Philosophy of will[M]. Atlanta: Scholars Press, 1993.

［3］ASTLEY&BROWN&LOADES(ED.). Problems in Theology: Evil. a reader[M]. London: T&T Clark, 2003.

［4］BILLIAS(ED.). Territories of Evil[M]. Amsterdam: Editions Rodopi, 2008.

［5］BLUNDELL. Paul Ricoeur between Theology and Philosophy: Detour and return[M]. Bloomington: Indiana University Press, 2010.

［6］BUREN(ED.). Supplements:From the Earliest Essays to Being and Time and Beyond[M]. Albany: State University of New York Press, 2002.

［7］BURNS. Christian Understandings of Evil: The historical trajectory[M]. Minneapolis: Fortress Press, 2016.

［8］CARTER. Ricoeur on Moral Religion: A hermeneutics of ethical life[M]. Oxford: Oxford University Press, 2014.

［9］CORRIGAN. Plotinus' Theory of Matter-Evil and the Question of Substance: Plato，Aristotle. and Alexander of Aphrodisias[M]. Leuven: Peeters, 1995.

［10］D'ALLONNES&AZOUVI(DIRIGÉ.). Paul Ricœur[M]. Paris: Éditions de l'Herne, 2004.

［11］DAVIDSON&VALLÉE(ED.). Hermeneutics and Phenomenology in Paul Ricoeur: Between text and phenomenon[M]. Cham: Springer International Publishing, 2016.

［12］DESCARTES. Meditations on First Philosophy: With selections from the objections and replies[M]. Cambridge: Cambridge University Press, 2013.

［13］DREYFUS&WRATHALL(ED.). A Companion to Phenomenology and Existentialism[M]. Oxford: Blackwell Publishing, 2006.

[14] DUFRENNE. The Notion of a Priori[M]. Chicago: Northwestern University Press, 1966.

[15] ELIADE. Patterns in Comparative Religion[M]. New York: Sheed&Ward, 1958.

[16] FERRARI(ED.). The Cambridge Companion to Plato's Republic[M]. Cambridge: Cambridge University Press, 2007.

[17] GRAHAM. Evil and Christian Ethics[M]. Cambridge: Cambridge University Press, 2001.

[18] HICK. Evil and the God of Love[M]. London: Palgrave Macmillan, 2010.

[19] HUSKEY. Paul Ricoeur on Hope: Expecting the good[M]. New York: Peter Lang Publishing, 2009.

[20] HYPPOLITE. Genesis and Structure of Hegel's Phenomenology of Spirit[M]. Chicago: Northwestern University Press, 1974.

[21] IHDE. Hermeneutic Phenomenology: The philosophy of Paul Ricoeur[M]. Chicago: Northwestern University Press, 1971.

[22] JASPERS. Tragedy is not Enough [M]. Boston: The Beacon Press, 1952.

[23] JASPERS. The Question of German Guilt[M]. New York: Fordham University Press, 2000.

[24] JERVOLINO. Paul Ricœur: Une herméneutique de la condition humaine[M]. Paris: Édition Ellipses Marketing S. A, 2002.

[25] KAPLAN. Ricoeur's Critical Theory[M]. Albany: State University of New York Press, 2003.

[26] KEARNEY. Poetics of Modernity toward a Hermeneutic Imagination[M]. Amherst: Humanity Books, 1999.

[27] KEARNEY. On Ricoeur: The Owl of Minerva[M]. Aldershot: Ashgate Publishing Company, 2004.

[28] KIERKEGAARD. The Concept of Anxiety: A simple psychologically

orienting deliberation on the dogmatic issue of hereditary sin (Kierkegaard's Writings VIII) [M]. Princeton: Princeton University Press, 1980.

[29] KIERKEGAARD. The Sickness unto Death: A Christian psychological exposition for upbuilding and awakening (Kierkegaard's Writings XIX) [M]. Princeton: Princeton University Press, 1980.

[30] KIERKEGAARD. Fear and Trembling. Repetition (Kierkegaard's Writings VI) [M]. Princeton: Princeton University Press, 1983.

[31] KISIEL. The Genesis of Heidegger's Being and Time[M]. Berkeley: University of California Press, 1993.

[32] LARA(ED.). Rethinking Evil: Contemporary perspectives[M]. Berkeley: University of California Press, 2001.

[33] MICHEL. Paul Ricœur: Une philosophie de l'agirhumane[M]. Paris: Édition du Cerf, 2006.

[34] MILLER. The Third Kind in Plato's Timaeus[M]. Göttingen: Vandenhoeck& Ruprecht, 2003.

[35] NARBONNE. Plotinus in Dialogue with the Gnostics[M]. Leiden: Brill, 2011.

[36] NEIMAN. Evil in Mordern Thought: An alternative history of philosophy[M]. Princeton: Princeton University Press, 2002.

[37] PASCAL. Pensées[M]. Indianapolis: Hackett Publishing Company, 2004.

[38] PELLAUER. Ricoeur: A guide for the perplexed[M]. London: Continuum International Publishing Group, 2007.

[39] PETTAZZONI. La Confession des Péchés II: Japon. Chine. Brahmanisme. Jaïnisme. Bouddhisme[M]. Paris: Librairie Ernest Leroux, 1932.

[40] PHILLIPS. Order From Disorder: Proclus' doctrine of evil and its roots in ancient Platonism[M]. Leiden: Brill, 2007.

[41] PLATO. Plato Complete Works[M]. Indianapolis:Hackett Publishing Company, 1997.

［42］PLOTINUS. The Enneads[M]. Cambridge: Cambridge University Press, 2018.

［43］PORÉE&VINCENT(DIRECTÉ.). Répliquer au Mal: Symbole et justice dans l'œuvre de Paul Ricœur[M]. Rennes: Presses Universitaires de Rennes, 2006.

［44］RASMUSSEN. Mythic-symbolic Language and Philosophical Anthropology: A constructive interpretation of the thought of Paul Ricœur[M]. The Hague: Martinus Nijhoff, 1971.

［45］RICŒUR&DUFRENNE. Karl Jaspers et la Philosophie de l'Existence[M]. Paris: Éditions du Seuil, 1947.

［46］RICŒUR. Histoire et Vérité[M]. Paris: Éditions du Seuil, 1955.

［47］RICŒUR. Fallible Man[M]. Chicago: Henry Regnery, 1965.

［48］RICŒUR. Del'Interprétation: Essai sur Freud[M]. Paris: Édition du Seuil, 1965.

［49］RICŒUR. Freedom and Nature: The voluntary and the involuntary[M]. Chicago: Northwestern University Press, 1966.

［50］RICŒUR. Husserl: an analysis of his phenomenology[M]. Chicago: Northwestern University Press, 1967.

［51］RICŒUR&MARCEL. Entretiens Paul Ricoeur-Gabriel Marcel [M]. Paris: Aubier- Montaigne, 1968.

［52］RICŒUR. The Symbolism of Evil[M]. Boston: The Beacon Press, 1969.

［53］RICŒUR. Freud and Philosophy: An essays in hermeneutics[M]. New Haven: Yale University Press, 1970.

［54］RICOEUR&MARCEL. Tragic Wisdom and Beyond: Including conversations between Paul Ricoeur and Gabriel Marcel[M]. Chicago: Northwestern University Press, 1973.

［55］RICŒUR. The Conflict of Interpretations: Essays in hermeneutics[M]. Chicago: Northwestern University Press, 1974.

［56］RICŒUR. La Métaphore Vive[M]. Paris: Éditions du Seuil, 1975.

[57] RICŒUR. Interpretation Theory: Discourse and the surplus of meaning[M]. Fort Worth: Texas Christian University Press, 1976.

[58] RICŒUR. The Rule of Metaphor: Multi-disciplinary studies of the creation of meaning in language[M]. London: Routledge and Kegan Paul plc, 1978.

[59] RICŒUR. Essays on Biblical Interpretation[M]. Minneapolis: Fortress Press, 1980.

[60] RICŒUR. Hermeneutics and the Human Sciences: Essays on language. action and interpretation[M]. Cambridge: Cambridge University Press, 1981.

[61] RICŒUR. Du Texte à l'Action: Essaisd'herméneutiqueII[M]. Paris: Édition du Seuil, 1986.

[62] RICŒUR. Lectures on Ideology and Utopia[M]. New York: Columbia University Press, 1986.

[63] RICŒUR. Soi-mêmecomme un Autre[M]. Paris: Édition du Seuil, 1990.

[64] RICŒUR. Lectures I: Autour du politique[M]. Paris: Édition du Seuil, 1991.

[65] RICŒUR. Lectures II: La contrée des philosophes[M]. Paris: Édition du Seuil, 1992.

[66] RICŒUR. Onself as Another[M]. Chicago: The University of Chicago Press, 1992.

[67] RICŒUR. Lectures III: Aux frontiers de la philosophie[M]. Paris: Édition du Seuil, 1994.

[68] RICŒUR. Réflexion Faite: Autobiographieintellectuelle[M]. Paris: Éditions Esprit, 1995.

[69] RICŒUR. Le Juste[M]. Paris: Éditions Esprit, 1995.

[70] RICŒUR. La Critique et la Conviction: Entretiens avec François Azouvi et Marc de Launay[M]. Paris: Calmann-Lévy, 1995.

[71] RICŒUR. Figuring the Sacred: Religion. narrative and imagination[M]. Minneapolis: Fortress Press, 1995.

［72］RICŒUR. Critique and Conviction: Conversations with François Azouvi and Marc de Launay[M]. New York: Columbia University Press, 1998.

［73］RICŒUR. The Just[M]. Chicago: The University of Chicago Press, 2000.

［74］RICŒUR. Parcours de la Reconnaissance: Trois études[M]. Paris: Éditions Stock, 2004.

［75］RICŒUR. A l'École de la Phénoménologie[M]. Paris: J. Vrin, 2004.

［76］RICŒUR. Le Mal: Un défi à la philosophie et à la théologie[M]. Genève: Labor et Fides, 2004.

［77］RICŒUR. Reflections on the Just[M]. Chicago: The University of Chicago Press, 2007.

［78］RICŒUR. Vivant jusqu'à la Mort: Suivi de fragments[M]. Paris: Édition du Seuil, 2007.

［79］RICŒUR. Philosophie de la Volonté I: Le volontaire et l'involontaire[M]. Paris: Éditions Points, 2009.

［80］RICŒUR. Philosophie de la Volonté II: Finitude et culpabilité[M]. Paris: Éditions Points, 2009.

［81］RICŒUR. Living up to Death[M]. Chicago: The University of Chicago Press, 2009.

［82］RICŒUR. Le Conflit des Interprétations: Essais d'herméneutique I[M]. Paris: Éditions Du Seuil, 2013.

［83］SCOTT-BAUMANN. Ricreur and the Hermeneutics of Suspicion[M]. London: Continuum International Publishing, 2009.

［84］SCOTT-BAUMANN. Ricoeur and the Negation of Happiness[M]. London: Bloomsbury Publishing, 2013.

［85］SIMMS. Paul Ricoeur[M]. New York: Routledge, 2003.

［86］STIVER. Ricoeur and Theology[M]. London: Bloomsbury Publishing, 2012.

［87］SURIN. Theology and the Problem of Evil[M]. Oxford: Blackwell Publishing,

1986.

[88] SURIN. The Turnings of Darkness and Light: Essays in philosophical and systematic theology[M]. Cambridge: Cambridge University Press, 1989.

[89] VANHOOZER(ED.). The Cambridge Companion to Postmodern Theology[M]. Cambridge: Cambridge University Press, 2003.

[90] VANHOOZER. Biblical Narrative in the Philosophy of Paul Ricoeur: A study in hermeneutics and theology[M]. Cambridge: Cambridge University Press, 1990.

[91] VANSINA. Paul Ricœur: Bibliographie première et secondaire 1935-2008[M]. Peeters: Peeters, 2008.

[92] WALL. Moral Creativity: Paul Ricoeur and the poetics of possibility[M]. Oxford: Oxford University Press, 2005.

[93] WALLIS&BREGMAN(ED.). Neoplatonism and Gnosticism[M]. Albany: State University of New York Press, 1992.

[94] WOOD(ED.). On Paul Ricoeur: Narrative and interpretation[M]. New York: Routledge, 1991.